# 再審請求「東京裁判」

名越　弘

東京　白桃書房　神田

# はじめに

本書は一九四六（昭和二一）年五月より一九四八（昭和二三）年一一月にかけて行われた、いわゆる「東京裁判」（「極東国際軍事法廷」The International Military Tribunal for the Far East）を主題として取り扱う。「東京裁判」においては「平和に対する罪」（いわゆる「A級戦犯」）の故をもって、元首相東条英機ら二八名の被告人が死刑、終身禁固刑、有期禁固刑などに処せられた。

本問題をめぐっては肯定論、否定論の論争の喧《かまびす》しいことも周知のとおりである。殊にこの判決をめぐってインド人判事パールは、その提出した一〇〇〇頁を越える膨大な個別判決書において、世界の法学者たちの見解を入念に検討したのち、「平和に対する罪」は第二次大戦の前には国際法として確立されておらず、戦後において形成された法であること、事後に成立した法によって、それ以前の事案を裁くのは法の不遡及の原則（罪刑法定主義）に違反するものであること、すなわち「平和に対する罪」をこのアジア・太平洋の時期の事案に適用するのは事後法にあたり無効であるとして、被告人全員を無罪とする旨を宣告した。

このパール判決は大きな衝撃をもたらし、これに基づいて「東京裁判」に対する否定論が台頭することとなる。これに対して「東京裁判」を擁護する側は、「平和に対する罪」は決して事後法ではなく、第一次大戦ののちに締結されたパリ不戦条約においては、国際紛争を武力によって解決することを禁ずる旨が明記されており、しかも日本はこの条約を批准して受け入れていることから、「平和に対する罪」は有効であると反駁《はんばく》する。

こうして「東京裁判」をめぐる評価は、その事後法性をめぐっていわば水掛け論のような状態に終始しており、結局のところ、法律論的にはいろいろ問題があるかも知れないが、日本が侵略戦争を行ったことは疑いないのだから「東京裁判」の判決は、大筋において受け入れるほかはないのではないか―それが「東京裁判」に対する大方の国民の一般的な受け止め方なのではないかと思われる。

それ故に、この問題は多くの国民にとっては鬱陶《うっとう》しい問題、もう過ぎたことであり、今更あれこれ言っても始まらない問題、一部の人が否定論を執拗に論じたてているけれども、つまるところ、自分たちにとっては関係ない対岸の出来事として打ちやられているかのように感じられる。

本書は右のような国民的意識状況を踏まえて「東京裁判」の問題を新たな角度から論じる。その目指すところは、このような意識状況の全面的解体、克服である。

どのような方法をもって、どのような筋道をたどってか。第一に、アジア・太平洋戦争と呼ばれている前後一五年に及ぶ歴史の全体にわたって、その実態を究明することにおいて。第二に、法律論的観点において「東京裁判」の性格を徹底的に検討することにおいて、である。

すなわち、本書第一部においては、本問題をめぐる近年の研究成果を踏まえて歴史実態の面から、従来の歴史認識の誤謬《ごびゅう》を正すことに努めている。第二部においては、「東京裁判」に仕組まれているさまざまなトリックを明らかにして、この人類史上最大の暗黒事件の本性を解明することを課題としている。

二〇一八年一一月

著者

目次

# 第Ⅰ部 歴史篇

日本と中国との一〇年以上にわたる戦争の後に、日本はアメリカとの戦争に突入していく。昭和一六（一九四一）年一二月八日［米国一二月七日］に、ハワイ真珠湾の米軍基地を日本の海軍航空部隊が攻撃した有名な真珠湾攻撃によって太平洋戦争の火蓋が切られる。

この真珠湾攻撃から始まる太平洋戦争について、なぜそのような無謀な戦争に日本は突入していったのか？　どうしてそれを止めることができなかったのか？　戦争責任はどのようになるのか？　今日でもそれらの問題が繰り返し議論の的になっていることは周知のとおりである。

数年前に日本でも上映された外国映画『終戦のエンペラー（原題:Emperor）』でも、この問題がテーマとなっていた。昭和天皇が終戦に際して強い指導力を発揮したことはよく知られている。いわゆる「聖断」として語られているものである。それならば、なぜ昭和天皇は、その指導力を発揮して開戦を止めることができなかったのか。その戦争責任はどうなるのかといった問題がわき起こってくる。同映画においてもこの問題が執拗に問われていた。

昭和天皇は日米開戦の方針を決定する御前会議の場において、「四方の海、わがはらからと思う世に…」という明治天皇の世界平和を願った和歌を詠んで、戦争に反対の意向を表明したという有名なエピソードが紹介されつつも、結局のところよく分からないという捉え方がなされていた。

国の運命を決する会議の場において、和歌を詠んだだけで、その地位にふさわしい指導力を発揮しなかったのは無責任だという非難も、しばしばなされる。

しかし昭和天皇に関するこのようなひ弱なイメージは、まったくの誤りであると言わなければならない。本書においては、昭和天皇がこの戦争の全体を通して果たした、重要な役割や指導力についても明らかにしていきたく思っている。

本書でこれから述べる問題、特に一五年にわたるアジア・太平洋戦争の開戦理由や開戦責任、戦争犯罪をめぐる歴史実態をめぐる理解、すなわち歴史認識をめぐっては、本書の独自見解もあるが、既往の研究成果に負っているところも少なくない。

それらの本書が負っている既往の研究において、すでにいくつかの重要な問題については、その実態解明がなされている。たとえば、満州事変ののち、一九三七（昭和一二）年から始まる日中戦争について、その戦端を開くことになったのは、北京郊外の盧溝橋付近で発生した日中両軍の軍事衝突である盧溝橋事件であるが、同事件が日本軍による謀略ではないことは、秦郁彦の浩《こう》瀚《かん》な研究書『盧溝橋事件の研究』[*1]によって余すところなく解明されている。

一九四一（昭和一六）年から始まる日米戦争についても、日本側から行った侵略戦争という古い図式は今日の研究水準の下ではもはや通用せず、それがアメリカ側の計画的誘導によるものであることは疑いもなく明らかとなっているのである。充分にすぎるほどの裏付けの証拠資料もそろっている。

それだけ明らかにされながら、なぜ、いまだに旧来型の歴史認識が改められることもなくまかり通っているのであろうか。いまだに、「日本はあくなき征服の野望にかられて、無謀な侵略戦争へと突き進んでいった」、「日本はなぜ無謀な戦争を止めることができなかったのか」といった類の言説が堂々と繰り広げられているのであろうか。

これだけ証拠となる確実な資料がそろっていながら、それが正面から取り上げられることがない、また国民の歴史認識として定着することがない。つまりここには、正しい歴史認識を封殺する目に見えない力が働いているということである。われわれは、アジア・太平洋戦争と「東京裁判」の歴史を探究していく前に、このような歴史の真実の解明を封殺しようとする力、真実の公表を許さない力、国民の歴史認識を改めることを妨げる目に見えない力について、あるいは理不尽な事情について検討しておく必要がある。

左翼系の学者、マスコミがそのような新しい動向に対して、後ろ向きの態度をとることは理解できるが、特定のイデオロギー的な偏向がないにもかかわらず、そして上記のような新事実の存在を知っているのに、歴史認識の改善に対して抑制的であり消極的という傾向が問題となる。それは学者、評論家、マスコミ関係者の別にかかわりなく、同じような傾向を示しているように思われる。

そこでも、新見解が表明されない。あるいは表明されている場合であっても、それを明確に表現せず、あえてボカし、曖昧な表現をすることから、読者、一般国民には、それが従来の歴史認識を大きく変更する、ないしは覆すものであるという意識は生じない。

むしろそのような印象を与えないように、意識的あるいは無意識に繕っているのではないかとさえ言いたくもなる。なぜか?!

従来の東京裁判史観を覆すような見解を述べる者には、「右翼」「国家主義者」「軍国主義者」というレッテルを貼られる危険があり、それを恐れてのことである。

そしてこのようなレッテル貼りは、左翼系学者、マスコミの常套手段でもあるのだけれども、この種のレッテル貼りの最も強烈なのがほかならぬアメリカである。日本国内に、そのような東京裁判の認定を覆すような見解を表明する学者、評論家、ジャーナリストがいたならば、彼らに対して、「リビジョニスト(revisionist:見直し論者)」という烙印を押し付けて攻撃するのを常としてきた(日本のマスコミでは、もっぱら「歴史修正主義者」の語が用いられている)。

この「リビジョニスト」という烙印を押されると、それは死刑宣告を受けたに等しいダメージを受けることになる。日本国内でも白眼視されるが、何よりもアメリカ国内での研究やアメリカ人研究者との交流ができなくなってしまうからである。

歴史学の世界では、従来は確固不動の真実と思われていた史実が、新発見の資料によって覆っていくということは稀ではない。ちょうど、過去の刑事事件で有罪とされていた人物が、新発見の証拠やDNAに関する最新分析方法によって、それが冤罪であったことが明らかになっていくのと同じことである。

アジア・太平洋戦争をめぐっても同様のことである。戦後七〇年も経っていることから、新資料や新しい研究成果が数多く生み出されており、それに基づいて従来の歴史認識が修正されていくのは当然のことなのである。

何年経とうが、新資料が出ようが出まいが、歴史認識は不動・不変で修正をいっさい受け付けないとしたら、それは学問ではなくて、学問の仮面をかぶった単なる教条主義 dogma でしかない。歴史認識が、新規の資料の発見や新しい分析手法の開発によって修正され、見直され、それによって認識が深められ、発展していくのは自然なことであり、学問として健全なことである。それを七〇年もの間、「リビジョニスト」という名の恐怖の下に、いっさいの歴史認識の変更を認めないという教条主義的抑圧が続けられてきたことは、歴史の真実に対する冒涜であり、研究の発展を妨げる暴力として許し難いことである。このようなイデオロギー的決めつけやレッテル貼りによる研究抑圧は、人々を思想的な奴隷状態に追い込むのみである。

正しい歴史の認識は、個々の事実の究明を踏まえて始めてなされうる。事実関係を曖昧にして、あるいは事実関係をねじ曲げて議論をしても正しい歴史認識に到達することはない。事実関係の究明こそが、歴史的真実の解明にとって不可欠の基礎となる。

アジア・太平洋戦争のようなテーマをめぐる議論においては、イデオロギー的な観点から、「右」

だ「左」だと喧《かまびす》しく唱えられるのが常であるが、所詮は無意味なおしゃべりでしかない。「右」だから誤りであり、「左」なら正しいという類の歴史認識とは決別をしなければならない。あの「リビジョニスト、歴史修正主義者」という類のレッテル貼りとの決別である。

イデオロギー的な決めつけやレッテル貼りは、真実に対する圧殺の途であることを自覚すべきであろう。事実関係を尊重し、これを正しく把握する者のみが正しい歴史認識へと到達しうる。事実を歪曲《わいきょく》し、あるいは隠蔽する者には歴史の真実を語る資格はない。

事実を包み隠さず、満州事変から太平洋戦争に至る一連の事態を見ていきたく思う。

# 第1章▼満州事変

## 1 関東軍と満州事変

本書の最初のテーマとなる満州事変の舞台である満州とは、「万里の長城」の東北方面に展開する広大な地域で、古来より満州族の人々の地であった。現在は、中国の東北三省（遼寧省・吉林省・黒竜江省）とされている。

また事件の中心となる関東軍とは、「万里の長城」の東端をなす山海関（現、秦皇島市）から東に位置する大連あたりの遼東半島先端の地域を関東州と称しており、ここに駐留するところからその名がある。関東とは、中国本土からすれば、万里の長城という大境界城壁の関門の東に位置する地域ということになるであろうか。

この満州の地において一九三一（昭和六）年九月一八日、重大事件が勃発する。当時、日本の管轄下にあった南満州鉄道（通称「満鉄」。大連から長春までの路線）の線路が爆破されたとする事件である。

場所は奉天（現、瀋陽）郊外の柳条湖の付近であったことから、この事件は「柳条湖事件」と呼ばれる。中国では発生月日で事件を表現するので「九・一八事件」と記される。そしてこの満鉄爆破事件を機に関東軍が満州全域に軍を展開し、一気にこれを制圧して支配下に収めてしまった。これが「満州事変」である。[*1]

## 2　満州事変の背景

この満州事変はなぜ起こったのであろうか。その背景を考えてみよう。

### 日露戦争とポーツマス条約

日本が、この満州の地と関わりをもつようになった始まりは、日露戦争であり、その戦後に結ばれた一九〇五（明治三八）年のポーツマス条約である。

日露戦争では満州が戦場となり、有名な旅順要塞の攻防戦や、日露戦争最大の激戦となった奉天会戦などがあった。そして日露戦争が終わった後のポーツマスの講和条約において、日本は、ロシアが清朝中国から獲得していた遼東半島の租借権、及び南満州鉄道と沿線の炭坑の租借権を継承した。

日本はまた独自に清朝中国と交渉して、同鉄道守備のための日本軍常駐権及び沿線周辺の鉱山採掘権をも得ており、こうして日本は、満州の地に確固たる地歩を占めるに至った。

## 辛亥革命と満州の情勢

一九一一年、中国では孫文が組織した国民党による辛亥革命が勃発する。国民党は三民主義―民族・民権・民生―をスローガンとして、民主主義と民生安定を掲げるとともに、満州民族による征服王朝である清朝を打倒して漢族による国家回復を目指していた。そのような漢族ナショナリズムの高揚の中で、外国勢力に対する排撃の気運も高まり、清朝が欧米列強及び日本との間に締結していた条約を無効とし、破棄する動きが急となる。

孫文は革命前、長く日本で亡命生活を送っており、同志とともに日本で革命の準備運動を行っていたこともあって、日本には融和的な姿勢も見られた。しかし孫文は一九二五年に亡くなり、その後、軍事クーデターによって国民党の実

図1　満州全図

出所：『関東軍－在満陸軍の独走』中公新書81，1965。

権を掌握した蒋介石は、北伐を行って清朝の打倒を目指すとともに、国権の回復を呼号して、清朝が外国と取り結んでいた国際条約の見直しに乗り出す。

日本に対しても日清戦争後の下関講和条約に基づいて一八九六（明治二九）年に締結された日清通商航海条約—欧米列強が清朝中国に押し付けた不平等条約と同内容—の修正を求めると同時に、満州における日本の権益への侵害も目立つようになった。

## 清朝の終焉と軍閥割拠

辛亥革命の勃発にともない、清朝政府の執政を務めていた袁世凱《えんせいがい》は革命派と取り引きをして、清朝の幕引きを計る。従来通りの、皇帝に准じる生活と待遇を保証するという条件の下にラスト・エンペラー宣統帝溥儀《ふぎ》は退位し、清朝は終焉を迎えるのであった。

清朝が消滅したのちの中国は不安定な状態となる。まず清朝の無血退場を取り仕切った袁世凱が、国民党の総統として権力を掌握する。その後、彼は自ら皇帝となって新王朝を開こうとするけれども、周囲の反発を受けて断念に追い込まれ、失意のうちに亡くなってしまった。

その後は軍閥割拠の時代に入り、北京に根拠を置く「直隷派」、満州に勢力を張る「奉天派」といった軍閥たちが軍事闘争を展開し、さらには南京に拠点を置く国民党の蒋介石が北伐を敢行して、中国全土の掌握を目指していた。

## 満州をめぐる情勢

こうした中国本土の軍事闘争の中で、満州の情勢もきわめて不安定であった。一つ日には、蔣介石の北伐が関内、つまり万里の長城内にとどまるのか、それとも満州の地までも征服の対象となるのか、という点。

二つ目には同じ満州で権益を争っている欧米列強との関係。三つ目には、日露戦争で敗れたロシアの日本に対する復讐戦の恐れ。四つ目として、ロシア革命によって樹立されたマルクス・レーニン主義を掲げるソビエト連邦政権の動向。特にソ連を中心にして世界中に張り巡らされた、共産主義革命を推進する組織コミンテルンの脅威を挙げなければならない。ロシアの脅威は、ソ連コミンテルンの脅威と重複倍増する形で日本に大きな脅威を及ぼしていた。

第五として、中国国内における民衆的なナショナリズムの高まりがある。満州族の清朝を打倒した流れの中で、漢族としての自意識の高まりが盛んであった。植民地的な権益や租借地が攻撃の対象となり、排外的なデモが頻発していた。日本人や朝鮮人の入植した土地が一方的に没収されたり、中国側官憲に彼らが逮捕されて投獄されるといった事件も発生していた。

第六として、蔣介石の国民党政権は満州における日本の権益に打撃を与えるべく、満鉄に併行して鉄道を敷設して運輸活動を行ったために、満鉄の経営は赤字に転落し、苦境に追いやられるという事態も生じていた。平行線の敷設は違反行為なので、満鉄側は国民党政府に抗議したが、聞き入れられることはなかった。

このような緊張状態の中で満州事変が勃発する。しかしその前に、「第一次満州事変」とも言うべき「張作霖爆殺事件（「満州某重大事件」）」が発生する。これは満州事変の性格を考える上で重要な意味をもつ事件であった。

【補注】

満州の地が、中国の領土であるかどうかというのは、かなり問題であった。伝統的な中国の諸王朝においては、満州の地は領域外と見なしていた。それは、華北の地と満州との間に、かの長大な万里の長城を築いていたことからも明らかであろう。満州を異民族、蛮族の支配地と見なしていたのである。満州の地が中国領土となったのは、満州族が長城を越えて本来の中国を征服してからのことである。清王朝の下では、当然のことながら、満州の地は中国領土であった。

そして清王朝が滅んで、最後の皇帝溥儀が北京の宮殿を去り、満州族の勢力は万里の長城外である満州の地に戻っていった。そして南京に首府を置く漢民族による中華民国がこれに代わったのであるが、この漢民族による中華民国にとっては、満州の地がその領土に含まれるかは疑問である。伝統的な漢民族の中国は、満州を蛮族の居住地として排除してきたのであるから、漢民族主義を掲げる中華民国は、満州の地を含めないと見る方が自然であろう。漢民族主義を掲げる中華民国が、満州を自国領土して主張するのは矛盾した話ではないであろうか。

そしてまた実効支配という観点からした時も、中華民国は満州を配下には置いていなかった。清王朝が滅びたのちの満州の地は、軍閥の割拠支配するところであった。奉天軍閥の張作霖及びその子の張学良などの軍閥である。正規の国家支配は存在せず、いわば暴力団によって取り仕切られる縄張り支配のごときものであったと言ってよいであろう。

満州のこのような状況を踏まえて、石原莞爾ら関東軍は満州の地を制圧して、日本の勢力下に置こうとしたという流れである。以上の経緯を眺めるならば、日本軍が満州の地を征服したことをもって侵略というほどに明確なことであったかには疑問を残していた。しかも満州の場合、傀儡政権とは言え、満州族の溥儀を皇帝とする満州国を設立して、満州族の国家としての形もとっていたのである。

「東京裁判」のフランス人判事のベルナールは、満州事変を「ありふれた事件の一つにすぎない」と評している。[*2]それが欧米列強が世界中で繰り広げていた、植民地形成運動と変わるところがなかったからである。イギリスはインドを植民地としており、しかもインド皇帝の帝冠をイギリス国王が冠することとなっていた。それに対して満州帝国については、それがいかに日本の傀儡国家であったにしても、満州人溥儀を皇帝とする満州人の国家という体裁は尊重していた。溥儀の同意の下にである。

以上の経緯を見た場合、満州事変にどれほどの戦争責任が帰せられるであろうか。殊に、そののち満州国の国際的地位を見た時、かなり多くの国からの正式承認を得ており（世界六〇ヶ国のうち二〇ヶ国ほど）、正式承認ではないまでも外交関係は世界のほとんどの国となされていた。蒋介石の国民党政府ですら、満州国とは関税及び通商関係等をめぐって協定を取り結んでいたのである。また太平洋戦争の引き金となる日米交渉を見た場合でも、満州国の存在は自明の前提となっていた観がある。

後述するように、太平洋戦争の引き金をなしたことで悪名高いハル・ノートですら、その第一次の原案では、日本軍の中国からの撤兵問題について、「満州を除く（without Manchuria）全中国からの日本軍の撤兵」[*3]となっており、満州国の存在は確固たるものになっていたのである。

## 3　張作霖爆殺事件

### 奉天軍閥張作霖

一九一一年の辛亥革命によって清朝は消滅し、さらにその後を引き継いだ袁世凱の政権も崩壊すると、中国、特に北京（国民党政府が南京に成立した一九二八年以後は「北平」と改称。ただし本書では「北京」で表記する）を中心とする北支、そして満州方面は軍閥割拠の時代に入る。

そのような中で、日本と深い関わりをもったのが満州の奉天を根拠とした奉天軍閥の張作霖であった。彼は奉天出身の軍人で、辛亥革命後の混沌とした時代に袁世凱の下で頭角を現し、満州方面の政治と軍事を掌握し、奉天軍閥の首領として大きな力をもっていた。張作霖は日本側に対して協調的なスタンスをとっていたことから、満鉄及び関東軍は張作霖と提携して満州経営を進めていた。

しかし情勢が混沌とし、上記の六つの対立や矛盾が複雑に絡み合う中で、張作霖も日本側と距離を置くようになり、また他方では中国本土に対して野心を抱くなど、日本の満州経営にとって不都合な行動も少なくなかったことから、日本側も張作霖に対して疑念を抱くようになっていった。

## 列車爆破事件

関東軍の内部では、張作霖に依存することを止めて、満州の直接支配を実現すべきとする計画が進められていた。この計画の実行のために、関東軍参謀河本大作が事件を仕組むことになる。一九二八（昭和三）年六月四日、北京から列車で奉天に向かっていた張作霖を、河本らは、その仕掛けた爆弾で列車もろともに爆殺してしまった。[*4]

これは国際的な重大事件として報知され、日本では「満州某重大事件」の名で呼ばれていた。日本内地からは事件直後に直ちに調査官が現地に派遣をされて、現地の警察と合同で捜査を行ったところ、これが関東軍の仕業であることが次第に明らかとなり、実行者として河本の名前も特定されていく。

この調査報告は時の首相であった田中義一に伝えられ、さらにこの報告内容は首相の田中から昭和天皇に奏上され、関係者を厳重処分する旨も田中から明言された。国際協調を重んじる昭和天皇は今回の事件を憂慮していたけれども、田中が厳重処分を確約したので、ひとまず安堵して田中の事件処置を待った。

厳重処分とは、関係者を軍法会議にかけて厳罰に処することを意味していたのであるが、陸軍がこれに猛反発したために、軍部出身である田中は腰砕けの状態となってしまった。そこで今回の事件については刑事罰としてではなく、鉄道警備に責任をもつ関東軍の管理不行き届きを咎めるという行政上の過失処分にすることとして、河本は停職、村岡長太郎関東軍司令官は自発的辞任という形で幕引きを図ろうとした。

そしてその旨を田中が昭和天皇に奏上したところ、天皇は前言と違うことに強い不快感を表し、田中はそののち事実上の拝謁停止の状態に追い込まれてしまった。[*5] 天皇の不興をこうむった田中は内閣総辞職を余儀なくされ、深く落胆して程なく急死してしまった。あるいは責任をとっての自害であったやも知れない（公式には病死であるが）。

この田中首相の急死問題は、当然のことながら昭和天皇に少なからぬ衝撃を及ぼしたことであろう。天皇権力の切れ味があまりに鋭いことを実感させるものであり、昭和天皇には、その発言と行動に大きな自制を加えさせることになった。

この事件は近代天皇制における、天皇権力のあり方をめぐる根本的課題を提起している点できわめて重要である。それは昭和天皇は一方で、天皇大権を振るうことによって首相を事実上の罷免に追い込み、それによって張作霖爆殺を機に満州制圧を目論んでいた軍部の謀略を阻止したという点で高い評価を得ることになる。しかし他方、そのような果断な行動は、立憲君主制の本旨からは果たして許されることであったのかという、憲政上の疑義を生じさせることになるという矛盾に満ちた問題である。

つまり、絶対君主としての大権を振るうことによって軍部の暴走を阻止するか、立憲君主としての節度を保つことによって軍部の拡大行動を容認してしまうかという根本的矛盾である。こののち昭和天皇も、また日本の国も、激動する世界情勢の展開の中で、この矛盾に常に苦しめられることとなるのである。

## 軍部の動向

張作霖爆殺の実行は河本大作の単独犯の形をとっていたが、関東軍の組織ぐるみの謀略であることは紛れもないことであった。関東軍では、張作霖の爆殺を反日勢力の犯行と唱えて、この事件を機に満州全土の制圧作戦に乗り出す手はずであった。

ところが田中内閣の日本政府が現地に調査官を派遣して、関東軍の謀略の可能性の高いことを確認し、これを天皇に奏上するという事態になったために、現地の関東軍は動けなくなってしまった。

そもそも軍隊が出動するというのは天皇の統帥権に属することであって、天皇の命令を必要とする。通常は、参謀総長（海軍の場合は軍令部長、のち軍令部総長）が天皇の意命を奉じて伝達する奉勅命令の発出をもってなされる。

この事件の場合、関東軍の謀略であることを天皇自身が憂慮していることから、関東軍出動の奉勅命令など下されるはずもなかった。関東軍はこのような意想外の事態の成り行きに大きな挫折感を覚え、これを深刻に受け止めざるを得なかった。これが張作霖爆殺事件の顛末であるが、さまざまな意味において、その後の歴史の展開に大きな影響を及ぼすことになった事件であった。

## 4　満州事変

この張作霖事件の不発のあとを受けて、関東軍は再び出動計画を立てる。関東軍高級参謀・板垣征四郎と同作戦主任参謀・石原莞爾が中心となって、満州の盗賊（匪賊《ひぞく》）が満鉄の線路を破壊したという形を作り上げ、それを口実に一気に満州を制圧するという企てであった。

この第二回目の作戦の要諦は、次の点にある。すなわち張作霖事件の経緯から、関東軍出動の奉勅命令が出される可能性のないことが明らかとなったからには、奉勅命令を待たずに軍隊を出動させうるような状況を作るということ。すなわち、緊急事態の発生にともなう現地判断による緊急出動という形で軍隊を動かし、そのまま休むことなく一気に満州の制圧を進めるという計画であった。

### 柳条湖事件

一九三一（昭和六）年九月一八日、関東軍は奉天郊外の柳条湖付近で満鉄の線路を爆破し、これを中国匪賊の仕業と言い立てて間髪を入れず軍隊を出動させた。昭和天皇ら、国内の国際協調派に制止させられないよう一気呵成に満州全域の制圧を目指していく。さらにこの計画には、在朝鮮日本軍司令官であった林銑十郎も荷担しており、関東軍の出動に呼応して、在朝鮮日本軍をも満州の地へ越境出動させることによって事変を既成事実化してしまった。

### 十月事件

さらに計画は、満州の地にとどまらず、日本国内の政府機関まで巻き込んだ、より大がかりな形で構成されていた。「十月事件」と呼ばれるものがそれである。[*6]

すなわち満州の現地と呼応する形で、日本国内において満州制圧計画に反対する勢力の動きを封じるために、陸軍内部にあった桜会と呼ばれるメンバーによるクーデターが計画されていた。その中心にいたのが橋本欣五郎参謀本部ロシア班長。彼はトルコ公使館付武官の時代に、近代トルコを建設したケマル・パシャ（アタチュルク）の武力革命思想に影響され、軍事力による政権奪取と国家改造の有効性を感得していた。

橋本を中心とする桜会メンバーの計画というのは、陸海軍を動員して首相や閣僚を殺害し、陸軍大将の荒木貞夫を首相兼陸相とする軍部内閣を樹立するというものであった。そして彼らの行動にとって最も重大な障害となると考えられた人物、すなわち昭和天皇の扱いが枢要の問題となる。いくら首相・閣僚を殺害して権力を奪取したとしても、昭和天皇を放置しておけば、あの張作霖事件の二の舞になってしまうであろうからである。

実は十月事件の計画メモには天皇の取り扱いは記されていない。さすがにそれを明記することは恐れ多いと考えたのであろう。しかし昭和天皇を放置しておいては計画が挫折してしまうのは必至である。彼らは暗黙のうちに天皇の取り扱いを決めていたようである。

その具体的内容は、イギリス人の伝記作家であるレナード・モズレーの著書『天皇ヒロヒト』に記されている。[*7] モズレーは関係者の取材とインタービューをしている中で、この重要な情報を把握したようである。同書によると、彼らは昭和天皇を東京湾上の軍艦に移しまいらせて、そこに留め置くという計画であったとのことであった。天皇の幽閉計画！

しかし彼らがこのクーデターを本気で実行しようとしていたかどうかは疑問である。というのは、彼らは料亭などに集まっては大ぴらにクーデターの「謀議」を行っており、むしろこの軍事行動の情報をあえてリークすることによって、それがもたらす牽制効果を狙ってのことであったと解すべきかも知れない。

その意味では、後の二・二六事件とは大きく異なっている。とはいえ満州事変に対する側面支援として、同事変を阻止しようとする勢力に対する牽制効果という観点からする限り、その目的はかなりの程度果たしていたように思われる。

## 満州各地の制圧

関東軍は、本国政府の不拡大方針や、陸軍中央の局地解決方針を無視して戦線を拡大する。軍部中央は、関東軍の行動を奉天までで止めようとするが、参謀石原は一気に戦線を拡大して、満州問題を片付けようとする。そして翌一九三二（昭和七）年二月のハルビン占領によって、中国東北部を制圧し、満州の主要部分を支配下に収めることに成功する。

## 熱河作戦

満州全域を制圧した関東軍はさらに、中国本土に接する熱河省もその領域であると主張する。すなわち満州を追われた張学良（爆殺された張作霖の息子）の軍閥が、熱河省に拠点を移して日本軍に対する反抗運動を展開しており、それに中国本土の国民党軍が合流して、万里の長城を超えて関東軍に反撃するなど、両者のつばぜり合いが各地で展開されていた。

そこで熱河省の制圧ということになるのであるが、熱河省への侵攻は中国本土に軍事的脅威を与えるということで国際的にも大きな非難を受けることが予想された。国内でも国際協調派は熱河作戦に否定的であり、これに対して、軍部は一気にこの地域を抑えてしまおうとして、両者のせめぎあいが繰り広げられていた。一九三三（昭和八）年一月、山海関で日中両軍の衝突が発生したのを機に、二月には熱河制圧作戦が立案されて関東軍は熱河省に侵攻し、三月には万里の長城の線まで達した。

中国側は中央軍主力約二〇個師団を集結して激しく反撃、日本軍は四月一〇日に長城線を突破して関内（長城の内側）へ進出して戦線をさらに拡大した。これに対し国際関係の悪化を憂慮した昭和天皇は、軍部に働きかけて関内侵攻に歯止めをかけ、結句日本軍は長城内から撤退するという形で熱河作戦は収まることとなった。

近年公刊された『昭和天皇実録』では、この熱河作戦の部分について踏み込んだ記述が見られる。一九三三（昭和八）年一月一四日、参謀総長の（閑院宮《かんいんのみや》）載仁《ことひと》親王から関東軍出動の報告を受けると「昭和天皇は熱河侵入に関しては慎重に考慮すべき旨を御注意になる[*8]」と記されている。

御注意ということで反対の意思を昭和天皇は表明している。まどろっこしいようだが、張作霖爆殺事件以来の立憲君主としての自制と言葉遣いによるものであり、一つの節度である。注意という形によって再考を促すのである。これが立憲君主としてのギリギリの線であり、「やめろ」と言ってしまうことは立憲君主としての範囲を逸脱してしまうということを理解しなければならない。

さらに二月一一日の紀元節に侍従武官奈良武次をお召しになり、統帥最高命令により作戦発動を中止することが可能かをご下問。それに対し奈良からは慎重に熟慮されるべきだという言上があった旨が記されている。

しかるに天皇はなお承知せず、夜に至り、侍従徳大寺実厚をお召しになり、熱河省と満州国を同一視することが国際関係を紛擾させる所以であり、満州国と熱河省を切り離して考えることが適切ではないかとの考えを示され、武官長に対して書面をもって意見を尋ねるようご下命があった。

それに対し一〇時三〇分頃奈良武官長より、「天皇のご命令をもって熱河作戦を中止させようとすれば、ややもすれば大なる紛擾を惹起し、政変の原因となるかもしれず、国策の決定は内閣の仕事であるため内閣以外にてこれを中止せしめることは不適当と考える」という旨の返書が到達する。[*9] ほとんど脅迫のようなことを堂々と書面をもって天皇に返答している。大変興味深いことである。

それに対し翌二月一二日に天皇は奈良武官長に対して、熱河作戦は認めるが、熱河作戦にともなう長城越えは絶対に慎むべきことを参謀本部に注意し、これを聞かなければ作戦の発動中止を命じるつもりにて、その旨を伝達することを命じたとのことである。[*10]

このようにして熱河省に対する限定作戦が発動されることになったのであるが、果たせるかな危惧されたとおり、日本軍は長城線を越えて中国本土内へ突入していくという事態となった。これに対して昭和天皇は強く反対の意思を表明し、軍部に対して繰り返し繰り返し執拗に撤退の確認を求めたことから、結局軍部も撤退を余儀なくされることとなった。[*11] そして中国の国民党側も停戦に応じたことから、天津外港の塘沽《たんくー》の地において停戦協定が成立するに至った。

### 塘沽《たんくー》停戦協定

一九三三（昭和八）年五月に締結された協定の内容では、万里の長城線を満州国と中国との国境と定め、長城以南に非武装中立地帯を設けて、両軍を撤退させるとしている。こうして両軍がこの協定に従って軍を引いたため、柳条湖事件以来、三年にわたった満州の地を舞台として展開されてきた軍事作戦は終結を見た。

蒋介石の国民党政府は日本側が中国本土に軍を進めないことを条件に、日本の満州国支配を、承認はしないまでも事実上黙認することとなる。これにより蒋介石の国民党政府は、日本軍との対決を避けることで中国本土の領土は保全されることとなり、また他面では、この当時大きな脅威となっていた中国共産党に対する掃討作戦に専念できることにもなった。

実際、こののち溥儀を元首とする満州国が成立するが、国民党政府はこの満州国との間に関税協定を取り結ぶなど、国家承認はしないものの、経済を中心とする諸関係は安定的に発展していった。

### 満州国の設立

満州全土の制圧に対して向けられるであろう、侵略という非難をかわすために石原莞爾らが考えていたのが、満州国家の設立計画である。満州人の国家を作ることによって、制圧行動を正当化しようと考えた。

すなわち、清朝最後の皇帝であった宣統帝・溥儀を擁立して、彼を元首とする満州国家を建設するというプランであり、これは事変の当初から織り込まれていた構想であった。関東軍では事変が勃発した直後から、当時、天津に居住していた溥儀に満州国の元首に就くよう要請し、溥儀は満州族の国家を建設することを条件にこれを受諾し、一九三一年一一月一〇日、天津を出て旅順に赴く。

翌三二年三月一日、溥儀は満州国執政の地位に就き、満州国建国が宣言された。首都には長春が選ばれ、新京と名付けられる。さらに二年後の一九三四年三月、溥儀は皇帝となり、国は満州帝国となった。

## リットン調査報告書と国際連盟脱退

これより先、中華民国政府は国際連盟にこの満州での事変を提訴し、それに基づいて一九三二年一月、イギリスのリットン卿を団長とする調査団が結成され満州に派遣される。調査団の視察は同年六月に完了。同一〇月二日に報告書が公表された。

報告書では、満州の地が法的には中国の領土であることを認めつつも、日本の特殊な権益が存在する自治的な性格の場所であるとして、日中間で条約締結の上でこの自治的な地域が国際的に承認されるべきとしていた。

リットン報告書は満州国を否定しており、それで日本は国際連盟を脱退したと一般的には理解されているが、同報告書の内容は、中国の領土主権を尊重する形をとりながらも、実質的にはむしろ満州に成立した新しい政治組織の存在を追認するものだった。[*12] 原状回復は現実的でないという見解をとっていたのである。

しかしながら、これを受けて国際連盟に提出された決議案は、同地域における日本の特殊権益は認めつつも、満州の地にできた自治的政治組織の存在を否定する点では、リットン報告書よりも日本にとって不利な内容のものとなっていた。そして一九三三年三月、この決議が連盟総会で採択されたことにより、日本は国際連盟を脱退することになる。

中国はさらに連盟に、連盟規約に基づいて日本に対する経済制裁を発動するよう求めたけれども、連盟各国がこれを採用することはなかった。

## 満州国の国際的承認

満州国は前述のように翌三四年三月に帝政に移行して満州帝国となるが、必ずしも国際的に孤立したままであったり、否定されていたわけではない。むしろ国際的には満州国は承認される方向にあった。

ドイツ、イタリアは言うまでもなく、スペイン、フィンランドやクロアチアなどの枢軸国に友好的な諸国、タイ王国などの日本の同盟国、そしてデンマークやバチカン公国などの中立国を含む二〇ヶ国ほどが国家承認をしている。当時の世界における独立国家というのは六〇ヶ国ほどであるから、決して少ない数字ではないだろう。さらに正式の国家承認ではなくとも、国書の交換をしている国はこのほかにも見られ、単なる貿易関係を取り結んでいる諸国にまで目を広げるならば、満州国は決して孤立していたわけではなく、むしろ国際的には受け入れられる方向にあった。

後の日中戦争の時期には、中国を支援して日本とは敵対関係にあった米国ですら、日中戦争の解決を条件にしてではあるが、満州国を承認する姿勢を示していた。蔣介石の国民党政府もまた、満州国との間で関税協定を取り結ぶなど、安定的な国家関係を形成していたのであった。

後の第三章で取り上げるが、日中戦争を解決するために話し合われた日米交渉において、議論のたたき台として提示された「日米諒解案」では、日中戦争が解決するならば、蒋介石の中華民国政府が満州国を承認するように米国は斡旋するという内容まで示されているほどであった。

さらには、日本を真珠湾攻撃に導くことになった悪名高いハル・ノートですら、その第一次原案には「満州を除く中国大陸からの日本軍の撤兵」と条件指定が明記されていて、満州国の存在は当然のように認められていたのである。しかし実際に出されたハル・ノートでは、この満州容認の文言があえて落とされてしまうことになるのであるが…。


「東京裁判」において満州事変は、日本による帝国主義的侵略拡大活動の第一ステージであり、その後、盧溝橋事件から始まる日中戦争が第二ステージ、真珠湾攻撃から始まる太平洋戦争が第三ステージという位置付けがなされ、今日においてもそのような形で教科書などに描かれている。

しかしながら、それは完全に誤った歴史認識であると言わなくてはならない。なぜ誤りであるのか？　その理由を、続く各章において詳しく見ていくこととしたい。

# 第2章 ▼ 日中戦争

## はじめに

日中戦争（当時は「日華事変」と呼ばれていた）の端緒となった盧溝橋事件は一九三七（昭和一二）年七月七日に起きる。同日、北京郊外にある盧溝橋付近で夜間訓練をしていた日本軍（支那駐屯部隊の一小隊）に対して、外部から銃弾が撃ち込まれたことをきっかけとして日中の軍事衝突となったのが盧溝橋事件である。[*1]

同事件も昔は日本軍の謀略であり、中国に対する侵略戦争の始まりとされてきたが、歴史研究の進展によって実はそうではなかったということが明らかになってきた。柳条湖事件から始まる満州事変と、盧溝橋事件から始まる日中戦争とでは事件の形も、それ以降の軍事的展開のあり方も大きく違うということである。

## 1　塘沽《たんくー》停戦協定以後の情勢

前述のとおり、一九三一年に勃発した満州事変は、関東軍が戦線を拡大していく中で、同三三年三月には万里の長城に隣接する熱河省まで進攻することによって、ほぼ満州全域を制圧するに至った。

関東軍はさらに長城を越えて河北省へ軍を進めたが、昭和天皇らの強い制止の意向によって長城外への撤兵がなされ、その結果、天津の外港である塘沽《タンクー》の地で国民党政府軍との間で停戦協定が成立した。この協定では万里の長城線を満州国の国境と定め、長城以南に非武装中立地帯を設けることで両軍を撤退させることとし、柳条湖事件以来の軍事作戦は終結を見ることとなった。

これにより国民党政府は、日本側が中国本土に軍を進めないことを条件として、日本の満州国支配を事実上黙認することになる。蔣介石の率いる国民党政府にとって、満州の件はいまいましいことに違いはないけれども、この協定の締結によって日本軍との対決を避けて中国本土の領土は保全することができ、また当時大きな課題となっていた中国共産党の掃討作戦に専念することができたのである。

国民党政府は万里の長城線を境として、中国と日本との棲み分けという現実路線をとったわけである。しかし一般の中国民衆の目には、この停戦協定は日本側の軍事行動に一方的に押しまくられた完全敗北にほかならないと映り、その抗日感情はかえって高まりを見せていった。各地で反日デモや日本製品に対する不買運動が繰り広げられ、小競り合いや衝突も頻繁に発生していた。

そしてさらにその背後には、中国共産党による事態をよりいっそう深刻なものに拡大させていく扇動が存在していた。ソ連・コミンテルンの支援を受けて勢力を拡大させてきた中国共産党に対して、蒋介石の国民党政府はその殲滅を計って激しい攻撃を続けており、毛沢東の率いる中国共産党はその攻撃を逃れて、有名な「長征」と呼ばれる苦難をきわめる逃避行をも強いられていた。

そのような中国共産党にとって日中対立は、自分たちの生き残り戦略の観点からした時は天恵のようなものである。国民党を含む全中国人民の銃口を日本軍に向けさせることによって、自己の組織の延命を図るというしたたかな戦略。彼らにとっては、日中間の衝突は大いに歓迎であった。否、むしろ対立を煽り、衝突を積極的に策動していた。

中国一般民衆の高まる反日感情と、中国共産党の謀略的反日活動、それらの不穏な空気がうずまく中で勃発したのが盧溝橋事件であり、日中戦争の幕開けであった。

## 2　盧溝橋事件

一九三七（昭和一二）年七月七日の夜、北京（北平）郊外の盧溝橋の下を流れる永定河の河川敷で、北京豊台に駐屯する日本軍が夜間演習を行っていたが、その日本軍に近辺の中国陣地方向から実弾が打ち込まれ、それに対して日本軍が応戦するという衝突事件が発生した。

なぜそのようなところに日本軍がいるのか、それがそもそも問題ではないかと言われることがあるが、これは条約に基づく正規の駐屯であった。まだ清王朝の時代であった一九世紀末、中国では義和団と呼ばれる拳法家集団が中心となった排外主義的な民衆蜂起が発生した。これに清朝政府も荷担して、欧米と日本に対して武力攻撃を行った。義和団事件ないし北清事変と呼ばれたものである。

欧米日は共同で出兵してこれを鎮圧し、清朝政府との間で北京議定書が締結される。これには賠償金の支払いとともに、欧米日は自国民保護のための駐屯軍を北京と天津に置くことが認められた。これによっ

盧溝橋。1939（昭和14）年６月28日。

写真提供：共同通信社。

図2　盧溝橋

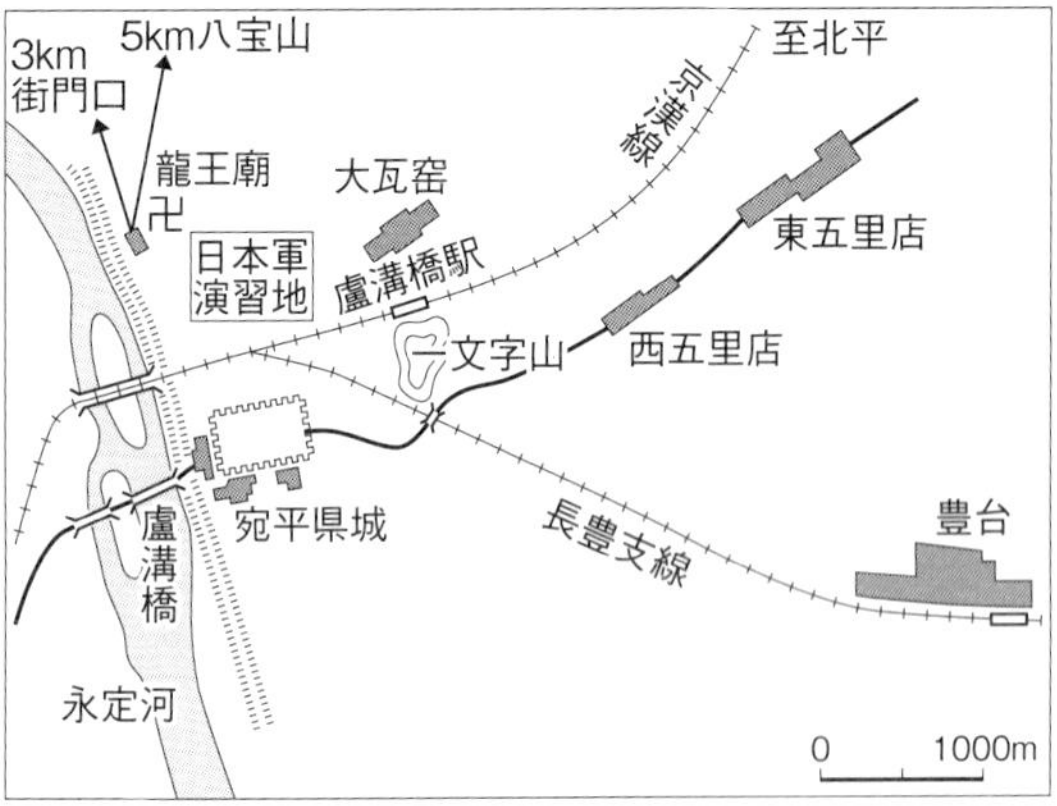


出所：帝国書院「図説日本史通覧」による。

て日本が設けたのが支那駐屯軍（本部は天津）であり、その兵数は約五〇〇〇名であった。

盧溝橋事件の時に夜間演習していたのが、そのうちの北京豊台を拠点としていた駐屯軍の一部隊（大隊長一木清直）であった。しかも当日、永定河付近で夜間演習を実施することも中国側に通告しており、それ自体に問題はなかった。

## 盧溝橋の銃撃

午後八時頃から始まった演習も終わりに近づいていた一〇時三〇分頃、この部隊に付近の中国軍陣地の方角から実弾数発が打ち込まれるというハプニングが発生した。日本の部隊は演習であって空砲使用であるので、実弾が飛来すればすぐに分かる。部隊長は全員に避難行動を指示して、しばらくその場で様子を見ることにした。

そうしたところ、さらに夜中に入ってまた数発の実弾が撃ち込まれるに至り、これを連隊本部に報告したところ、適宜の反撃措置をとるようにとの指示があり、そこで現地部隊は本格的戦闘にならぬ範囲で、一通りの反撃的発砲を行いながら夜明けを待った。

翌八日になると、散発的な小競り合いは続いたものの、日中双方の現地首脳は事件を拡大させる意図はなく、現地において休戦交渉が開始された。

これはこの当時、中国各地でしばしば生じていた小事件の一つにすぎないものという認識であり、これがよもや世界を巻き込む大戦争―第二次世界大戦―へと発展していく端緒になろうとは、事件関係者の誰も思いもよらないことであった。

現在の中国の近代史ではこれを日本軍の謀略ととらえ、第二満州事変として位置付けているが、これは偶発的に起きたもので、計画的な侵略行為ではまったくない。この点については秦郁彦の詳細な研究『盧溝橋事件の研究』及び、それ以後の研究によって今日、ほぼ疑いの余地がないほどに明らかになっている。

もしこれが日本側の計画的謀略であるか、あるいはこれ自体は偶発事件でも、これに乗じて侵略行動に出るということもありうることであるが、しかしそのどちらの認識もあたらない。そのいずれの場合も、現地における休戦協定の成立を見守るなどという態度になるはずがないからである。

そもそもこの事件の発生した時、日本の支那駐屯軍の主力は北京から東へ約三〇キロメートル離れた通州に演習のため滞在しており、しかも駐屯軍司令官の田代皖一郎はこの頃、重病に陥っていた（同月一一日死去。後任の支那駐屯軍司令官には香月清司を任命）。とても日本軍側から事件を引き起こすような態勢にはなかった。

これに対して旧来、この事件が日本の侵略的行動であると見なされてきたのは、以下のような事情による。この当時の日本は、塘沽協定以降も中国本土に対する領土的野心を捨てていないとされ、関東軍などは北支方面の軍閥的将軍たちと協定という形をとって、北支を蒋介石の率いる南京の国民党政府の支配から切り離そうとしていた。北支分離工作と呼ばれるものである。侵略論は、盧溝橋事件から始まる事変は、このような北支分離工作の延長戦上に位置付けられるとしてきた。

## 現地休戦協定

しかし北支分離工作の動向と、盧溝橋事件以降の軍部の対応は大きく異なっており、これを同一視することはできない。日本側は、事件翌日の七月八日に、日本中央から参謀総長の命令として現地軍に対して事変不拡大を指令している。[*2]

臨命第四〇〇号

指　示

事件ノ拡大ヲ防止スル為、更ニ進ンデ兵力ヲ行使スルコト避クベシ

昭和十二年七月八日

参謀総長　戴仁親王

支那駐屯軍司令官　香月清司殿

そして、これに沿うように、現地軍の側でも中国側と交渉して休戦協定の締結に向けて努めており、これに反するような行動は見られない。

もちろん日本側にも、これを奇貨として侵略行動に出ようと企てている人間はいる。それを広言している者もいる。同様に、中国側にもこれ幸いと日中間の対立を拡大させて、些細なボヤを大火に仕立て上げたく策動している分子もいる。

しかしそれが侵略行為であるか否かについては、個々の人間の言動や思想ではなくて、国家総体としての意思、政府ないしそれに準じる統治的組織の最終決定が評価の決め手となる。日本側は紆余曲折はあるものの、政府・軍部の基本的態度は事変不拡大、現地解決尊重という姿勢を保持していたことに疑いはない。そして現地の北京駐屯軍も、その意向に沿う形で停戦協定の実現に向けて行動していた。どこからしても、日本側の行動について侵略、謀略とされる謂われはない。

そして実際、七月一一日には日中の現地軍どうしで停戦協定が締結される運びとなっていた。中華民国側は発砲事件に対して遺憾の意を表明し、責任者を処分すること、盧溝橋付近には中国軍に代わって保安隊が駐留すること、事件は抗日団体が指導したと見られることから、今後これを取り締まるという内容の停戦協定であった。賠償要求もなければ、領土割譲要求もない。侵略的要素のかけらも見られない協定内容ではないか。

それ故、この停戦協定が実行されていくならば、盧溝橋事件という小競り合いは、これで解決すべきものであったのである。歴史年表にも載りそうのない、単なる小競り合いでしかなかったのである。

## 日中全面戦争へ

しかるに、それで終わらなかった。なぜであろうか、どのような経緯をたどって、この些細な衝突事件が日中全面戦争に発展し、引いては世界を巻き込む世界大戦へと突き進んでいくことになったのであろうか。この間の事実の推移を時系列に沿って見ていこう[*3]。

七月八日　日本側は参謀総長の名で、事変不拡大を現地司令官に打電。
現地では停戦交渉（日本側：駐屯軍参謀長橋本群・松井特務機関長、中国側：第二九軍司令官宋哲元・代表張自忠）

同九日　中国側蒋介石、南京政府の中央軍四個師団を華北へ向けて派遣する旨を指令。*4
日本では近衛内閣の閣議において、陸相杉山元から国内三個師団の派兵が提議されるも、海相米内光政らの反対で見合わせ。事変不拡大方針を確認する。

同一一日　午前の会議で近衛内閣は、関東軍独立混成第一一旅団・独立混成第一旅団の二個旅団および朝鮮軍第二〇師団の北支派兵を発令、支那駐屯軍に編入。
内閣閣議において陸相から再び国内三個師団の派兵が提議され、了承。ただし派兵準備に止め、基本は事変不拡大方針を確認。中国現地では紛争継続。
近衛首相は晩の六時に「北支派兵に関する政府声明」を出し、夜九時に新聞各社などを集め、日本は中国側の計画的武力行使に対して自衛権を行使すべく国内三個師団を派兵する旨を発表。
中国現地の夜八時、中国側が一転して日本側の要求する内容で停戦協定を受諾する旨を表明。
日本側は国内三個師団の派兵を見合わせ。

同一二日　現地では停戦にともなう兵力の引き離し作業が行われる。日本軍は永定河の左岸、中国軍は右岸に。現地は小康状態。

同一三日　**大紅門事件**。北京の大紅門で日本軍トラックが中国兵に爆破され、日本兵四人が死亡する事件が発生。日本側は反撃自制。

同一四日　日本国内では参謀総長閑院宮載仁親王と陸相杉山元がそろって宮中に参内。現地解決、時局不拡大を昭和天皇に上奏。柴山軍事課長を現地へ派遣。

同一五日　中国共産党は、国共合作による対日全面抗戦を呼びかける。

同一七日　蒋介石、盧山談話会において、戦争を求めないが、やむを得ない場合は徹底抗戦する旨を表明。

同一九日　国民党政府は、停戦協定の細目実施について、共産党の策動による排日運動、排日教育を取り締まることを約束。ただし盧溝橋事件の地域レベルでの解決は認めない旨を日本側に通告。
蒋介石は対日戦争を呼号（中華民族は生死の「関頭」に立たされた旨の演説）。
現地では日本側駐屯軍と中国側第二九軍との間で停戦合意執行の交渉が進捗。

同二〇日　中国軍第三七師部隊は再び盧溝橋付近で日本軍に攻撃。
日本側は軍事紛争は不可避であると判断し、閣議において、事態が好転すれば即座に復員するという条件つきで、内地より三個師団の派遣を行うことが決定される。現地駐屯軍の香月司令官からは三個師団派遣を無用とする旨の報告。[5]

同二一日　現地では停戦協定が順調に履行。日本側、三個師団の派遣を見合わせ。
（この間、数日は目立った衝突は見られず）

同二五日　**廊坊事件**。北京と天津との間にある廊坊駅で、中国軍によって切断された北京―天津間の電信用電線を修理していた日本軍に対して中国軍が襲撃。[6]

同二六日　廊坊事件に対して、日本軍戦闘機が中国人陣地を爆撃し、同地を日本軍が占領。
**広安門事件**[7]。同日、広安門内の居留民保護に駆けつけた日本軍に対して、中国軍が銃撃。

同二七日　日本軍は総攻撃の実施を決定。日本国内から三個師団の派兵を決定。ただし全面戦争は避け、作戦限界線を河北省保定の周辺と定める。[8]

同二八日　日本軍支那駐屯軍、北支で攻撃を開始。中国軍、敗退。第二九軍将軍宋哲元ら北京を脱出。

同二九日　**通州事件**。北京の戦火を逃れて通州の地へ避難していた日本民間人ら二百人余に対する中国保安隊兵士による虐殺事件。

昭和天皇、首相近衛に参内を求め、外交交渉による事変解決を指示。[*9] 軍部、外務省は裏面で和平工作に着手。船津工作。

同三一日　日本軍（支那駐屯軍）、北京・天津地区を制圧。

盧溝橋事件から始まって、日本軍が北京・天津地区を制圧するまでの経緯は、以上のとおりである。現地休戦ではなく、武力による解決を決定し、大量の軍隊を現地に送り込む行動をとったのは、紛れもなく蒋介石の中国側である。日本側は事件の翌日の七月八日、日本中央の参謀本部から現地司令官に宛てて参謀総長の命令を打電し、事変不拡大を命令していたのに対して、中国側の蒋介石は事件の発生した翌々日の九日には、中央軍四個師団を北支へ向けて派遣する措置をとっていた。

この盧溝橋事件をめぐる日中双方の措置は際立った対照をなしていた。本事件をもって日本側の謀略などとする見解が、いかに現実離れをしているかは一目瞭然ではないか。

ちなみに、中国共産党も八日段階で対日全面対決、徹底決戦を決定し各方面に指令している。この共産党の早すぎる対応は、あらかじめこの衝突のあることを知っていたからではないかと、よく指摘されるところである。

日本側の動きとして、近衛内閣が国内三個師団の派遣を決定し、新聞記者や各界有力者を集めて事変への対処声明を発表するといったパフォーマンスを近衛首相が行ったことが事変拡大の原因であると指摘する向きがあるが、それは七月一一日の晩になってのことである。中国側の軍事動員はそれよりはるかに早くに行われていることに注意しなければならない。しかも近衛内閣が決定した三個師団の派遣は凍結されているのである。凍結解除になるのは、その後、半月を経てのことであった。

日本側の抑制的な態度であるが、これは当時、参謀本部第一部長（作戦部長）の要職にあった石原莞爾が、事変拡大に一貫して反対しており、現地休戦協定の成立を見守るべきと強く主張していたことによるものであった。

当時の日本の参謀総長は皇族の閑院宮戴仁親王で、お飾り的存在であった。次長の今井清は重篤の病態であったことから、参謀本部は第一部長（作戦部長）の要職にあった石原莞爾が取り仕切っていた。

そこから、先の事変不拡大を命じる参謀長名による通達も、石原の執り行ったことである。近衛内閣が表明していた三個師団派兵を、半月にわたって凍結状態にもっていったのも同様と思われる。石原は盧溝橋事件に際しては、事変不拡大の立場で行動しており、軍部内にある積極拡大派を抑えていた。

満州事変を起こした張本人の石原が、中国大陸への軍事展開はまかりならないとする不拡大の立場をとっているのであるから、満州事変と盧溝橋事件から始まる日中戦争はまったく別物だということにならざるを得ない。日中戦争を、満州事変から続く侵略拡大の第二ステージというような認識は誤りだということが明らかになる。

石原が満州国を作ったのは中国大陸を侵略するためではなく、日露戦争敗北の復讐に燃えるロシア国家と、世界共産主義革命を唱導するソ連コミンテルンに対する防波堤とするためであり、今はその満州国を堅固なものに育てあげることこそが肝要であると石原は考えていた。中国本土への手出しは無用のことであった。

日本側の姿勢がこのようなものであった以上、盧溝橋事件は日中戦争のような大戦争につながることなく、現地停戦で終わるはずのものであった。しかしこの盧溝橋事件を第二の柳条湖事件と誤解した蒋介石は、日本軍に対する徹底抗戦を呼びかけ、南京で「中華民族は生死の関頭に立たされた」とする「関頭演説」を行い、日本との全面対決に乗り出す姿勢を鮮明にしていた。

よく「日本側は中国軍の北上を過大に見積もって、国内軍隊を派遣したので本格的戦争になった」などと、日本側が戦争を拡大したように言われるが、まったくの誤りである。中国軍のこの時の動員数は一〇万人規模のものになっている。過大な見積もりどころの話ではない。そもそも北京に配備されている中国軍（第二九軍）だけでも六万人からの規模を有している。

これに対して、日本側の駐屯軍は前述したように五〇〇〇名ほどにすぎない。まったく戦いにならないのみならず、北京周辺に居留する一般の日本人及び朝鮮人の安全に大きな問題が発生しかねない。そしてこの問題は直後に、日本人ら民間人二百人余（一説に四百人余）が虐殺される通州事件として現実化することになるのである。

このような事態を受けて、石原もやむなしとして派兵に同意し、こうして凍結されていた三個師団派兵が実施に移されることとなる。しかしそれでも石原は、決して中国側との全面戦争は行ってはならぬと縛りをかけ、河北省省都である保定の辺に作戦限界線を設けている。

日本側の派兵の凍結解除は七月二七日になってのことである。派兵凍結を指示してから、実に半月ほどが経過していた。事件発生からは二〇日も経ってのことである。日本側はそこまで事変不拡大、現地解決を辛抱強く見守っていたということになる。これは事件の後直ちに大部隊を現地に派遣した中国側との、見事な対照をなしている。これで、いったいどこが日本の侵略戦争と言えるのだろうか。

それでもなお、これを日本側の侵略行動だと主張するというのであれば、その具体的な根拠や事実を挙げてもらいたいものである。

**通州事件**[*10]

同年七月二九日、北京から通州に逃れていた日本人及び朝鮮人二百人余（一説に四百人余）のほぼ全員が、本来日本側から日本人らの身の安全を委託されていた中国保安隊の裏切りにより、常軌を逸する残酷なやり方で虐殺された。

子供まで指を切られ、目玉をえぐられるという残忍な仕打ちを受けていた。ほかは推して知るべしだろう。婦女子に対する蛮行は、記すのもおぞましい限りである。

この残虐きわまりない血生臭い事件が、かの南京事件の前に発生をしているという事実。それ故にまた、南京事件に対して少なからぬ影響を及ぼしているであろうことは、当然にも考慮されなければならないだろう。

## ３　上海事変

同年八月九日、北京周辺で戦闘が続いているさなか、上海で日本海軍の大山勇夫中尉が中国の保安隊に射殺されるという事件が起きる。大山中尉が車で通行していた時、中国保安隊の人間数十名に行く手を遮られ、一斉射撃を受けて大山中尉と運転手の両名が惨殺された。大山中尉の頭は割られ、胸のあたりが大きくえぐり取られるというあたり、通州事件の被害者の惨状と似たものがあり、同事件の影響を受けての行動とも感ぜられる。

また、この事件そのものは中国側の保安隊の引き起こしたものであることは疑う余地がないけれども、この事件に乗じて事変を拡大しようとする謀略の臭いも漂ってくる。日本側にもありそうであるが、中国側は蔣介石の国民党も、毛沢東率いる共産党も、ともに日本との全面対決の方針をとっていたことから、事変拡大の動機は中国側にも充分見て取れる。

いずれにしても、この大山中尉の射殺事件を機として、北支の事変はこの地へ飛び火して上海事変（第二次上海事変。第一次は満州事変の関連）の勃発となる。[*11]

日本側にも中国側にも事変を拡大させようという勢力がいたので、上海事変勃発の原因がどちらにあるとも言えないのであるが、少なくとも日本側は、国家の姿勢としては抑制的であった。この時上海には日本居留民たちの保護を任務とする海軍の陸戦隊は二〇〇〇名ほどであったが、中国側の兵六万がこれに迫っていた。

日本側は、大山中尉の惨殺事件の様子、また直前に発生した通州事件の惨劇を見るならば、日本人軍民の救出のために軍を派遣せざるを得なかった。しかしながら、ドイツの軍事顧問団の指導の下に構築された中国軍事要塞は強固で、簡単には上海に入れないという展開になり、日本側は援軍増派を繰り返すことになった。日本側の戦死者の数も増大の一途をたどり、次第に本格的な戦争の様相を呈するに至った。こうして、事変は北支と上海を併せて日華事変と称されたが、事実上の日中戦争の始まりであった。

このような経緯を見るならば、日本側にも偶発的な事件に乗じて事変拡大を画策している分子がいることも事実であるが、中国側にもこれらを煽り立てて日中全面衝突へと誘導している勢力があって、結果、本格的な日中戦争へと突入していくことになる。

そして前述のとおり日本側は、盧溝橋事件に際しては参謀本部から現地部隊に対して事件の不拡大、停戦協定の締結を指令しており、また後述するように上海陥落の後は、敗走する中国軍に対する追撃の停止、首都南京に対する攻略作戦を禁ずる指令を繰り返していた。これらも満州事変のケースとまったく異なる様相を呈している。何よりも、参謀本部の打ち出していた事変不拡大方針の中心にいたのが作戦部長石原莞爾であったというのは、歴史の皮肉というほかはないであろう。

すなわち石原は、この満州事変と日中戦争という、大陸を舞台とする二大戦争の双方の主役として臨んでいたことになる。一方は、寡兵を率いて広大な満州の地を五ヶ月でもって席巻してしまったナポレオン級の征服者として、他方、盧溝橋事件以後の日中戦争に際しては、終始一貫して事変の拡大阻止を現地部隊に指令し、停戦・講和の途を模索し続けていた平和の護持者として。

図3　日中戦争時の中国地図

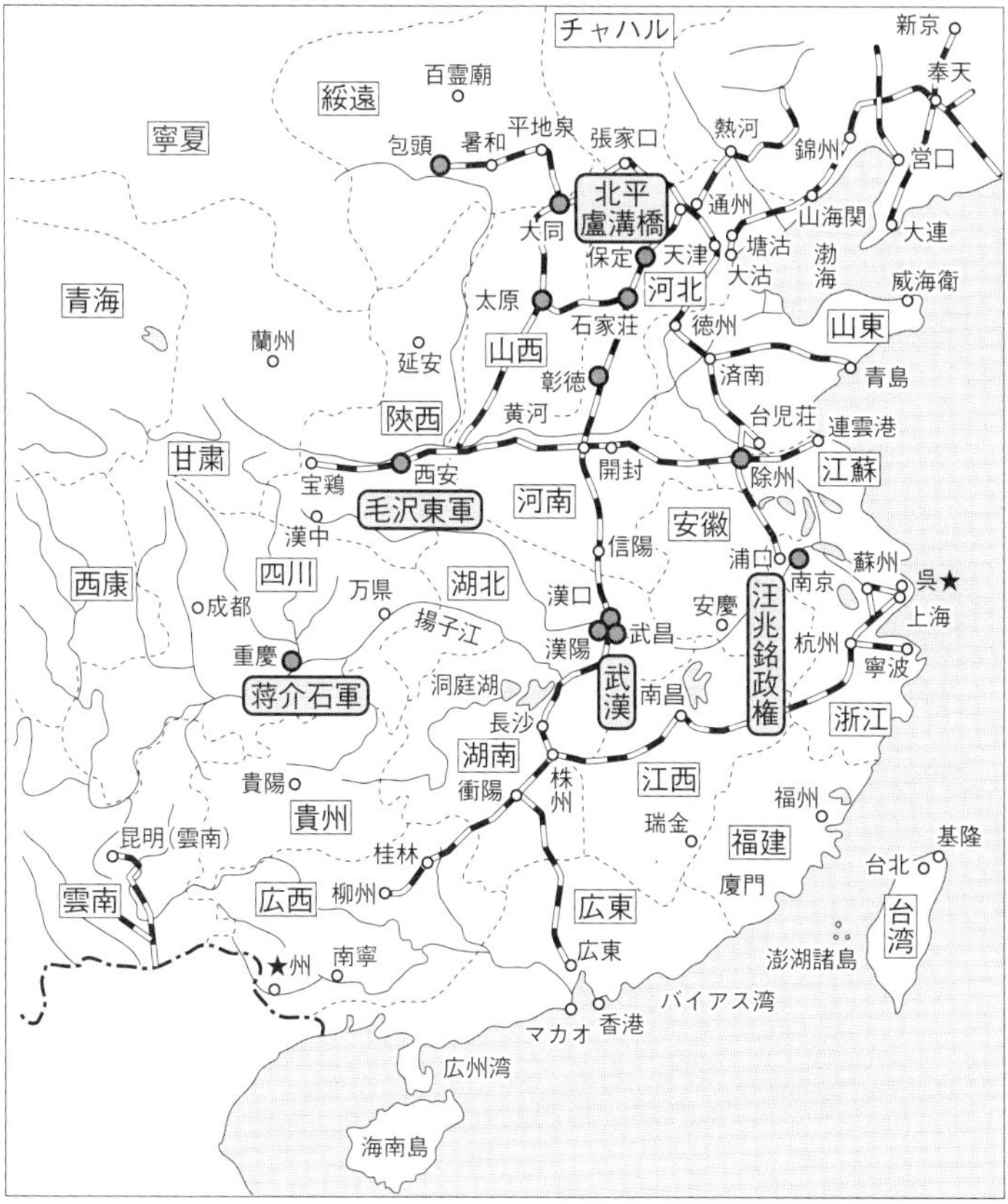


出所：小林英夫『日本軍政下のアジア―「大東亜共栄圏」と軍票―』岩波新書311（岩波書店，1993)。

つまり両事変に際して石原のスタンスは正反対であること、そしてそれ故に、この両事変そのものの性格も大きく異なるものであることを物語っているのである。従来、ともすればこの両事変は連続的にとらえられており、日本による系統的で、段階発展的な大陸侵略として認識されてきたのであるが、そのような認識は改められなければならないということである。

## 4　南京攻略

上海をめぐる日中双方の攻防戦であるが、中国側要塞の堅固さから日本側は苦戦を強いられ、四万にのぼる犠牲者を出していた。そこで援軍の増派を重ねつつ戦闘は三ヶ月余にわたって続けられたが、最後は迂回作戦をとって杭州湾上陸に成功した柳川平助の率いる部隊が、背後から上海に迫った。中国軍は包囲殲滅されることを恐れ、上海要塞を放棄して一斉に逃亡をはじめた。

敵が敗走をはじめると追撃するのは戦いの習い。日本の参謀本部は戦線不拡大の観点から、現地軍に対して追撃禁止の命令を出すけれども聞かれない。日本軍は敗走する中国兵を追撃して首都南京へと迫っていった。

ちなみに、この当時の参謀本部であるが、事変不拡大派の石原莞爾は作戦部長を辞して九月末に関東軍参謀副長の職に転出してしまう。しかしながら、これと入れ替わるように参謀次長に多田駿が転入してきており、この多田がやはり事変不拡大派であって、南京進攻には反対の意思を表明していた。

そして参謀本部は、首都である南京の攻略はしてはならないと現地に作戦停止命令を出すけれども、もはや進撃の勢いを止めることは不可の情勢となり、結局中央も南京攻略を裁可せざるを得なくなる。そして同年一二月一三日、南京はあっけなく陥落した。

だが、ここから問題は泥沼化していくこととなる。首都南京が陥落した以上、講和交渉のテーブルにつくのが文明国の態度としては当然であるにもかかわらず、蒋介石は南京が落ちようとすると、急遽、政府を武漢に移し、南京が陥落しても首都が奪われたわけではないと強弁する。そして武漢も陥落すると、今度は奥地である四川省の重慶に首都を移すと宣言して停戦の機会を無にしてしまう。

このような事理をわきまえないようなことをすれば戦争は果てしなく続き、国は焦土と化し、国民は塗炭の苦しみを受けることになるだろう。そして実際そのようになってしまったのである。日本が侵略したのではなく、蒋介石が頑なに講和を拒絶して、限りなき徹底抗戦を唱えたことから、中国全土を荒廃させる結果となった。首都が陥落しそうになると、次々に首都を移し替えて戦争を続けるという不毛な態度をとり続けたが故に、日本としては果てしなく奥地へと攻め込まざるを得なくなったというのが実態である。

責任は日本側であるよりも、むしろ講和交渉を拒否して終わりなき戦争と焦土作戦をとった蒋介石の中国側にあると言わざるを得ない。日本が一方的に侵略したように言われるが、まったくの誤りである。

まさに蒋介石の焦土作戦である。焦土作戦とは、攻める側が焦土にするの意ではなく、攻められる側が国土を焦土と化すとも辞せずとして、どこまでも継戦する態度である。実際、蒋介石は黄河の堤を切って日本軍に対する溢水作戦をとっている。もちろん日本軍の進軍を阻むことはできるけれども、それよりも周辺の街も村も耕地も濁流に飲み込まれて水没し、多数の中国人が壊滅的打撃をこうむることとなる。日本軍が湖南省の要衝、長沙を占領した時には、火攻めを敢行して長沙の街を全焼させてしまっている。まさに焦土作戦の名にたがわない蛮行ではないであろうか。かの「東京裁判」では、このような蛮行は日本軍の行った仕業であると歪曲されて認定され、今日でも中国のテレビからは、そのような愚かしい映像が日々垂れ流されているのが実情であるのだが。

もちろん日本軍の行った蛮行も指弾されなければならないけれども、それらの責任者の多くは戦後の軍事裁判で処断されている。そして焦土作戦の蛮行は、すべて日本軍の所業と決めつけられてしまったのである。

## トラウトマン講和提案*12

日本側が、中国本土に対する領土的野心はなく、真剣に停戦・講和の途を追究していたことは、この日中戦争のさなかに日本側から中国側に向けて投げかけられた数次にわたる講和提案の存在からも諒解できる。

事変は拡大して上海事変、南京攻略戦そして泥沼の全面戦争へと展開していく。その間に、日本側は中国側に対して講和提案や声明をたびたび発しているが、中国本土に対する領土割譲要求は、まったく見られない。日本側の要求事項としては、満州国の承認と中国における反日活動の取り締まりのみである。満州国の承認が得られるならば、日本軍は山海関の外、すなわち万里の長城外へ撤兵すること。領土の割譲は要求せず、賠償も求めないとする立場をとっていた。南京が陥落した時、一時的に賠償要求が出されたことがあるが、後にはこれも撤回されている。

日中間の講和交渉で有名なのは、日中双方に影響力をもっていたドイツを媒とするもので、駐中国大使トラウトマンが講和仲介したことから、トラウトマン工作と呼ばれている。これは上海事変から南京攻略戦の間になされた本格的な和平交渉であった。この交渉案では、日本側が求めていた満州国承認の条項は取り下げられている。満州国にこだわると中国側が逡巡してしまうことを配慮した、日本側の大きな譲歩であった。日本側は戦争の拡大ではなく、一刻も早い和平実現を達成したいという思いからの譲歩であった。

ここまで譲歩したにもかかわらず、蔣介石はこの和平提案を流してしまったのである。トラウトマンらは蔣介石に対して、この和平案は中国側にとって過酷でもないし、また面子を潰すものではない。この機会を逸するべきではないと説得を重ねたけれども、蔣介石はこれらの和平努力をすべて無にしてしまったのである。

当時、蔣介石は国際連盟にこの日中戦争を提訴しており、連盟において日本に対する懲罰動議の可決されることを期待していたが故の逡巡であった由であるが、まったく愚かしいことと言わねばならない。

国際連盟への期待というのは分からないことでもないが、トラウトマン提案との両面対応で臨めばよいだけのことである。国際連盟において日本懲罰の決定がなされるか否かは不明のことなのであるから。ところが無思慮にも、そしてつまらぬ面子にこだわって、蔣介石はトラウトマン提案を受け入れようとしなかった。そしてまた、国際連盟の日本懲罰なども空無に終わってしまったのである。あとに何が残ったか。カオスである、もはや収拾不能の泥沼状態、底なし沼の悲劇が待つのみであった。

## 南京事件

南京事件について考えてみたい。南京事件については、その犠牲者が三〇万人とも、いや五、六万人ぐらいなものだろうとも、さまざまな数字が取りざたされている。しかしこれは正しい問題究明の方法ではない。死者の数量が問題なのではなく、その死に方、殺され方が問題なのであるから。

冷酷な話ではあるが、今日においても正規の戦争それ自体は正当行為として認められているので、それによる殺人は犯罪とは見なされない。南京の下に白骨死体が三〇万あったとしても、それが正規の戦闘によって亡くなった死者であるなら犯罪にはならない。問題は、非合法な死がどれぐらいあるかということである。

正規の戦闘による死者のほか、スパイ行為などを働いて処刑された死者は控除される。これらは、非合法な死ではないのである。スパイはハーグ陸戦法規において戦争犯罪として明記されており、合法的処刑の対象となる。

この南京事件をめぐって大きな争点となるのは、兵隊でありながら軍服を脱ぎ捨て、一般市民に成りすまして逃亡ないしゲリラ活動をする便衣兵と呼ばれる存在である。南京市内に突入した日本兵の証言によるならば、夥しい数の軍服があたり一面、脱ぎ捨てられていたとのことである。

彼らはやはりスパイと同様、合法的な処刑対象となると考えられる。日本軍に投降すれば捕虜として国際法上の保護を受けることができる。しかし投降せずに、民間人に紛れ込んで逃亡を続けておれば、戦闘継続者ないしスパイと見なされ合法的な処刑対象となるであろう。

南京で大量虐殺がなされたと言われているが、その死者の大半はこの種の便衣兵であると考えられる。この時南京市内の各所に検問所が設けられたが、それはこの種の便衣兵を摘発するためのものであった。検問所の写真は残されている。それ故に、ここで摘発された便衣兵が処刑されても、それは国際法上は合法であって戦争犯罪にはならない。これは南京事件の本質を考える上で最も重要な論点であるので銘記されなければならない。

便衣兵をめぐる最も重要にして厄介な問題は、そうではない一般市民、農民と彼らとをどのように

便衣兵検問

出所：記憶遺産登録資料

判別するかという、判別のやり方をめぐってのものである。南京の街の各所に検問所が設けられ、便衣兵の摘発が行われたのであるが、そこにおける便衣兵と一般人との判別方法はというと、前頁の写真を見るならば、携帯品の検査、おそらくは拳銃のような武器のチェックを行っていることが知られる。

その他の判別検査はというと、もっぱらその手を見て、兵士に特有の銃ダコ（銃の引き金を引く時にできる人指し指のタコ）があるか、あるいは農民を特徴付ける鍬ダコがあるか、あるいは額に軍帽の跡が見られるかといったような検査で判断していたようである。[*13] それくらいしか判別の仕方もないのであろうが…。

このような方法なので、一般市民や農民でも、銃ダコの位置にたまたまそれらしきものがあった人、あるいは額に帽子の跡が認められた人は便衣兵と誤認され、そうして処刑された例は相当な数になるだろう。そういうことで中国側から、罪もない一般市民が殺された無差別虐殺だという見方が出てくるわけである。決して無差別殺戮ではないのであるが、便衣兵狩りの中で、チェックの方法の曖昧さから一般市民の不幸な犠牲者が出ていたであろうことは事実である。

南京市内の一般中国人に対して、無差別殺戮を行ったわけでは決してない。それは便衣兵を摘発することを目的とする検問所を市内各所に設けていたことでも明らかとなる。中国人に対する無差別虐殺を行うというのであれば、そもそも検問所を設けて便衣兵を選別摘発するといった措置は意味をなさなくなってしまうであろう。

次に捕虜の処置をめぐる問題である。捕虜はハーグ陸戦法規及びジュネーブ条約で身柄が保証されている。しかし日本軍はこの捕虜を相当多数にわたって処刑していると思われる。これは言い逃れができない問題である。

中国軍兵士の捕虜を処刑したのには理由がある。それは南京を占領した日本軍には、食料が決定的に欠乏していたという事情である。南京へ進攻した日本軍の本来の任務は上海の解放であった。しかし上海を攻略したあと、中国軍兵士が一斉に敗走したことから、それを追撃して南京まで攻略するに至った。これは想定外の事態の発生であった。それ故、日本軍にはそもそも南京まで進攻するための補給の準備がない。日本の参謀本部は南京進攻を認めない方針であったから、国内からの補給は望めなかった。それ故、南京進攻の日本軍は食料を現地調達するほかはなかった。現地における食料調達にあたって略奪は戒められ、軍票をもってする買い上げという軍律は各部隊に通達されていた[*14]。現実には、強奪は不可避であったろうが。

つまり兵糧の確保がかなり厳しい中での南京進攻であったということ。そして南京陥落となると大量の中国兵士の捕虜が発生するのであるが、彼らに供給しなければならない食料は手当てすることができなかった。捕虜の処分は不可避であったということである。

つまり南京虐殺の実像とは、一．捕虜虐殺　二．摘発された便衣兵の処刑　三．便衣兵狩りの巻き添えを食った一般市民や農民の処刑　四．無軌道な強姦などによる個別的殺人　といった、四層ほどから成るものの複合ではないかと思う。このうち便衣兵の処刑は国際法上は戦争犯罪にあたらず、残りの三種のものが犯罪行為と認定されるであろう。これらの種別の分析を欠いたままに、虐殺数が三〇万人とか五万人とか言い募っても、正しい歴史認識を得ることはできない。

南京事件については、捕虜の処分を中心に虐殺があったことは否定できないと思われるが、南京市民に対する無差別殺戮であったというような認識は誤りであり、改められなくてはならない。また死者の数量の多寡ばかりを問題とするような捉え方は、厳に戒められなければならないということである。

## 5　日中戦争の推移

蒋介石の国民党政府は、南京が陥落目前となると政府を中国中部の武漢に移し、ここも支えきれなくなると、さらに奥地の四川省重慶へと後退させることになる。これにともなって日本側も中国の内陸、そして奥地へと軍事展開をせざるを得なくなり（徐州作戦、広東作戦、武漢作戦ｅｔｃ．）、戦争は泥沼化の様相を呈していく。

そのような最中、国民党政府の重鎮にして孫文の正統な後継者であった汪兆銘（字《あざな》、精衛）は、蒋介石の不毛にして終わりなき焦土戦術に従うことができず、一九三八年の暮、重慶を脱出してハノイへ逃れ、さらに上海に移り、それより日本側と接触して和平の途を探ろうとした。[*15]

そののち一九四〇年三月、南京国民政府が設立され、汪兆銘はその「主席代理」に就任する。「代理」というのは蒋介石の重慶政府との合流を視野に入れたからであった（そののち汪は「主席」に就任）。しかしながら汪の新政府と重慶政府との合流は不調に終わり、蔣介石は重慶の奥地でなおも徹底抗戦を叫んで、一向に講和の兆しは見えてこなかった。

日本側も重慶に対して爆撃機による空爆を重ねるが、空爆には限度がある。さらに重要な展開となったのが、イギリスとアメリカとが蔣介石の重慶政府を支援するという動きに出たことである。それはもっぱら英領植民地であったビルマ（現、ミャンマー）方面からの物資輸送として行われ、その通路は「援蔣ルート」と呼ばれていた。

これがために日中戦争はアジアの地域を離れて、日本と米英との関係の悪化をもたらし、また日独同盟関係を通してヨーロッパの政治情勢と連動することとなる。こうして泥沼化した日中戦争は、世界を巻き込む大戦へと展開していくのであった。

重慶の国民党蔣介石執務室

出所：著者所蔵

# 第3章 ▼ 太平洋戦争

## はじめに

日本はなぜ、太平洋戦争に突入したのか。誰に責任があるのか。これは多くの人々の関心をひくテーマだろう。日本は、狂信的で誇大妄想的な征服願望に翻弄される中で無謀な戦争に突入していった、という言説は今なお広く行われている。どうしてこのような無謀な戦争を止めることができなかったのか、という疑問である。

そして昭和天皇は非力であり、軍部の圧力に押し流される中で、決定主体も曖昧なままに勢いで戦争になってしまった「無責任の体制」、という半ば定説化してしまった議論。

しかしこれらの見方は、本当に正しいのであろうか。昭和天皇は非力であって戦争を止めることができなかったという捉え方は果たして妥当であろうか。以下、これら枢要の問題に焦点を合わせつつ、日米開戦に至るプロセスを検討していきたい。

## １　ヨーロッパの情勢と三国同盟

ヨーロッパでは第一次大戦の後に形成されたヴェルサイユ体制が、一九三〇年代に入ると大きく変容していく。[*1]

イタリアではムッソリーニが一九二一年に国家ファシスト党を結成した。一九二二年にはローマに進出して政権を獲得している。ちなみに、ファシズムという言葉はこのファシスト党から生まれている。

ムッソリーニのファシスト党に触発されたのが、ドイツのヒットラーとナチ党（国民社会主義ドイツ労働者党）である。ナチ党は一九二七年の国政選挙で国会議席を獲得し、一九三二年に国会選挙で第一党に躍進して議会を抑えた。翌年ヒットラーはヒンデンブルク大統領から首相指名を受け、全権委任法が制定され、ここにヒットラーとナチ党によるドイツ国の一党支配体制が出現する。翌年ヒンデンブルクが病没するとヒットラーは大統領の権能をも継承し、国家元首（総統《フューラー》）となる。

ヒットラーの率いたナチ党は政権を掌握すると、旧来の世界秩序に対する挑戦をはじめる。大航海時代のポルトガル、スペインは別にしても、一八世紀以降はヨーロッパの強国となったイギリス、フランスなどが世界に進出して、世界各地に植民地を形成していた。イギリスはインド、ビルマ（ミャンマー）、マレー半島とシンガポールそしてオーストラリア・ニュージーランド・カナダを、オランダはインドネシアからニューギニアに至る広大な領域を、フランスはインドシナ半島のヴェトナム・ラオス・カンボジアそしてカナダのケベック州を、アメリカもまた米西戦争の結果としてスペインから獲得したフィリピンを植民地としていた。ロシアもまた周辺地域を併合しつつ、その版図を拡大していた。

これに対して中世以来、地域分裂が激しくて近代の国家統一に遅れたドイツ、イタリアなどは、右のような植民地獲得の機会を逸してしまっていた。世界の大半の地域が、すでに右の諸国によって押さえられてしまっていたからである。ここから「持てる国」と「持たざる国」という、ライオンとトラによる獲物と縄張りをめぐる熾烈な争奪戦が繰り広げられることとなる。

ドイツのヒットラーは世界の再配分を要求して軍備の増強に努め、同様の欲求をもつイタリアと同盟して、英米仏などとの対立を深めつつあった。

世界秩序の中におけるもう一つの脅威が、ソ連のスターリンの支配下で世界の共産主義革命を指導するコミンテルンの存在であった。

コミンテルンとは、共産主義インターナショナル Communist International の略称で、第三インターナショナルとも称する。一九一九年三月にモスクワに創設された、各国共産主義政党の国際統一組織である。ロシア革命を指導したレーニンらは第一次世界大戦中から国際的な共産主義革命のための統一組織の創設を目指して活動を続け、この時、三〇ヶ国の共産主義諸政党あるいは革命的組織の代表五十余名をモスクワに集めて、コミンテルン第一回大会を開いた。

コミンテルンは強固な国際的団結と規律をもち、ソ連という社会主義国家を主軸として、モスクワに置かれたコミンテルン執行委員会の指導の下に活動することが定められた。この執行部からは、各国の共産党に対して行動原則となるテーゼが発せられ、鉄の規律をもって革命行動が指令されていた。

レーニン死後の権力闘争を経てスターリンが実権を掌握するや、政敵、思想的反対者をことごとく粛清して独裁的地位を確立する。ソ連はスターリンの率いる独裁国家の観を呈し、その配下にあるコミンテルンは世界共産主義運動の策源地として各国にとって大きな脅威となっていた。

資本主義国である英米仏蘭、ナチス・ドイツとイタリア、コミンテルンのソ連、この三勢力の複雑な絡み合いの中で、世界は激動の時代を迎えようとしていた。

東アジアで対立をしている日本と中国であるが、その中国もまた国内に蔣介石の国民党とコミンテルンと連携する毛沢東らの率いる中国共産党との対立を抱えており、それぞれの諸勢力は、世界のこのような激変と連動する形で自らの存亡をかけた外交と軍事を展開していた。

## 第一次三国同盟

アジアは日中戦争の最中にあったが、米英が蔣介石を援助し始めたため、日本と英米との対立が先鋭化しはじめ、中国問題はなかなか解決に至らなかった。こうしてヨーロッパにおける問題とアジアの問題がおのずから連動することになった。

日本にとっては英米との対立も厄介であったが、ソ連・コミンテルンの脅威もより大きな問題となっていた。そこで共産主義革命の脅威に対抗するという名目で、日本の陸軍を主とする軍部はドイツとの接近をはかった。海軍は伝統的に親英米の体質をもっていたので、ドイツとの接近には難色を示しており、ドイツとの提携はもっぱら陸軍主導で進められていた。

こうして一九三六（昭和一一）年一一月、コミンテルンの脅威に対する共同防衛である「共産インターナショナルに対する日独協定」、いわゆる日独防共協定が締結された。翌年イタリアが加わり日独伊防共協定となる。

表向きはコミンテルンの指導する共産主義運動に対する共同防衛であるが、実際は軍事同盟を結びたいというのが軍部の本音であった。軍事同盟となれば対英米という意味も入ってくる。そして一九三八年、この防共協定をさらに強化させた三国軍事同盟を締結するための交渉が開始される。これを後の一九四〇年に締結されたそれと区別して、第一次三国同盟のための締結交渉という。一九三九（昭和一四）年三月、平沼内閣の閣議において同盟交渉開始が決定された。

これを首相の平沼騏一郎が昭和天皇に奏上したのであるが、天皇はこれに難色を示し、三国同盟には反対である旨が表明される。しかし閣議決定がなされており、陸軍もまた強力に推し進めていることから、立憲君主制の枠組みにおいて天皇はこれを拒否することは許されない。

そこで昭和天皇はこれを承認はするものの、参戦条項は盛り込まないという点について強く釘を刺し、軍事同盟の推進論者であるドイツの大島大使、イタリアの白鳥大使が暴走するようなことがあれば解任するということを確認している。[*2]

しかしドイツは参戦条項を盛り込むべきことを要求し、日本側の陸軍内部からも呼応する声が多く、陸軍主流は軍事同盟を明確にするべきと主張する。陸軍は参謀総長の閑院宮載仁親王を押し立てて、参戦条項容認を昭和天皇に強く申し入れたが、天皇はこれを明確に拒否して引かなかった。そのため昭和天皇と陸軍主流との対立が深まり、緊迫した情勢となった。[*3]

そのような最中の一九三九年八月、突如、状況が一変する。ヒットラーが背信行為ともいうべき独ソ不可侵条約を、スターリンとの間に締結したのである。これは日本にとって青天の霹靂とも言うべき事態であり、平沼内閣は迷走し、「欧州情勢は奇々怪々」という言を残して総辞職を余儀なくされる。

これにより三国同盟の締結交渉は頓挫し、同盟推進派は意気消沈のていであった。昭和天皇はこの機を逃さず巻き返しに転じ、ナチスドイツとの提携関係をすべて清算し元の形に戻すという、目覚ましい行動をとった。

平沼内閣のあとを受けた阿部信行の内閣は陸軍の粛正に努め、続く海軍出身の米内光政の内閣は親英米路線をとり、三国同盟阻止を主要課題としていた。三国同盟の阻止は昭和天皇の悲願でもあり、米内の首班指名は昭和天皇の強い意向に出るものであった。[*4]

## 欧州大戦と第二次三国同盟

ヒットラーのナチス・ドイツはかねてより東欧諸国に権益を張り巡らしていたが、一九三九年八月には仇敵のソ連と手を組み独ソ不可侵条約を締結した上で、ポーランドへの侵攻を始めた。ナチス・ドイツとソ連とによるポーランドの分割である。このポーランド侵攻に対抗して、同年九月、英仏両国がドイツに対して宣戦布告することによって欧州大戦が勃発する。そしてこのドイツと英仏両国との戦争が、そののち日本やアメリカを巻き込むことで第二次大戦へとつながっていくこととなる。

年が明けた一九四〇（昭和一五）年四月、ドイツは西ヨーロッパでフランスに向けて電撃的な侵攻を始める。ノルウェー、デンマーク、オランダ、ベルギー、ルクセンブルクに相次いで侵攻し、ダンケルクの戦いで英仏軍三〇万を撃破し、フランスに一気に攻め込んでパリを占領した。

このドイツの電撃的進攻を目の当たりにして、日本国内では再び三国同盟推進派が首をもたげてきた。陸軍は米内内閣に三国同盟締結を迫るけれども、米内はこれに応じない。そこで陸軍は非常手段に出て、陸軍大臣の畑俊六を無理やり辞職させ、そして後任の陸軍大臣を推薦しないというクーデターまがいのことを強行した[*5]。

これは陸海の大臣は「現役武官制」といって、現役の陸海軍の大将クラスの人物から選任するという制度を悪用したものである。この制度自体は、二・二六事件の直後にできたもので、不穏分子が陸海大臣に入ることを防止するためにとられた措置であったのだが、結果的には軍部に組閣拒否権を与えることとなり、軍部専制に途を開くものとなってしまっていた。

これまでも、それによって組閣を妨害するようなことが行われてはきた。それでも、これほどまでに露骨な倒閣人事は見られなかったのであるが、三国同盟を受け入れようとしない米内の内閣を瓦解せしめるために、このような非道な手段をあえて用いた。こうして親英米派の米内内閣は倒され、これに代わって一九四〇年七月、第二次近衛内閣が成立することとなる。
運命の第二次近衛内閣である。近衛は大政翼賛会を作り、ヨーロッパのナチスドイツと連携することによって世界の新秩序を樹立することを積極的に目指した。外相には反英米派の松岡洋右が起用され、松岡によって内閣成立二ヶ月後の九月二七日、日独伊三国同盟が調印された。このような情勢の中で、昭和天皇には目立った反対の動きは見られなかった。首相近衛に対して、対米開戦の危険、そして敗戦に至った時の覚悟をただすのが精一杯の抵抗であった。[*6]
あの第一次三国同盟問題の時に見せたような、軍事同盟そのものに対する果敢な反対行動は影をひそめた。頼みとした米内内閣が無道にも倒され、三国同盟派によって政府も軍部も固められてしまった状況の中で、無力感に苛まれていたということであろう。戦争を回避するための残された最後のよりどころは海軍内の親英米派であり、これに一縷の望みを託すほかはなかった。

三国同盟は英米両国を想定した軍事同盟である。しかし直ちに戦争をするわけではなく、米英勢力に対して軍事力で対峙して、その影響力を減殺させるという牽制効果が目的であった。日本にとっては、米英が行っている蔣介石の重慶政府に対する支援を止めさせることなどが主要な課題であった。しかし、いずれにせよ世界の情勢は、この三国同盟の帰趨を中心として展開していくこととなる。

## 2　日米交渉の開始──「日米諒解案」

国際情勢が厳しさを増し、日本とアメリカを巻き込む世界戦争の機運が高まりつつある中で、この状態を緩和し、戦争回避へ向けた方途を模索する試みもさまざまになされていた。

そのような中、首相近衛文麿の周辺の民間人・産業中央金庫理事の井川忠男と、アメリカ人牧師であるカトリック・メリノール宣教会のウォルシュ司祭とドラウト神父の両名たちとの間で日米融和を目指す動きがあり、彼らの間で日米融和のための条約私案が作成される[*7]。

表面的にはまったく民間人たちの話し合いにしか見えないが、アメリカ人牧師たちの背後にはアメリカ郵政省長官フランク・ウォーカーがおり、ウォーカーはルーズベルト大統領の腹心的存在ということから、彼ら牧師たちの活動がアメリカ政府の高いレベルの意向を受けてのものであることが理解される[*8]。

日本側もそのことを承知しており、陸軍省の軍事課長だった岩畔豪雄《いわくろひでお》が取りまとめに尽力し、さらには陸軍省を取り仕切っている大物の軍務局長・武藤章までもが、この「私案」作りに積極的に関与していた[*9]。

このように表には民間人を立てながら、背後には日米双方の政府高級レベルの意向を受ける中で私案は練り上げられていく。こうして、この私案はともかくも成案を見るに至り、「日米諒解案」と呼ばれることになる。この私案造りにはアメリカ国務長官のコーデル・ハルも背後で支援しており、成案なったこの「日米諒解案」を日米交渉の基礎案として採用することに同意する。

こうして一九四一年四月、この「日米諒解案」に基づいて、駐米大使野村吉三郎と米国務長官コーデル・

ハルとの間で問題解決のための日米交渉が開始される運びとなるのである。

この交渉の基礎をなした日米諒解案の内容は重要である。これには日中戦争の解決（日本軍の中国大陸からの撤兵）を条件として、蒋介石政権が満州国を承認するようにアメリカが斡旋するという内容が盛り込まれていた。

すなわち、「米国大統領が左記条件を容認しかつ日本国政府が之を保障したる時は米国大統領は之により蒋政権に対し和平の勧告を為すべし。」として、中国の独立、日本軍の中国からの撤退、非賠償、非領土割譲、などと並んで、「蒋政権と汪政府との合流」や「満州国の承認」が、アメリカによる日中和平を勧告する条件として明記されたのであった。[*10]

ここにも見られるとおり、満州国は承認の方向というのが当時の国際認識であった。最後のハル・ノートでそれは否定されてしまうのであるが、後述するように、ハル・ノートの原案では満州国の存在は肯定されていたほどなのである。

いずれにしても、満州国が米中両国を含めて国際的に承認されるというのは日本にとっても願ってもない有利な案であり、このままで進めば太平洋戦争も起こらずに済んだことであろう。

しかしながら、この日米交渉が始まった頃、渡欧していた外務大臣の松岡洋右が帰国する。彼はこの一九四一年三月から渡欧し、ベルリンでヒットラーに歓待され、さらに帰路の四月にソ連のモスクワに立ち寄り、スターリンと会って日ソ中立条約を締結している。彼は日独伊三国同盟と日ソ中立条約をまとめて四国協商路線をとり、その力で英米勢力と対峙しようと考えていた。すっかり大物政治家気取りの松岡は、自分の留守中に日米融和を目指す交渉が進められていることを知って強く反発する。国際的な政治・軍事力で米英を凌駕しうる目途をつけてきた松岡にとって、日米融和の交渉は不要なものでしかなかった。すなわち松岡は、「日米諒解案は過度に融和的であり、アメリカに譲歩しすぎている」と言って、この交渉に対してあからさまに妨害を加えていく。日本側の要求を引き上げるよう在米の野村大使に訓令するものだから、交渉は順調に進まず、結果的にはこの日米交渉そのものが、日本の命取りになってしまうこととなる。

## 3　独ソ開戦と日本の南部仏印進駐

一九四一年六月、ヨーロッパでは情勢がまたもや一変し、独ソ戦が勃発する。ヒットラーはイギリス本土進攻作戦が困難で膠着状態に入ってしまったと見るや、突如、コミンテルンの牙城であるソ連の征服へと矛先を転じた。ドイツ軍は怒涛の勢いで、ソ連領奥深くへと侵攻していった。ソ連軍は敗退を重ね、ソ連の主要都市は相次いでドイツ軍に制圧されていった。

この情勢を眺めていた日本であるが、外相松岡は自ら日ソ中立条約を取り結んできたにもかかわらず、手のひらを返すようにしてソ連への進攻を主張するようになる。[*11] 松岡は、このような無責任な場当たり外交をやって日本を混乱と苦境に陥れていく。

そして日本陸軍もまたこれを見て好機到来と満州に七〇万の兵力を動員して「関東軍特種演習（関特演）」を行い、ソ連進攻の構えをとっていた（北進論）。

## 南部仏印進駐

しかし実際にはこの動きとは正反対に、七月二日、日本は南部仏印進駐を決定する（南進論）。仏印とはフランス領インドシナのことで、今日のヴェトナム・ラオス・カンボジアといったインドシナ半島にあるフランス植民地の総体を指している。

当時日本は北部仏印のハノイに軍隊を進駐させていた。英米の援蒋ルート（中国奥地の重慶に本拠を移した蒋介石政権を、ビルマ方面から援助する英米側の支援ルート）を切断するために、ナチス・ドイツに協力的なフランスのビシー政権と交渉して北部仏印に進駐していた。

これに対して新たに南部仏印（サイゴン、現在のホーチミン）進駐が決定されたのである。これは援蒋ルートとは関係ない。英米との関係が悪化してきて、アメリカが日本への経済的圧力を加えてきたことが背景にあった。屑鉄、銅などさまざまな軍事資源の日本への輸出を制限してきた。

そこで日本は商社を通して、オランダ領のインドネシア方面から資源を獲得するためのさまざまな交渉を行うが、米英の妨害によりオランダ政府が交渉に応じなかったことで、資源調達の途が閉ざされてしまう。いわゆる、ＡＢＣＤ（America, Britain, China, Dutch）対日包囲網による圧迫である。そこで日本側はこの事態を打破するために南部仏印への進駐計画を発表したのである。

## 昭和天皇の裁可

この時参謀総長であった杉山元のメモによるならば、杉山の奏上した南部仏印進駐案に対して、昭和天皇は語調も高く明確に裁可を下したということであった[*12]。昭和天皇は新しい軍事行動の発動に際しては、慎重にと抑制的な発言をするのが常である。どうして、この時に限ってそんな明確な裁断を下したのか、不思議に思われることであった。

そしてこの事情は、昭和天皇が自らこの激動の時代の内実を語った『昭和天皇独白録』が公開されたことによって、始めてその意味が明らかとなった。その当時、軍部がソ連に攻め込もうとしていたが、日本とソ連は中立条約を結んでいる。それを侵犯してソ連に攻め込むがごときは国際信義に反することで許されない。「七月二日の御前会議では対ソ宣戦論を抑へる意味を含めて南仏印進駐を認めた[*13]」と。

図4　東南アジア・太平洋地図

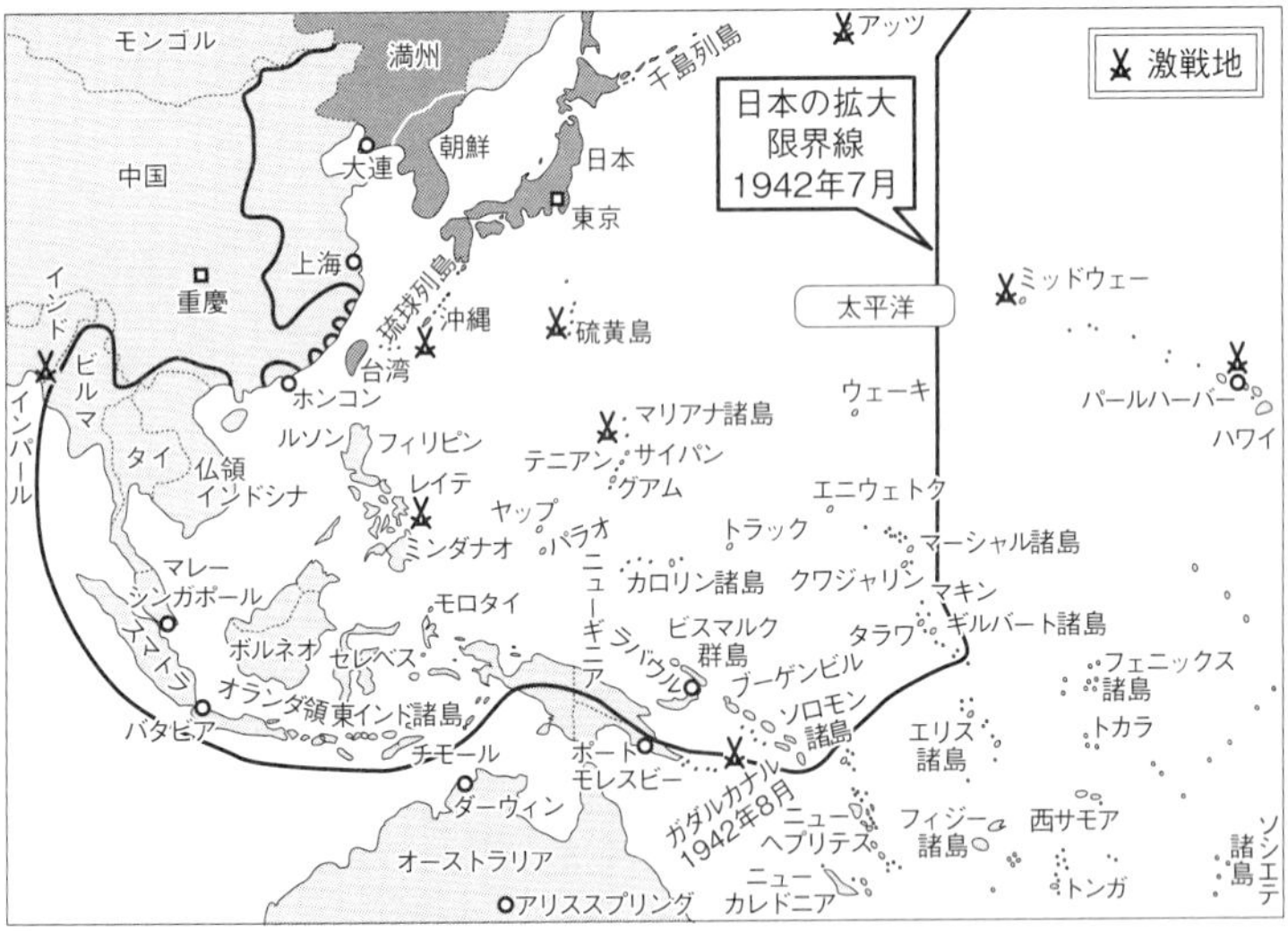

出所：日本史年表・地図　吉川弘文館（2018）による。

つまり昭和天皇の明確な振る舞いとは、国際条約は遵守されなければならないという、国際信義の問題であったということだ。ソ連もコミンテルンも嫌っているはずの昭和天皇であるけれども、国際信義は重んじなければならないとする、その姿勢には心打たれるものがある。

しかしながら皮肉なことに、それが日米戦争の導火線に火を点けることになってしまったのである。歴史の不条理としか言いようがないであろう。まして次章で述べるように、同じ条約を平然と蹂躙侵犯した米ソの側が「戦勝国の正義」を称するというのであるから、なおさらその思いを深くする。

## 4　アメリカの対日石油禁輸

七月二五日、仏印進駐はまだ実施されてはいなかったけれども、アメリカは日本の在外資産を凍結し、英蘭もそれに同調した。そこで日本側も同二八日に南部仏印進駐を実施した。しかしながら、これに対して八月一日、アメリカは対日石油輸出を全面停止するという措置をとった。そしてこの決定が、日米戦争を不可避のものとすることとなるのである。

石油の全面的禁輸というのは明らかに過剰反応である。石油は近現代国家にとって血液のごときものであり、このような国家的死命を制する資源を枯渇させる経済封鎖を行うことは、それ自体、準戦争行為と見なされるであろう。

それ故に、この経済封鎖を打破して石油資源の確保に乗り出したことは、自衛権の発動であることは明白ではないか。国家には生存する権利があり、それは個々の人間にとって生存権が自然法上の根源的な権利であるのと同様のことであり、国際自然法上の根源的な権利であると言ってよいであろう。

人間にとって、自己の生命を防衛するために暴力を行使しても正当防衛と見なされるごとく、国家が脅かされた生存を防衛するために、生存を脅かしている外的脅威を打破せんとして軍事力を用いても正当な行為と見なされるであろう。

## 海軍の即時開戦論と御前会議

日本はその当時、軍需民需合わせて二年分の石油の備蓄しかなかった。そこで、今まで穏健派であり、親英米と見なされていた海軍が即時開戦論へと急速に傾斜していく。艦船にとって石油は血液であり、不可欠の食料でもある。日月が経つほどに備蓄の石油が枯渇していくならば、海軍自慢の戦艦、空母の艦船群も鉄屑になり果ててしまうことであろう。海軍は焦燥にかられていた。

海軍が急速に開戦論に傾いてしまったことは、昭和天皇をいたく失望させることとなった。海軍省の次官であった山本五十六はそれまで開戦慎重派であったが、ここにきて積極開戦派に転じてしまった。戦争回避の上で頼みの綱としていた海軍慎重派が消えてしまったことで、昭和天皇は孤立無援の状態に追いやられていく。

そのような情勢の中、同年九月六日に有名な御前会議が開かれる。ここで「帝国国策遂行要領」が審議され採択されるが、それは、同年十月上旬を期限として、交渉打開の目途なき時は対米英戦を決意するという内容であった。会議は誰ひとり反対する者もなく粛々と進んだのであるが、昭和天皇はその時立ち上がり、国際平和を願った明治天皇の和歌「四方の海、わがはらから（兄弟）と思ふ世に…」を人々の前で詠じた。滔々と流れゆく戦争という名の濁流に向かってなした、昭和天皇にとって精一杯の抵抗であったろう。

そして昭和天皇の切実な願いにもかかわらず、情勢は悪化の一途をたどっていく。問題解決の最後の切り札として、近衛首相とルーズベルト大統領との日米首脳会談による事態の打開という提案が日本側からなされていたが、一〇月二日、米側から拒否の回答を受け取る。こうして首相近衛は追い詰められ、一〇月一八日近衛内閣は総辞職する。

## 近衛・ルーズベルト会談

一九四一年八月一八日、駐日米大使グルーは近衛首相の命を受けた豊田貞二郎外相と会談し、豊田から首脳会談実現の働きかけがなされた。九月六日、グルーは近衛首相に招かれ、秘密会談をもつ。近衛は首脳会談に向けて、三国同盟を事実上無効にする、ドイツ軍がアメリカを攻撃した場合も日本は対米参戦しない、直ちに南北仏印から撤退することなどを約束した。

これを受けて、グルーは同年九月二二日、頂上会談の実現を直接大統領ルーズベルトに訴えた。九月二九日、国務長官ハル宛報告の中で、グルーは「日本政府が最近とみに増大し、真剣さを加えてきた努力をもって、近衛公爵と大統領との会見を遅滞なく準備しようとしていることが分かる。（中略）日本政府をして合衆国政府が日米間に相互的な了解なり取り決めなりを持ちきたらすために重要だと思う手段や政策をとらしめることに努力したい。[*14]」と書いた。

しかし、首脳会談に対する国務省の態度は、冷淡なものから、否定的なものに変わっていった。一〇月二日付のハルの回答は会談を否定しており、これは第三次近衛内閣に関する限り最終的な回答であった。このようなアメリカ側の態度を見るならば、この段階でアメリカは日米開戦を決意していたことが推測される。日本側との融和を避け、石油禁輸をもって日本を追い詰め、開戦に踏み切らざるを得ないように仕向けるという方針で固まったようである。

特に、日本側が南部仏印からの撤兵を確言しているにもかかわらず、会談を拒否するという点は、石油の全面禁輸が南部仏印への進駐への対抗策というのはうわべだけの口実にすぎず、日本をして開戦に踏み切らざるを得なくするための手段にすぎなかったことを裏付けるものである。

ハミルトン・フィッシュは「非常な平和愛好者である首相の近衛公爵は、ワシントンかホノルルに来てもよいからルーズベルト大統領と会談したいと、繰り返し要望していた。彼は、戦争を避けるためには、米国側の条件に暫定協定の形で同意する意志があったが、ルーズベルトは、すでに対日戦、及びその帰結としての対独戦を行うことを決意していたというだけの理由で、日本首相との話し合いを拒否した」としている。[*15]

これより先の同年八月九日から同一二日にかけて、ルーズベルトは大西洋上において英首相チャーチルと会談しており（大西洋会談）、ドイツ軍の侵攻脅威にさらされているイギリスは、アメリカに対して一日も早く対独戦争に踏み切ることを要請していた。

しかしアメリカ世論は対独参戦に否定的であった。第一次大戦におけるヨーロッパ戦線への参加がアメリカ軍兵士の甚大な損害をもたらした記憶から、欧州大戦に巻き込まれることを忌避する論調が支配的であった。このような退嬰的な世論を参戦支持に向かわせるために、三国同盟の締結国である日本を挑発して対米戦争へと誘導し、その日米開戦のショックをもって米国世論を一挙に参戦支持へと向かわせるという方途にほかならなかった。

そしてそのためには、日本側からアメリカに対して開戦の第一発を撃たせることが不可欠であった。日米頂上会談の拒否は、そのような第一発のために仕組まれていた公算が高い。しかし日本側はその仕打ちには乗らず、なお自重していた。

## 5　東条内閣の成立と最後の日米交渉

近衛内閣の総辞職のあとを受けて東条英機内閣が成立する。一般にはこれが戦争内閣の成立であると受け止められてきたのであるが、大きな誤りである。東条内閣に託された使命は戦争ではなく、交渉による問題解決にあった。

これには、内大臣・木戸幸一の昭和天皇に対する進言が大きな役割を果たしている。すなわち、「東条は最も強硬な対英米決戦論者であるけれども、逆にこれを責任ある首班の地位につけることによって和平の途を開く」という考えである。

天皇はこの献策に同意した。戦争ではなく交渉による戦争回避を目指した首班指名であった。そして天皇の意向は組閣の日に、木戸から東条に伝達される。すなわち、天皇の意向は戦争ではなく交渉による解決であること。そして「九月六日の御前会議の決定にとらわれることなく、交渉優先をもって日米問題を解決すべし」との旨が伝えられる。[*16]

これに対して東条は、誠に素直にこれを受諾した。東条はこの瞬間に、主戦論者から交渉優先論者に転換したのであった。

昭和天皇は、この国家存亡の決定的な局面において、指導者にふさわしい重要な行動をとっていたということである。あの『終戦のエンペラー』に見られるようなひ弱なイメージとは異なり、昭和天皇は九月六日御前会議の戦争方針の決定を白紙還元し、交渉による事態打開を強力に指導していたということである。実にその地位にふさわしい指導力を発揮し、戦争を回避するという重要な責務を果たしていた。

そして東条についても、戦犯の謂われはないということである。東条は、この時点では主戦論者から交渉優先主義者に変貌してしまっていたのであるから。これは当時の軍部の間に、大きな驚きを引き起こしていたことからも了解される。

軍部では、東条内閣の成立は戦争内閣であると疑わなかったので、いよいよ日米決戦の時機到来と奮い立った。ところがその東条が、「戦争はしない、交渉優先である」と言い出したものであるから、みんな驚き、「東条の裏切り」「変節、豹変」といった罵詈雑言が投げかけられていたのである。[*17]

一一月五日、再び御前会議が開かれ、新たな「帝国国策遂行要領」が策定される。すなわち、軍備は整えていくが、あくまでも交渉が優先され、交渉が行き詰まった時に軍事に転じるという方向である。最近、この一一月五日の会議でもって開戦が決定されたとする論調が目立つけれども、誤りである。この会議で決定されていることは、対米問題については和戦両様の姿勢で臨むこと、そして交渉による解決をあくまで優先して行い、一二月一日を期限として、交渉による解決が不可となった段階で開戦に踏み切ること、またこの日までに交渉が妥結した場合には戦争は中止する、という内容であった。[*18]

しかし交渉優先とは言っても、その交渉自体が行き詰まっていた。アメリカ側からは三国同盟破棄と、中国大陸からの日本軍の撤退などが要求されていた。しかしこれは、いかに天皇に忠実な東条といえども簡単に飲むことはできない。東条ら陸軍にしてみれば、四年余の日中戦争に疲弊させられてきたけれども、領土割譲要求も賠償請求もともに放棄の声明を繰り返して発してきた。せめて駐兵の要求だけは取り下げるわけにはいかないとして、中国大陸における軍事的要衝を対象とした日本軍の駐兵保証を求め、その内容が日本案としてまとめられる（この交渉案は〝甲案〟と呼ばれる）。

## 交渉乙案の策定

しかしこの要求では米国の拒絶に会うのは明白で、交渉は到底まとまらない。そこで外相・東郷茂徳の下で〝乙案〟と呼ばれることになるバイパス的な第二案が策定される。

この乙案は、当面の日米関係が危機的状況に立ち至っているのは、米国の石油禁輸にともなう日本海軍の即時開戦論にあるわけであるから、その原因をなした日本の南部仏印進駐以前の状態に戻すことを骨子としている。

つまり日本軍の南部仏印からの撤退を条件として、米国側は日本の在米資産凍結と石油禁輸を解除するという内容である。日本側はこの乙案を戦争回避の切り札として、ワシントンにいる駐米大使・野村吉三郎と特使・来栖三郎に伝達した。

しかしながら従来の日米戦争に関する研究では、これらの試みはすべて無意味なものとして否定的に扱われてきた。すなわち、この段階ではもはや日時を七月以前に引き戻して問題を解決できるような状況にはないこと、そのような脳天気な感覚で交渉をやっているから戦争に突入していくしかなかったのだと、一刀両断のもとに切り捨てられてきたというのが実情であった。

七月二八日の南部仏印への進駐は、戦争への戻れぬ橋をわたった瞬間であったという論断であった。

## 暫定協定案

しかしその認識は誤りであり、乙案は実は米側によって受諾されていたのである。[*19]

アメリカ側は日本側の甲案は問題にならないが、乙案は検討に値すると判断して、日本軍の南部仏印からの撤退と米国石油の輸出再開を内容とする戦争回避のための暫定協定案を作成していたことが明らかになっている。

アメリカ側の乙案に対する対案・暫定協定案の内容は、一．日本軍の南部仏印撤退 二．日米両国の通商関係は資産凍結令（七月二五日）以前の状態に戻す、という二点を骨子とする三ヶ月の暫定協定案である。しかしこのような重大な暫定協定案が作成されていたという問題が、日本国民の前に明らかにされることは久しくなかった。その存在が今から二〇年も前、否それ以上も前から明らかにされていながら、それがテレビや新聞に取り上げられることもなかった。

さすがに、近年の太平洋戦争に関する書籍やテレビ番組の中では言及されるようにはなってきている。しかしながら、その意義を明確に指摘しないものだから、今なお国民の意識にはのぼらず、しっかりした歴史認識になっていない。暫定協定案の存在を知っているかと問うた時、答えられる人は日本国民の中にいったい何人いることだろうか？

それは本書の序文で述べたとおり、これら明らかとなった重要な事実が国民に広く伝わり、国民の歴史認識となることがないように、さまざまな障害が設けられてきたからである。

この米側暫定協定案が出されていたならば、「太平洋戦争」が回避されていたかも知れないほどに決定的に重要な提案なのである。実際に提出された、あの悪名高いハル・ノートと比べるならば大地の差があると言ってよいだろう。

アメリカ側の暫定協定案、すなわち日本側乙案の基本的受託の理由はいろいろ考えられるが、第一次大戦の惨禍を繰り返してはならないという自制がそれなりに働いていたのではないかと思われる。日本を対米開戦に踏み切らせるというのは米側の基本的なスタンスであったが、しかし米国側も開戦が現実のものとして迫ってくると、ためらいも生じてきたのであろう。

大統領のルーズベルトから、米側暫定協定案の素案がハルに示されたとしている。陸軍長官のスティムソンは暫定協定案に反対であったが、陸軍参謀総長マーシャルと海軍軍令部長のスタークスらは、戦争準備のための時間的猶予を要望していた。また他方では、国務省極東部から、太平洋地域全体を対象とする包括的和解に向けた提言もなされていた。このようにさまざまな思惑が交錯する中で、米側暫定協定案は作成されていた。

## 「雛の餌」論

これほどに重要な意味をもつ米側暫定協定案であるが、他方では、これはさして重要な意味をもつ提案ではないと、否定的に評価する向きも少なくない。この米側提案によって日本側にもたらされるものは、ごく少量のものでしかなく、それ故にこの暫定協定案が出されようが出されまいが事態に大きな変化はなく、日本は対米戦へ突入するしかなかったのである、と。

これを裏付けるものとして、ハルの戦後の発言[*20]がある。ハルはこの暫定協定案によって日本側にもたらされるものは、「雛の餌」のようなもので、日本側が満足するはずもなく、それで提出することを止めた旨を述べている。これは戦後になって米国議会における日米戦争の検証委員会の中で、なぜ暫定協定案を提出することがなかったのかの質問に対して、ハルが答えた内容である。

ここから日本側研究者もこれに着目して、暫定協定案をもって「雛の餌」のごとき些細な問題としてきた。さらにこれを日本流に「雀の涙」と言い換えて、暫定協定案の不提案の理由付けとしている。

しかしながら、このような立論は無効なのである。なぜなら、この議論は致命的な欠陥を帯びている。それは歴史認識の形成にとって最も留意されなければならない「後代史料の排除」の原則を犯してしまっているからである。ハルの暫定協定案に対する「雛の餌」という発言は、戦後になってから振り返って証言しているわけである。これらは確定した帰結を踏まえて、それより過去の出来事をそれに適合するように意識的また無意識的に操作し、自己の過去の行動を正当化するように説明しようとする性向を示している。特に重大事案をめぐる責任問題が降りかかっている時には、なおさらのことである。

戦争後の発言、特に敗戦に終わった時の関係者の回顧証言などは、その典型として挙げられるであろう。これらの後代史料は、参考資料として引用することは許されるが、メインの論証には決して用いてはならないということである。

勝者の側であってすら、回顧発言は用いるに慎重でなければならない。特に、この暫定協定案をめぐる戦後議会における証言としてのハルの発言は、後代史料禁忌の代表例として長く記憶にとどめおかれなければならないであろう。なぜなら、それを採用するか否かによって日米戦争の開戦責任論のゆくえを真逆にしてしまうからである。

ハルの暫定協定案＝「雛の餌」論は、歴史認識の研究手続きの観点ですでに失格であるのだが、あえてこれを一九四一年一一月の時点に持ち込んで、それが正当性をもちうるかどうかを検証してみよう。

もし暫定協定案が「雛の餌」ごときものであったとしたならば、むしろそれは出すべきものであったはずである。暫定協定案ではなくて、実際に日本側に提出されたハル・ノートはあまりに露骨に日本側の要求を全否定する悪名の高いものであって、最後通牒にほかならないもの、すなわち日米開戦の戦争責任は米側にあるのではないかという疑念を抱かせるものであった。このようなものを突き付けられたなら、ルクセンブルクやモナコのような小国ですら開戦に踏み切るであろうとまで評されたものであった。

それ故、これに暫定協定案を付属させるならば、少なくとも外見的にはハル・ノートの危険性ははるかに緩和されることになり、米側が日本を挑発して開戦に誘導したようには見えなくなるであろう。

次に、後述するように、この暫定協定案を日本側に提出することに米国側陣営内部に強い反対があったという事実がある。それが「雛の餌」「雀の涙」にすぎないものであるならば、それをめぐって賛成反対の議論が生じるはずがないであろう。米側の戦争責任回避のカモフラージュにすぎないのであれば、むしろ活用すべきもので、米国側内部で提出反対の議論が出るわけがないであろう。反対が出るというのは、それが日本側に有利に働く可能性をもっているからにほかならない。ごく簡単な理屈であろうと思う。

さらに踏み込んで検討するに、そこで輸出緩和される石油は民生用に限定されているが、しかしそれが日本に輸入されるならば、当時の日本に備蓄されていた二年分の石油のうち、民生分が新たな輸入によって賄えることから、二年分の備蓄石油のうち軍需分が相対的に増加するという効果を見落としてはならない。これによって海軍の危機が緩和され、開戦圧力が弱まり、戦争回避のための交渉期間をさらに延長することができよう。決して、「雛の餌」ごとき些細な問題ではない。日米開戦の有無を決する程に重大な問題であったということである。それ故にこそ、この暫定協定案は猛烈な反対にさらされることになる。

いずれにしても、暫定協定案＝「雛の餌」論というのは、戦後になってハルが自己弁護（暫定協定案を出して日米開戦を避ける努力をなぜしなかったのかという疑問に対する弁解）のために持ち出してきた方便であって、このような後付け発言に基づいて、日米開戦時の実態解明をしようとするのは、議論をミスリードすることにほかならない。

## ホワイト陰謀説

日米開戦については、右に述べてきたところとはまったく異なるストーリーが語られることがある。ソ連・コミンテルンの陰謀によるものとする説である[*21]。当時のアメリカ財務省の職員としてあったホワイトなる人物は、ソ連・コミンテルンのスパイであり、日本を挑発して対米戦争に踏み出させる目的をもって、アメリカの対日交渉案を作成したとされている。

このホワイト作成案が財務長官のモーゲンソーを通して国務長官ハルに提案され、いわゆるハル・ノートのもとになったとされる。それ故に、ハル・ノートの提示と、それによる日米開戦はソ連・コミンテルンの画策によるものとするストーリーが成り立つかに思われる。

しかしこのホワイト作成案は決して対日強硬案ではなく、満州国の存在も自明であり、日本軍の満州駐兵も明記され、さらにはアメリカ移民法にある対日差別条項の廃止をうたうなど、むしろ融和的内容のものとなっている。ホワイト案の目的は、アメリカが対日融和策をとることで、日本を三国同盟から切り崩すことを狙ったものであったのだろう。

それ故、ホワイト案がハル・ノートになったというのは誤りであり、ホワイト案を換骨奪胎して、対日融和的条項をすべて削除して、日本を開戦に誘導することを目的とする最後通牒に仕上げたのがハル・ノートであった、というのが正しい理解になるであろう。

そしてまた、ハル・ノートも初めからハル・ノートありきではなかったのである。米側の選択肢として、日本側提案の乙案を受け入れる方向で暫定協定案を提出して、日米開戦を回避するという方策もありえたし、実際、ハルはその方向で日本側に回答しようとしていたのである。

ハル・ノートは、この融和的方向が強い反対によって潰されたことから急浮上してくる。それはハルが融和的方向を断念して日米開戦を決断するとともに、ホワイト案にあった対日融和条項をそぎ落として、対日強硬案に仕上げたのがハル・ノートであった。

それ故、ホワイト案に基づいてハルの下で作成された国務省案（第一次ハル・ノート）には、日本軍の中国からの撤兵要求条項では「満州を除く（without Manchuria）」と明記されていた。[*22]

ところが一一月二六日に、実際に日本側に提示されたハル・ノートでは、この「without Manchuria」の文言は削除されていた。満州の存在を容認した第一次ハル・ノート案では、日本側が飲んでしまう可能性があったからである。一〇〇％日本側が飲むことができず、一〇〇％開戦に踏み切るように仕立てられたのが現実のハル・ノートであったということである。

## 6　開戦―暫定協定案を潰した者

アメリカは結局、この暫定協定案を出さなかった。ワシントンにおける交渉の最後、一一月二六日（アメリカ時間）に日本側の甲案・乙案に対する回答としてアメリカが出したのは、中国大陸からの即時全面撤退と三国同盟の破棄を要求したハル・ノートであった。これは日本側の甲案のみに対する回答であり、乙案は完全に無視される形となった。

ハル・ノートは日本側の要求を全面否定するものであり、これまでの日米交渉においては不動の前提であった満州国の承認すらも否定されていた。

前述のとおり、ハル・ノートには第一次原案のあることが知られており、そこでは「満州を除く（without Manchuria）全中国からの撤兵」とあって、満州国は除外、すなわち承認ということが示されていたのである。それ故に、「満州を除く」の一文をあえて削除した最終ハル・ノートが、いかに敵対的で危険なものであるかが了解されることであろう。

「満州を除く」という一文が残っていたら、日本側はこのハル・ノートですら飲んだかも知れない。逆に言えば、日本側が飲む可能性があるので、この一文は削除されなければならなかったということである。日本側がそれを飲む可能性を一〇〇％ゼロにして、戦争という選択しか残らないように仕向けられたのが最終のハル・ノートであった。

そしてこの厳然たる事実は、さらに米国側の次の文書に記された発言内容によって裏付けられる。すなわち、陸軍長官スチムソンの日記の記述に見られるものであり、ハル・ノートを日本側に手渡した翌日の一一月二七日、ハルがスチムソンに語った言葉としてこうある。「私はこの日米交渉問題から手を引いた。いまやそれは君とノックス（海軍長官）との手中、つまり陸海軍の手中にある（I have washed my hands of it and it is in the hands of you and Knox, the Army and Navy.）[*23]」

このハルの言を受けて、同日に、米軍中央の海軍作戦部長（米海軍参謀長）スターク提督からアジア・太平洋の出先基地にある艦隊司令官らに対して、次の至急電が発せられている。「本急報を戦争警告と解すべきである。太平洋の情勢の安定を目指す日本との交渉は終わり、日本の軍事行動は数日以内と予想される（This dispatch is to be considered a war warning X Negotiations with Japan looking toward the stabilization of conditions in the Pacific have ceased and an aggressive move by Japan is expected within the next few days X.）[*24]」

同様の戦争警報は、陸軍においても太平洋各地の出先基地に対して発出されている。[*25]

完全なる確信犯的行動。かつそれは、日本側から最初の一発を撃たせて、戦争責任を日本側に押し付けることを計画的に仕組んでいる点においていっそう悪質であると言わねばならない。スチムソンの日記はこうも記していた。「われわれの被害を最小にとどめて、日本側に第一発をいかにして撃たせるように仕向けるか、それが問題だ。（The question was how we should maneuver them into the position of firing the first shot without allowing too much danger to ourselves.）」。[*26]

ハル・ノート提出の前日、一一月二五日に開催されていた、大統領ルーズヴェルトに陸海軍長官らを交えた閣僚会議の席での右の議論のもようは、日米開戦をめぐるアメリカの戦争犯罪性を余すところなく立証するものだろう。この一文で、日本に第一発を撃たせるように誘導する行為には、"maneuver" の語句が使われている。「真っ黒の謀略」としか表現しようがないではないか。

東京裁判で持ち出された「平和に対する罪（いわゆる「A級戦犯」）」という戦争犯罪概念に、これほど見事に適合する行為もないのではないかと思われる。

## 暫定協定案を潰した者

このような流れの中で見ていくと、日米交渉の行き詰まり、そしてハル・ノートの提示と日米開戦という流れを作った機縁は、この暫定協定案が潰されたところにあることが分かる。なぜ、そして誰が暫定協定案を潰したのか？ ─それがほかならぬ中国の蒋介石であった。

なぜ蒋介石がこの場に、唐突に登場してくるのであろうか。それは以下のような事情による。

ハルは暫定協定案を日本側に提示するに際して、アメリカの同盟諸国の駐米大使たちにこれを見せて了解を取り付けようとした。これに対して英・蘭・中の三国から難色が示され、日本に対する石油輸出の条件を厳しくすべきとのクレームがついたため、ハルはより強化した案（「民生用の油に限定」）に修正した。

これで英・蘭はいちおう引き下がったのであるが、中国がなお猛烈に反対してきた。ワシントンの大使からだけでなく、重慶の蒋介石から直接にハルやルーズベルトに対して、修正された暫定協定案でも絶対に反対である旨を執拗に申し送ってきた。

修正された暫定協定案では日本に輸出される石油は民生用と限定されたが、蒋介石は日本との交渉の中で軍事用も、なし崩し的に解除対象になっていくことを恐れたのだろう。さらには、仮に「民生用の油」だけの輸出であっても、それがなされるならば、日本の備蓄石油のうち軍事用に充当される分量が相対的に増加するという事情も考慮されなければならない。

いずれにしても、この暫定協定案によって日米和解が成り立ってしまうと、中国は置き去りにされてしまうということへの恐怖が強硬反対の理由であった。蒋介石から発出されたヒステリックなまでに反発した反対電報がワシントンの各方面に送り付けられ、ハルは次第に追い込まれていった。[*27]

大統領のルーズベルトはというと、彼には平和のために戦争を回避しようという意思はなく、前述のように、米側の軍備増強のために時間稼ぎをしたいという思いと、他方では一日でも早く日米開戦に踏み切り、それを機として英首相チャーチルから矢の催促を受けている対ドイツ戦争への本格参戦をしたいという思いとの間でゆれ動いていた。しかしながら蒋介石の反対電文のこともあってであろう、一一月二五日頃になると、「どのようにして日本に先制攻撃をさせるか」という一点に思いは集中していったようである。そして閣議の席上、日本軍は大量の輸送船団を南方に送り込んで戦争態勢に入っていると強硬に主張した（これは誤報ないし意図的な誇大表現で、実際には一〇隻ほどの通常輸送船の航行にすぎなかったのであるが[*28]）。

こうしてハルの暫定協定案を支持してくれる勢力はなくなり、ハルはついに暫定協定案と交渉による問題解決を断念し、戦争による決着しかないと覚悟を決めるに至った。そして、暫定協定案を取り下げ、「満州を除外」という一文をも削除したハル・ノートを日本側に突き付けた。このハル・ノートを突き付けられた日本は万事休すの状態となり、戦争への突入を余儀なくされたということである。

以上が日米開戦に至るプロセスの真相である。

このような経緯を見ると日米開戦に対する第一義的な責任は蒋介石にあり、続いてアメリカの指導者たちにあることは動かしようがないであろう。これだけ証拠がそろっている中で、反論の余地など果たして残されているだろうか。

そして「現実をわきまえる能力をもたない日本が、無謀な侵略戦争を引き起こした」という旧来の言説が、いかに空しいものであるかも了解されることだろう。

昭和天皇に戦争責任がないのは言うまでもなく、東条英機にすらない。彼は持論の開戦論を封印し、また軍部強硬論者たちを抑えて、交渉による解決という昭和天皇の指示の下、最後の最後までこれに忠実に行動していたのであるから。東条は日米交渉が最終的に失敗に終わったことを知った時、昭和天皇に申し訳が立たないと言って号泣していた由であった。[*29]

これだけ確実かつ数多くの証拠資料が残されながら、戦後七〇年の間、これが正されることなく「東京裁判」で作り上げられた虚妄の歴史図式が今日に至るまで、まかり通ってきたことに驚かされる。正しい歴史認識は正しい事実認識にのみ立脚する。事実を歪曲し隠蔽するところに歴史の真実は存在しないということである。

# 第4章 ▼ 終戦

日本は終戦の問題は考えず、後先も考えず無謀な戦いに入ったと思われているが、それは誤りである。

## 1 昭和天皇の講和工作

真珠湾攻撃から二ヶ月目にあたる一九四二年二月一〇日のこと、この日、昭和天皇が東条首相に早くも終戦の指示を出していることが内大臣・木戸幸一の日記に記されている。天皇の発言内容は下記のとおり。

戦争の終結につきては機会を失せざる様、充分考慮し居ることとは思ふが、人類平和の為にも徒《いたずら》に戦争の長びきて惨害の拡大し行くは好ましからず。又長引けば自然軍の素質も悪くなることでもあり、もちろん此問題は相手のあることでもあり、今後の米英の出方にもよるべく、（中略）それ等を充分考慮して、遺

漏のない対策を講ずる様にせよ

昭和天皇は「人類平和のためにも戦争が長引くのは好ましくない。速やかに終戦の措置を講じるように」と東条首相に述べている。ここには終戦を講じる理由として「人類平和のために」と明記されている。これは世界の戦争史上において、戦争指導者が発したものとしては、おそらく最高の言葉の一つと評して差し支えないのではないかと思う。圧倒的勝利を重ねている段階において、このような言が戦争指導者から発せられた例は寡聞にして知らない。

敗北状態に追い込まれてからならば、よく耳にする言辞ではあるが。真珠湾以来、この時期の日本は連戦の勝利に酔いしれていた。世上には、このまま一気にニューヨーク、ワシントンまでなどといった熱狂があふれかえっていた。そのような連戦勝利の状況のただ中にあって、「人類平和のために」という言葉をもってこれを終戦に導こうとした指導者はかってあっただろうか。

世界史を紐解いても、見つけ出すのはきわめて困難ではないかと思う。昭和天皇という人物を考える上において、決して見落とされてはならない事実である。

この終戦指示の出された日は、その翌日の二月一一日が建国記念日の紀元節にあたっており、それを機に終戦の方向に進むことが肝要であると考えられたのだろう。

またこの時、日本軍はイギリス領シンガポールに対する攻略戦のさなかにあった。日本軍は二月七日にシンガポール攻撃を開始し、同一五日にこれを陥落させているが、昭和天皇はシンガポール攻略が目前に迫っているということを考慮の上で、このように発言した可能性もある。シンガポール攻略は日露戦争における旅順攻略に相当する。大英帝国のアジア支配の拠点であるシンガポールを落とすことは、旅順攻略の前例からも講和への大きなきっかけとなりうるであろう。

イギリスとしてもアジア支配の牙城であるシンガポールを落とされると、マレー、ビルマ、インドという英領植民地が相次いでドミノ倒しで日本に奪われる恐れが出てくる。シンガポール攻略が現実のものとなったこの時点は、日本とイギリスの間において講和ができるよいチャンスであったろう。単独講和はアメリカとの関係上、禁じられているといっても、イギリス側も背に腹は代えられない。日本との内密での単独講和というシナリオが想定される状況であった。[*1]

木戸幸一の二月一六日の日記にはローマ法王に使節を派遣する計画があったことが記されている。これは昭和天皇の直々の意向による、講和仲介依頼のための使節であった。かの『昭和天皇独白録』には次のように記されている。「開戦后、私は「ローマ」法皇庁と連絡のある事が、戦の終結時期に於て好都合なるべき事、又世界の情報蒐集の上にも便宜あること並に「ローマ」法皇庁の全世界に及ぼす精神的支配力の強大なること等を考へて、東条に公使派遣方を要望した」と。

実際、使節として特命全権公使原田健がローマに派遣され、同年四月に現地に着任している。しかしながら、このローマ法王を仲介とする講和案は日の目を見ることがなかった。後述する同年六月五日のミッドウェー海戦における大敗によって戦局は大きく転換することとなり、結局、ローマ法王による講和仲介の試みは水泡に帰することとなった。

## ミッドウェー海戦

そもそも，右のような講和工作の流れに水を差すことになったのが、同年四月一八日のドーリットル東京空襲事件であった。真珠湾攻撃の際、たまたま外洋に出ていて討ちもらした三隻の航空母艦が、日本に対する反撃を試みていた。三隻の空母と艦載航空機だけではたいした反攻もできなかったのであるが。

しかし、これは米軍の戦闘者魂を称賛しなければならないところであるが、彼らは空母に陸軍の長距離爆撃機Ｂ－二五を乗せて日本近海に迫り、そこから同機一六機を発艦させて東京を始め日本各地を空襲したのである。これら大型爆撃機は空母には帰還できないので、そのまま中国大陸まで飛来してパラシュートで脱出するというアクション映画さながらの作戦であった。この冒険的作戦はかなりの戦果を上げ、何よりも首都東京が爆撃されたという心理的効果が大きかった。

そこでこの三隻の航空母艦の捕捉、撃滅のためにミッドウェー作戦が行われることとなった。同時に、ミッドウェー諸島攻略の裏にはハワイ攻略の目的があった。ハワイを攻略すると太平洋の制海権が日本側に入ることとなり、アメリカは手詰まりとなって講和に進む可能性が生じてくるからである。[*2]

しかしながら前述のとおり、このミッドウェー作戦は日本側の大惨敗に終わってしまい、この戦争における主導権をアメリカに譲り渡すこととなった。イギリスとの単独講和も困難となり、講和の途は遠のいてしまった。

## 無条件降伏

そしてミッドウェー海戦を境とする戦局転換を受けて、アメリカ側が打ち出してきたのが無条件降伏の要求である。そして、これこそが第二次大戦を根本的に悲惨なものとし、世界を破滅に追い込んだ最大の原因となったものである。

無条件降伏とは軍事上の概念・用語としてある。しかしルーズベルトは、これを国家に対する終戦条件として持ち出してきた。これは前例のないことである。

そもそも無条件降伏とはどのような状態を指すのであろうか。軍事上の場合ならば、それはいっさいの条件をつけずに相手側の捕虜になることを意味するが、ハーグ陸戦法規及びジュネーブ条約等によって、捕虜の身柄の安全と待遇の保証がなされている。それ故、軍隊の場合は無条件降伏をしても、生殺与奪の自由を相手側に許すものではないことが国際法上、確立している。

しかし国家に対する無条件降伏要求ということは前例がなく、降伏した国家と国民がどのような扱いを受けるかという点については、何の基準も保証もなかった。国家に対する無条件降伏要求とはいったい、どのような状態を意味するのであろうか。生殺与奪の自由を相手側に許すことを意味するのであろうか。

この問題についてルーズベルトは定義をせず、説明を拒否した。「相手国が無条件降伏を受け入れた場合にのみ、寛容の精神をもって臨むであろう」と言ったとのことである。寛容の精神とは自発的で一方的な慈悲、無制約で自由な支配、交渉の拒絶ということである。つまり講和交渉をいっさい受け付けず、無制限の完全支配を貫徹するということにほかならない。

これがこれまでの戦争と根本的に違う、第二次世界大戦の大きな特色である。それがこの戦争をかくも悲惨にし、原子爆弾まで持ち出さなければならなくなった最大の原因であった。われわれはこの無条件降伏要求という事柄の重大さを見落としている。当たり前のように思っているが、そうではない。これはナチスのホロコーストに等しい反人道的行為ということを認識しなければならない。

この無条件降伏ということに対しては、英首相チャーチルも米国務長官コーデル・ハルも懸念を表していた。ルーズベルトがこれを口にしたのは、一九四三年一月二四日にモロッコ・カサンブランカで開催されたチャーチルとの二者会談の時であった由である。しかも記者会見の席でいきなりルーズベルトがこれを発言したものだから、まったく相談にあずかっていなかったチャーチルは、あまりにも重大な問題なので当惑したものの、イギリスはアメリカの全面的な支援を必要としていたことから、調子を合わせて「そうだそうだ（ヒヤヒヤ）」と言うしかなかったと述べている。[*3]

そして後年のことであるが、チャーチルはこうも述べている。この無条件降伏のような案件が自分の内閣の議事案として上程されてきたとしても、自分ならこれを裁可することは決してなかったであろう、と。カサブランカの同意は、遠来の支援者が景気よく打ち出したスローガンだったので、その場の雰囲気をこわさないように調子を合わせざるを得なかったというのだ。[*4]

そしてその当のルーズベルトであるが、彼も無条件降伏とはいったいどのような状態を指すものであるかについて確たる見通しをもっていたわけではなかったということだ。記者会見の場で、景気よくブチ上げたというのが真相のようである。

それが定見をもち、熟慮の末に構想されたものであったならば、チャーチルに説明して入念な検討がなされてしかるべき問題であろう。しかしそのようなことはなく、記者会見の場でいきなりルーズベルトが口にしたので、チャーチルは面食らったわけだが、これを支持するほかはなかったということであった。

米軍総司令官・アイゼンハワーはより明確に反対している。「降伏条件が明示されない限り、相手側は敗北が明らかであっても決して戦闘をやめようとはしないであろう。いたずらに戦争を長引かせるだけだ」と指摘してルーズベルトに対して異を唱えているが、ルーズベルトはこれを退けている。[*5]

「戦争は人類平和のためにも速やかに終わらせなければならない」と述べた昭和天皇のスタンスと、無条件降伏要求の貫徹に突き進もうとするルーズベルトのスタンスとの違い、その対照は明白ではないだろうか。日本はもはやどこまでも戦うしかなかった。

## 2　日本の講和特使と原爆投下

日本は昭和二〇年の春頃には、降伏も含む終戦を止むなしという考えに傾いていた。しかし無条件降伏要求は受け入れられない。そこで仲介者を立てての講和交渉という方針が決定されたが、前述したローマ法王を仲介とする案はおそらく不調に終わったのであろう。この段階における状況からでは、日ソ中立条

ポツダム会談で握手する（左から）チャーチル英首相、トルーマン米大統領、スターリン・ソ連共産党書記長。1945（昭和20）年７月。

写真提供：共同通信社

約を取り結んでいる相手国のソ連に仲介を依頼するしかないということになった。

昭和二〇年七月には前首相近衛文麿を特使とし、天皇親書を持参してモスクワに派遣することが決定され、ソ連に対し和平要請の特使を派遣する旨を通告した[*6]。

その頃、ソ連のスターリンを含む連合国側の首脳は、ドイツ・ベルリン郊外ポツダムの地で会談を行っている最中であった。この会談にはソ連・スターリン、イギリス・チャーチルと、アメリカからはこの会談の直前に病没したルーズベルトに代わって新大統領トルーマンが参加していた。

トルーマンの下には、日本がソ連を

仲介とする和平工作を始めていることについての情報が入っていた。[*7] しかしトルーマンは、このような日本側が正式に開始した和平交渉のための動きを、まったく無視した。その時には、トルーマンの下に米国ニューメキシコ州における原爆実験成功の報告が入っており、無条件降伏を貫徹する条件がすべてそろっていたので、今更日本と和平交渉などする必要がなかったからである。

このような状況を見ると、「戦争をやめさせるために原爆は仕方なかった」という言説がいかに欺瞞に満ちたものだったのかは明らかであろう。「戦争をやめさせるため」ではなく、「無条件降伏を飲ませるため」であり、「無条件降伏を飲ませる切り札として原爆は用いられた」が、事の真相であったということである。

アメリカ国民には原爆投下をめぐる言説の欺瞞と、無条件降伏要求という悪魔の欲望のために、あの無惨な地獄の世界が現出したことの意味をよくよく理解してもらいたいものである。

しかしトルーマンは白紙無条件降伏は、国際世論の観点からも異議が出てくることを考えて、日本国家を破滅させない、国民を奴隷にしないなど、国家存続の最低条件といったものであるが、それを文言で示すことにした。これがポツダム宣言である。一定の条件を示した上で、問答無用で飲ませる、飲むか飲まないか、イエスかノーか、交渉はいっさいしない、拒絶するならば破滅あるのみというのがポツダム宣言の精神であり、条件明示型無条件降伏と評される所以である。

この時の鈴木貫太郎の内閣はこれを無条件降伏要求か否かを計りかねて、「公式な通達に値しない」と発表した。しかしそれは「黙殺」という言葉となって新聞紙上に大きく出てしまったことから、連合国側に原爆投下のよき口実を与えてしまった。条件提示で終戦を示したが日本はそれを飲まなかったので、原爆を投下したというストーリーで原爆投下を正当化してきた。

そして八月六日の広島への原爆投下に続いて、八日にはソ連が日ソ中立条約を蹂躙して満州及び千島・樺太に侵攻を開始した。このソ連の対日侵攻で日本は万事休すとなる。一四日に鈴木内閣は天皇制の護持、天皇大権の存続を含むものと了解した上でポツダム宣言を受諾すると回答した。これに対し連合国側は、「天皇及び日本国政府は連合軍司令部の下に従属する」という表現をもって日本に回答した。

この回答を受けて日本政府及び軍部は、ポツダム宣言を受諾すべきか否かを議論する。殊に、その「従属」した後のことが明言されておらず、受け入れるべきではないとする徹底抗戦論も根強く、議論は紛糾して収拾がつかなかった。

最終的には同八月一四日、周知のとおり、天皇の主宰する御前会議が開催され、昭和天皇の裁断によってポツダム宣言の受諾が決定されることとなった。

## 3　終戦をめぐる二つの戦争犯罪―原爆投下とヤルタの密約―

以上が日本がポツダム宣言を受け入れて終戦を迎えた経緯であるが、その終戦の局面には無視し難い重大な問題が二つある。

一つは言うまでもなく、前述した原爆の投下問題である。原爆がハーグ陸戦法規やジュネーブ条約等で禁じている残虐兵器であることはもちろんであるが、より問題なのはその使用の仕方にある。戦場において日本軍に対してではなく、広島・長崎の一般市民を対象にして使用している点である。同兵器が地獄の惨禍を引き起こすことは、ニューメキシコ州の実験によって明確になっているにもかかわらず、否、それ故にこそ日本の一般市民の無差別大量殺戮を目的として使用されたことは、到底許されるものではない。

これはナチスのユダヤ人虐殺に勝るとも劣らない蛮行であり、原爆投下者たちにナチスのホロコーストを指弾する資格はない。繰り返し述べておくが、原爆投下の指令を下したトルーマンは、日本側が講和交渉を提起していることを承知の上で、原爆投下の決定をなしていたという事実である。これが「人道に対する罪」以外の何物でもないということは明らかではないであろうか。

二つ目には、ソ連による日ソ中立条約侵犯による満州及び日本領土である千島列島・樺太への侵攻の問題。

一九四一（昭和一六）年四月に締結された日ソ中立条約は五年間の効力を有しており、一九四六年四月まで有効であった。しかし連合国側は、一九四五年二月のクリミヤ半島におけるヤルタ会談で、ルーズベルトはスターリンに対して、ソ連に日ソ中立条約を侵犯して日本に攻め込むように要請をした。

ヤルタ会談はルーズベルト、チャーチル、スターリンの三人によるドイツの降伏後のヨーロッパ支配をめぐる取り決めを行うものであったが、これには裏会談があった。すなわち、三者の間で対日問題が秘密裏に話し合われ、秘密協定が取り結ばれた。いわゆるヤルタの密約である。

その内容はソ連は対独戦争終結後、速やかに対日参戦をするというものだった。日ソ中立条約が存在しているにもかかわらず、それを侵犯してということである。そうすれば日本の領土である千島列島をソ連に与えるという密約である。[*8]

きわめて重要な内容であるから、その文面を掲げておこう。

「ソヴィエト」聯邦、「アメリカ」合衆国及英国ノ指導者ハ「ドイツ」国ガ降伏シ且「ヨーロッパ」ニ於ケル戦争ガ終結シタル後ニ月又ハ三月ヲ経テ「ソヴィエト」聯邦ガ左ノ条件ニ依リ聯合国ニ与シテ日本国ニ対スル戦争ニ参加スベキコトヲ協定セリ

一、外蒙古（蒙古人民共和国）ノ現状

ヤルタで会談する（前列左から）チャーチル英首相、ルーズベルト米大統領、スターリン・ソ連首相。1945年2月。

写真提供：共同通信社

ハ維持セラルベシ
二、千九百四年ノ日本国ノ背信的攻撃ニ依リ侵害セラレタル「ロシア」国ノ旧権利ハ左ノ如ク回復セラルベシ
（甲）樺太ノ南部及之ニ隣接スル一切ノ島嶼ハ「ソヴィエト」聯邦ニ返還セラルベシ
（乙）大連商港ニ於ケル「ソヴィエト」聯邦ノ優先的利益ハ之ヲ擁護シ該港ハ国際化セラルベク又「ソヴィエト」社会主義共和国聯邦ノ海軍基地トシテノ旅順口ノ租借権ハ回復セラルベシ
（丙）東清鉄道及大連ニ出口ヲ供与スル南満州鉄道ハ中「ソ」合弁会社ノ設立ニ依リ共同ニ運営セラルベシ但シ「ソヴィエト」聯邦ノ優先的利益ハ保障セラレ又中華民国ハ満洲ニ於ケル完全ナル主権ヲ保有スルモノトス
三、千島列島ハ「ソヴィエト」聯邦ニ引渡サルベシ
前記ノ外蒙古並ニ港湾及鉄道ニ関スル協定ハ蒋介石総帥ノ同意ヲ要スルモノトス、大統領ハ「スターリン」元帥ヨリノ通知ニ依リ右同意ヲ得ル為措置ヲ執ルモノトス
三大国ノ首班ハ「ソヴィエト」聯邦ノ右要求ガ日本国ノ敗北シタル後ニ於テ確実ニ満足セシメラルベキコトヲ協定セリ
「ソヴィエト」連邦ハ中華民国ヲ日本国ノ羈絆ヨリ解放スル目的ヲ以テ自己ノ軍隊ニ依リ之ニ援助ヲ与フル為「ソヴィエト」社会主義共和国連邦中華民国間友好同盟条約ヲ中華民国国民政府ト締結スル

用意アルコトヲ表明ス
千九百四十五年二月十一日
ジェー・スターリン
フランクリン・ディー・ルーズヴェルト
ウィンストン・エス・チャーチル

これは国際条約侵犯による戦争行為であり、紛れもない戦争犯罪、平和に対する罪として「東京裁判」でいうところの「A級戦犯」に完全に該当している。いわゆる「A級戦犯」なるものの該当者をめぐってはさまざまな議論があるけれども、ルーズベルトとスターリンの二人については疑問の余地がないであろう（チャーチルについて言うならば、彼のような不屈の政治家が、大戦の最後にこのような犯罪的文書に署名してしまったことを甚だ惜しむものである）。

このような恥知らずの戦争犯罪をどのようにして弁護できると言うのか。さすがのアメリカもこれにはあきれて、後にアイゼンハワー大統領の時代になってのことであるが、ヤルタ協定はルーズベルトの個人的文書であり、米国政府の公式文書ではなく無効である旨を宣言している。[*9]

アメリカは、ヤルタ協定を無効であると後になって宣告したが、第二次大戦はこのような国際法蹂躙の犯罪的協定とそれによる侵略行動によって終結したというのは、紛れもない現実である。米ソが「戦勝国」

として、日本が「敗戦国」としてである。アメリカ自身によってすら否定された、このようなマフィアの密約とその執行によって。米ソの「戦勝」という形で第二次大戦は終結を見たのである。

確かにヒットラーも似たような行動をとってはいた。一九四一年の独ソ不可侵条約の侵犯とソ連領内への侵略的進撃である。ヒットラーも平然と国際条約を蹂躙して、侵略行動をとった。しかしその結果は、ヒットラーとナチス・ドイツの自滅に終わった。いわば自業自得となったわけであるから、ヒットラーの条約蹂躙は、ことさら問題として取り上げなくても実害はない。

しかしソ連による日ソ中立条約の場合は事情を異にする。このヒットラーと同等の犯罪行為を行った者たちが、何ら処罰されないどころか第二次大戦における「戦勝国」を標榜して、戦後世界における支配的地位を確立しているというのが実情ではないであろうか。

以上、縷述してきたが、これが満州事変の勃発から第二次大戦の終結に至る歴史的過程の具体的な姿にほかならない。そしてこの第二次大戦の結果に基づいて、「戦勝国」を標榜する連合国が「敗戦国」日本の指導者を戦争犯罪人として訴追し、その判決に基づいて処刑したのが、かの「東京裁判」であった。

本書ではここまで、満州事変から第二次大戦の終結に至る歴史的過程を対象として、従前の歴史認識の誤りを正すことに注力してきたが、本書の第二部では、これらの考察を踏まえつつ「東京裁判」そのものの問題点を剔出することに紙幅を費やすことになるであろう。

# 第Ⅱ部　裁判篇

「東京裁判」は正確には「極東国際軍事裁判」（The International Military Tribunal for the Far East）といい、マッカーサーの占領体制下において、終戦の翌年の一九四六年五月三日から一九四八年一一月一二日までの二年半にわたって行われた[*1]。

この裁判の前提としてドイツの「ニュルンベルク裁判」があり、「国家的・組織的犯罪としての共同謀議の罪」「戦争犯罪」「人道に対する罪（ホロコーストとそれに関する一般市民の虐殺）」「平和に対する罪（ナチスドイツの世界征服の野望）」が裁かれ、ナチスの党要職者、外務大臣リッペントロップ、軍首脳部が死刑に処せられている。ドイツの場合は、ユダヤ人に対する民族的抹殺と世界政治地図の一変を党是に掲げるナチ党という組織の下に、系統的に戦争を行ったということが明確である。

この組織性、系統性、計画性というナチスの場合に際立った特徴は、日本の場合には甚だ希薄である。そもそも最後の最後まで、日本側は日米戦争の回避の途を模索していたのだから、計画性もあったものではないのであるが。

しかしそのようなことは、おかまいなしに「ニュルンベルク裁判」原則（「ニュルンベルク・ドクトリン」）が、そのまま日本にも適用され、その「共同謀議」「人道に対する罪」「平和に対する罪」といった犯罪カテゴリーが日本のケースにも持ち込まれた。「東京裁判」の戦争犯罪のカテゴリーは一、平和に対する罪、二、通常の戦争犯罪で戦時国際法の違反、三、人道に対する罪の三つである（「共同謀議」はこれら三種の戦争犯罪を計画・合意したという犯罪）。当初、このほかに「殺人」という訴因が独自に設けられていた。これはマッカーサーの強い要求によって導入されたもので、もっぱら真珠湾奇襲攻撃を対象とした罪案であった。しかしながらその後、真珠湾奇襲が事務方の連絡不備から出た通告遅延であったことが理解されるとともに、この訴因の意味は薄れ、最終判決の段階では消失している。

## 「A級戦犯」という用語の誤り

さて「東京裁判」で登場する、いわゆる「A級戦犯」という用語の誤解については、今日、比較的よく知られるようになったが、なお誤解を引きずっている人も少なくないようなので、少し詳しく説明を加えておきたい。[*2]

「A級戦犯」というと最高級の犯罪ないし最高責任を負うべき犯罪的人間という意味で理解され、現代の日常日本語でもそのようなニュアンスで語られている。もっぱら結果が悲惨な状態に陥った事柄をめぐって、誰それがこの問題の「A級戦犯」だと罵って非難するというパターンである。

これはもちろん、「東京裁判」の判決と処刑のアナロジーとして用いられているわけだけれども、これはそもそもの「東京裁判」の法的カテゴリーの誤解に基づく誤用であるので注意を要する。ABCは単にカテゴリー（分類名称）であって、犯罪程度の軽重や等級を表すものではない。「A類（平和に対する罪）の戦争犯罪」というだけの意にすぎない。

しかも、後述するように「東京裁判」の裁判所条例の日本文では「A、B、C」の文字すらなく、「イ、ロ、ハ」と表現されるのみである（日本語は「東京裁判」では英語とともに公式言語）。これまで「A級戦犯」などという言葉が独り歩きして、人を貶めるレッテル貼りの暴虐を繰り返してきたのであるけれども、一日も早くそのような迷妄から脱却しなければならない。

このようなありもしない名称、そしてありもしない無用の等級観にとらわれないように、以下の論述では裁判所条例の用語に即して「イ類戦犯」（平和に対する罪）、「ロ類戦犯」（通常の戦時国際法に違反する罪）、「ハ類戦犯」（人道に対する罪）という表現を用いることにしたい。

これは裁判所条例の日本語原文に即した表現なのであるから、決して不当な改変ではないはずである。むしろ「A級戦犯」などという、ありもしない言葉、ありもしない等級観を持ち込んだ表現の方が、そもそもからして不当であり、歪曲であったのだ。われわれは正しい歴史認識を得るためにも、一日も早く、このような不当にして虚妄の表現と決別する必要があると思う。

このような、ありもしない用語、ありもしない等級観を持ち込むこと自体が問題であり、われわれの歴史認識を誤らせるとともに、「東京裁判」の虚像性をいやまして増幅させる原因ともなってきたことを強調したく思う。

このような用語上の基本的な訂正を施すだけでも、いわゆる「東京裁判」なるものの風景は一変していくことであろう。それ程までに「A級戦犯」という言葉が、戦後日本人の精神構造を歪め、傷つけ、呪縛してきたということなのである。

## 「戦争犯罪」概念と事後法問題

通常の国際法においては、軍事力の行使である戦争行為は国家に備わる本源的な権利として、戦争の発動それ自体は犯罪とはされない。しかし、「イ類戦犯」とは戦争行為それ自身を犯罪とするという捉え方で、「ニュルンベルク裁判」及び「東京裁判」にあたって作られた新たな犯罪概念であり、事後法であるという非難がしばしば投げかけられる。これは「法の不遡及」ないし「罪刑法定主義」の原則と呼ばれるもので、後から作られた法律でそれ以前に発生している事案を裁くことはできない、という刑事法制の大原則を指している。「東京裁判」のやり方はこの根本原則に違反しているという理由で、無効、無罪とする考えが広く行われていることも周知のとおりである。事後法問題と呼ばれる。[*3]

これは「東京裁判」においてインド人判事パールがこの法理をもって、被告人全員の無罪論を展開したことで有名なので耳にされている方も多いだろう。パール判決と呼ばれるもので、「東京裁判」を考える時に、必ず議論に登場してくるほどである。

その「イ類戦犯」（平和に対する罪）の問題であるが、これが罪刑法定主義に違反した事後法かというと、それは必ずしも明確なことではない。というのは、第二次大戦に先立つ一九二八年、フランス・パリの国際会議で、国際紛争に際しては解決手段として軍事力を用いてはならないという国際条約が締結された。パリ不戦条約（ブリアン＝ケロッグ協定）と呼ばれるものである。

第一次大戦の惨禍を踏まえ、その反省の下に出てきた考え方である。戦争の発動それ自体を禁止するという画期的な国際条約である。日本はこの条約の締結国である（アメリカは調印はしたが、議会の批准は得られなかった）。

「東京裁判」に関して事後法問題を論ずる場合、このパリ不戦条約とのかねあいを考慮しなければならない。単純な事後法無効論は、実はかなり難しいということを銘記しておかなくてはならない。いずれにしても重要な議論であるので、後ほど改めて検討することとしよう。

次に、「ハ類戦犯」（人道に対する罪）はナチスのホロコーストを裁くために作られた法だが、日本の場合にはそのような系統的な大量虐殺は見られないところから、「ロ類戦犯」と合同される形で、「ロハ類戦犯」（いわゆる「BC級戦犯」）という言い方がなされている。ちなみに「ロ類戦犯」というのは、通常の戦争犯罪として確立されているもので、交戦方法に対する違反行為、捕虜の虐待、住民殺害、スパイ行為などの事案が対象となっている。一九〇七年に締結されたハーグ陸戦法規[*4]などによって国際実定法として確立されている。

「ハ類戦犯」を日本がらみの戦争で眺めた場合、これに一番合致するのが、米軍による原爆投下による広島・長崎の一般住民に対する大量虐殺であるのは明白であろう。日本に対して「ハ類戦犯」を表立って訴追するならば、弁護側から原爆問題をもって応酬されるのは必至である。「東京裁判」において「ハ類戦犯」が後景に退いて、「ロハ類犯罪」という曖昧な形に押しやられたのには、そのような事情も考慮されたことであろう。

# 第1章▼「東京裁判」の概要

この章では、いわゆる「東京裁判」なるものの全体について概観する。後続の諸章における検討のための予備的考察である。

## 1 裁判所条例

一九四六（昭和二一）年一月一九日、「ニュルンベルク裁判」の根拠となった国際軍事裁判所条例を参照して極東国際軍事裁判所条例[*1]が定められた。以下、これを「裁判所条例」と記す。

これは「東京裁判」の基礎をなすものであり、その構成原則を示しているので、始めにこれを吟味しておこう。以下のとおり、五章一七条から成っている。

第一章　裁判所ノ構成
第一条　裁判所ノ設置　第二条　裁判官　第三条　上級職員及ビ書記局
第四条　開廷及ビ定足数、投票及ビ欠席

第二章　管轄及ビ一般規定
第五条　人並ニ犯罪ニ関スル管轄（イ）平和ニ対スル罪　（ロ）通例ノ戦争犯罪　（ハ）人道ニ対スル罪
第六条　被告人ノ責任　第七条　手続規定　第八条　検察官

第三章　被告人ニ対スル公正ナル審理
第九条　公正ナル審理ノ為メノ手続　第十条　審理前ニ於ケル申請又ハ動議

第四章　裁判所ノ権限及ビ審理ノ執行
第十一条　権限　第十二条　審理ノ執行　第十三条　証拠　第十四条　裁判ノ場所
第十五条　裁判手続ノ進行

第五章　判決及ビ刑ノ宣告

第十六条 刑罰 第十七条 判定及ビ審査

マッカーサー元帥ノ命令ニ依リ
（米陸軍）参謀団員・陸軍少将
参謀長 リチャード・J・マーシャル
正書
（米陸軍）軍務局員・陸軍代将
軍副官部主任 ビー・M・フイッチ

以下、この条例の逐条検討を施すべきであるが、本条例のはらんでいる問題点は広範多岐にわたる。故に特に後続に一章を設けて詳しく論究したく思っている。いわゆる「東京裁判」なるものの本性は、実にこの条例に籠められているといって過言ではないからである。

## 2 裁判官と検察官

「東京裁判」では裁判官と検察官の出身国が完全に一致している。しかもその全員が、連合国及びその植民地の出身者で占められている。今日の観点からは信じられない構成だが、それが当時、強く非難される

東京裁判の法廷全景＝1946（昭和21）年５月３日、東京・市ヶ谷の旧陸軍士官学校講堂（現防衛省市ヶ谷記念館）。

写真提供：共同通信社

こともなく、従ってそのままかり通ってしまっている。その裁判官及び検察官の出身国ないし出身地域というのは、アメリカ・イギリス・ソビエト・フランス・中華民国・オランダ・オーストラリア・カナダ・ニュージーランド・インド・フィリピンである。

**判事団の構成**

裁判官は以下のとおり。

ウィリアム・ウェッブ（オーストラリア派遣）裁判長 連邦最高裁判所判事
マイロン・C・クレマー少将（アメリカ派遣）陸軍省法務総監
ウィリアム・パトリック（イギリス派遣）スコットランド刑事上級裁判所判事
イワン・M・ザリヤノフ少将（ソ連派遣）最高裁判所判事 陸大法学部長
アンリ・ベルナール（フランス派遣）軍事法廷主席検事
梅汝璈（中華民国派遣）立法院委員長代理
ベルト・レーリンク（オランダ派遣）ユトレヒト司法裁判所判事
エドワード・スチュワート・マクドゥガル（カナダ派遣）ケベック州裁判所判事
エリマ・ハーベー・ノースクロフト（ニュージーランド派遣）最高裁判所判事
ラダ・ビノード・パール（イギリス領インド派遣）カルカッタ高等裁判所判事
デルフィン・ハラニーリャ（アメリカ領フィリピン派遣）司法長官 最高裁判所判事

**検察団の構成**

ジョセフ・キーナン［首席検察官］（米国派遣）

アーサー・S・コミンズ・カー［次席検察官］（イギリス派遣）
S・A・ゴルンスキー（ソ連派遣）
アラン・ジェームス・マンスフィールド（オーストラリア派遣）
ロナルド・ヘンリー・クイリアム（ニュージーランド派遣）
ヘンリー・グラタン・ノーラン（カナダ派遣）
向哲濬（中華民国派遣）
ロベル・L・オネト（フランス派遣）
W・G・F・ボルゲルホフ・マルデル（オランダ派遣）
ゴビンダ・メノン（イギリス領インド派遣）
ペドロ・ロペス（アメリカ領フィリピン派遣）

これら全員が、日本の交戦国及び交戦国の支配する植民地の出身者であり、そしてその全員の任命は日本占領の最高司令官であるマッカーサーであるという事実。

つまるところ「東京裁判」というのは裁判の体裁をとっているが、このような判事団及び検察陣の構成から分かるとおり、公平と公正を旨とする通例の裁判ではなく、占領政策の一環にほかならぬということである。「軍事法廷」と呼ばれる所以であり、これについては第二章で詳述する。

## 3　被告人と弁護人

### 被告人の選定

一九四六年一月、被告人の選定にあたってイギリスは、「ニュルンベルク裁判」と同様に知名度を基準に一〇人を指名した。執行委員会の四月四日会議では二九名が選ばれるが、その後も加除の検討が繰り返された。四月一三日にはソ連検事が来日し、ソ連側は天皇訴追を求めず、その代わり鮎川義介、重光葵、梅津美治郎、富永恭次、藤原銀次郎の起訴を提案し、そのうち重光と梅津が追加された。四月二八日の最終検討会において、石原莞爾、真崎甚三郎、田村浩が除外され、被告人二八名が確定した。[*2]

検察側起訴状に記された被告人の経歴・戦時中の役職は以下のとおり。

| | |
|---|---|
| 荒木貞夫 | 昭和六年、教育統監部本部長、昭和六年より同九年七月まで、犬養内閣及び斎藤内閣陸相、昭和九年より同十一年まで軍事参議官、昭和十三年五月より同十四年八月まで、近衛内閣ついで平沼内閥の文相。 |
| 土肥原賢二 | 昭和六年九月、在満特務機関長、昭和六年九月より十月まで、奉天市長、昭和八年、北支自治政府主席顧問、昭和十五年より同十八年まで、軍事参議官、昭和十六年、陸軍航空総監、昭和十九年より同二十年まで、在シンガポール第七方面軍司令官、昭和二十年四月、教育総監。 |
| 橋本欣五郎 | 昭和十二年、南京事件当時における現地砲兵連隊長、同年「レディーバード号」及び「パネー号」砲撃の日本軍指揮官、侵略戦争を鼓吹させる多数の書籍及び論文を発表、軍の政治支配の扇動並びに侵略戦争促進を目的とする多くの団体の会員、昭和十五年、翼賛会創設者の一人。 |

| | |
|---|---|
| 畑　俊六 | 昭和八年、在満師団長、昭和十年、航空本部長、昭和十一年より同十二年まで、台湾軍司令官、昭和十二年八月、教育総監、昭和十三年二月、中支那派遣軍最高指揮官、昭和十四年八月より同十五年一月まで阿部内閣陸相、昭利十五年七月より同十九年まで、中支那派遣軍最高指揮官、昭和十九年十一月、教育総監。 |
| 平沼騏一郎 | 国本社の創設者、大正十五年より昭和十一年までその総裁、昭和十五年より同十一年まで枢密院副議長、昭和二年より同十四年まで枢密院議長、昭和十四年一月まで首相、昭和十五年七月より同十六年十月まで、近衛内閣国務相、昭和二十年、枢密院議長。 |
| 広田弘毅 | 昭和五年、駐ソ大使、昭和八年九月より同年七月まで、斎藤内閣外相、昭和十一年三月より同十二年二月まで、首相、昭和十二年六月より同十三年五月まで、近衛内閣外相。 |
| 星野直樹 | 昭和十三年、満州国総務長官、昭和十五年七月より昭和十六年四月まで近術内閣企画院総裁、昭和十六年十月より同十九年七月まで、東条内閣書記官長。 |
| 板垣征四郎 | 昭和九年、関東軍参謀副長、昭和十一年より同十二年まで関東軍参謀長、昭和十三年六月より同十四年八月まで、近衛内閣および平沼内閣陸相、昭和十四年九月、支那派遣軍参謀長、昭和十六年七月より同二十年まで朝鮮軍司令官。 |
| 賀屋興宣 | 昭和十二年八月より同十三年五月まで近衛内閣蔵相、昭和十四年より同十六年まで北支開発会社総裁、昭和十六年六月より同十九年二月まで東条内閣蔵相。 |
| 木戸幸一 | 昭和五年、内大臣秘書官長、昭和十二年、近衛内閣文相、厚相、昭和十四年、平沼内閣内相、昭和十五年より同二十年まで内大臣、天皇側近主要輔弼者にして重臣会議を主宰す。 |
| 木村兵太郎 | 昭和十五年、関東軍参謀長、昭和十六年より同十九年まで近衛内閣および東条内閣陸軍次官、昭和十九年、ビルマ派遣軍司令官。 |

| | |
|---|---|
| 小磯国昭 | 昭和五年、陸軍省軍務局長、昭和七年より同九年まで、関東軍参謀長、昭和十四年、平沼内閣拓相、昭和十五年、米内内閣拓相、昭和十七年五月、朝鮮総督、昭和十九年七月より昭和二十年四月まで首相。 |
| 松井石根 | 昭和八年、大東亜協会創設者の一人、昭和十二年十月より同十三年二月まで、中支那方面最高指揮官、昭和十九年、大東亜振興会総裁。 |
| 松岡洋右 | 昭和八年、国際連盟会議への首席代表、昭和十年より同十四年まで南満鉄道総裁、昭和十五年七月より同十六年七月まで近衛内閣外相、昭和十三年「昭和維新」および侵略戦争を鼓吹せるその他の著書、演説、論文の筆者。 |
| 南　次郎 | 昭和四年、朝鮮軍司令官、昭和六年四月より同十二月まで若槻内閣陸相、昭和九年より同三年まで関東軍司令官、昭和十一年より同十七年まで朝鮮総督。昭和十七年より同二十年まで枢密院顧問官、昭和二十年、大日本政治会総裁。 |
| 武藤　章 | 昭和五年より同七年まで陸大教官、昭和十二年、参謀本部課長、昭和十四年十月より同十七年四月まで陸軍省軍務局長、昭和十九年十月、山下大将麾下在フィリピン第十四方面軍参謀長。 |
| 永野修身 | 昭和十一年三月より同十二年二月まで広田内閣海相、昭和十二年、連合艦隊司令長官、昭和十六年四月より同十九年二月まで軍令部長、昭和十九年二月より天皇最高海軍顧問。 |
| 岡　敬純 | 昭和十五年十月より同十九年八月まで海軍省軍務局長。 |
| 大川周明 | 大正十五年、満鉄東亜経済局理事長、昭和六年九月十八日、奉天事件の組織者の一人、「日本歴史読本」の著者、その他幾多の、アジアより白色人種の武力放逐を目的とした侵略戦争鼓吹の論文を書き演説した。 |
| 大島　浩 | 昭和十一年、在ドイツ陸軍武官、昭和十三年十月より同十四年十月まで、ついで、昭和十六年二月より同二十年四月までドイツ大使（筆者注、特命全権大使）。 |

| | |
|---|---|
| 佐藤賢了 | 昭和十六年二月より同十七年四月まで、陸軍省軍務局軍事課長、昭和十七年四月より同十九年十二月まで、陸軍省軍務局長。 |
| 重光　葵 | 昭和六年、在中国公使、昭和十一年十一月より同十三年十一月まで駐ソ大使、昭和十三年より同十六年まで駐英大使、昭和十六年十二月より同十八年四月まで南京傀儡政府駐箚大使、昭和十八年四月より同十九年七月まで東条内閣外相、昭和十九年七月より同二十年四月まで小磯内閣外相。 |
| 嶋田繁太郎 | 昭和五年、適合艦隊参謀長、昭和十年より同十二年まで、海軍軍令部次長、昭和十六年十月、東条内閣海相、昭和十九年二月より七月まで海軍軍令部長。 |
| 白鳥敏夫 | 昭和五年、外務省情報部長、昭和十四年、駐伊大使、「コンテンポラリー・ジャパン」に「大東亜新秩序」建設を寄稿す。 |
| 鈴木貞一 | 昭和十三年十二月より同十六年四月まで興亜院政務部長、昭和十六年四月より同十八年十月まで近衛内閣及び東条内閣の国務相兼企画院総裁。 |
| 東郷茂徳 | 昭和十二年十月、駐独大使、昭和十三年十月、駐ソ大使、昭和十六年十月より同十七年三月まで、東条内閣外相、昭和二十年四月より、鈴木内閣外相。 |
| 東条英機 | 昭和十年、関東軍憲兵司令官、昭和十二年、関東軍参謀長、昭和十三年五月より同十二月まで、近衛内閣陸軍次官、昭和十五年七月より同十六年二月まで近衛内閣陸相、昭和十六年より同十九年七月まで東条内閣首相。 |
| 梅津美治郎 | 昭和十一年三月より同十三年五月まで広田内閣、林内閣および近衛内閣陸軍次官、昭和十四年より同十九年まで関東軍司令官、昭和十九年七月より同二十年まで参謀総長。 |

## 弁護団の結成

### 日本人弁護団

日本人の弁護団には、団長の鵜澤總明以下、副団長清瀬一郎、林逸郎、穂積重威、瀧川政次郎、高柳賢三、三宅正太郎（早期辞任）、小野清一郎ら、当時の日本の法曹界の重鎮が名を連ねている。

### アメリカ人弁護団

「ニュルンベルク裁判」では弁護人はドイツ人のみであったが、「東京裁判」ではアメリカ人弁護人も任命された。アメリカ人弁護団団長は海軍大佐ビヴァリー・コールマン（横浜裁判の裁判長）。弁護人としては海軍大佐ジョン・ガイダーほか六名であった。

陸軍少佐フランクリン・ウォレン（土肥原、岡、平沼担当）
陸軍少佐ベン・ブルース・ブレイクニー（東郷・梅津担当）
ジョージ・山岡（東郷担当）
ウィリアム・ローガン（木戸担当）
オーウェン・カニンガム（大島浩担当）
陸軍中尉アリスティディス・ラザラス（畑担当）

デイヴィッド・スミス　(広田担当)
ローレンス・マクマナス　(荒木担当)
予備海軍大佐リチャード・ハリス　(橋本担当)
ジョージ・ウィリアムズ　(星野担当)
フロイド・マタイス　(板垣、松井担当)
マイケル・レヴィン　(賀屋興宣、鈴木担当)
ジョゼフ・ハワード　(木村担当)
アルフレッド・ブルックス　(小磯、南、大川担当)
ロジャー・コール　(武藤担当)
ジェイムズ・フリーマン　(佐藤担当)
陸軍大尉ジョージ・A・ファーネス　(重光担当)
エドワード・マクダーモット　(嶋田担当)
チャールズ・コードル　(白鳥担当)
ジョージ・ブルウェット　(東条担当)

「東京裁判」で訴追の対象とされたのは、「イ類戦犯」すなわち「平和に対する罪」を罪状とされた者たちである。南京事件を訴因とした松井石根だけが「ロハ類戦犯」のみの容疑で訴追されているのが例外である。「東京裁判」はもっぱら「イ類戦犯」を裁く場として位置付けられており、連合国側もこの問題に「東京裁判」の役割を求めていたといってよい。

すなわち、「東京裁判」は連合国側の言う「重大戦争犯罪人」を取り扱う場として位置付けられていたのであるが、そこに集められた被告人の訴因が主として「平和に対する罪」(イ類戦犯、いわゆる「A級戦犯」)であったところから、「A級」を重罪度の等級と誤解、誤用することによって「重大戦争犯罪人」=「A級戦犯」という誤った図式と誤った語義を生じさせてしまったのである。

このような図式と等級観念が誤りであることは、「ニュルンベルク裁判」と対比すれば簡単に分かることではないか。そこで最も重視されていたナチスの罪状、すなわちユダヤ人大量虐殺の「人道に対する罪」(C級戦犯)が、最も低級な犯罪であるはずがないからである。

「A級戦犯」用語の過ちは「東京裁判」研究史上における最大級の失当の一つと言ってよいであろう。この誤用がもたらした研究上の混乱は果てしなく大きく、この誤れる用語が社会生活の中に流し続けている害毒の深刻さを思う時、一日も早くこのような誤れる用語と決別することが求められるであろう。

ちなみに「ニュルンベルク裁判」に言及したので一言述べておくならば、「東京裁判」は、この「平和に対する罪」を中軸にすえているところに「ニュルンベルク裁判」と異なる大きな特徴があり、独自の意義を発揮している。

「ニュルンベルク裁判」ではユダヤ人の大量虐殺、民族抹殺という圧倒的な犯罪事案が全体を支配したところから、もっぱら「人道に対する罪」（「C級戦犯」）がクローズアップされ、戦争を発動した「平和に対する罪」（A級戦犯）は後景に退いていた感がある

それに対して、「東京裁判」ではこの「平和に対する罪」の問題が、終始、その全面を支配することになっている。「C級戦犯」問題は、前述したように連合国側にとって原爆問題を回避する観点から「B級戦犯」と併せて「BC級戦犯」と曖昧な形にして隠してしまった。その意味で、「東京裁判」は「ニュルンベルク裁判」の二番煎じでもなければ、その地方版でもない。

本書では、このような「東京裁判」の特有の性格に焦点を合わせつつ、いかにして被告人を死刑などの刑に処していったか、その法的構成を解明していくことを課題とする。

また、「東京裁判」をめぐって問題となるのは、被告人の選定方針である。二人の重要人物が、訴追リストに含まれていない。すなわち昭和天皇と石原莞爾の両名である。「東京裁判」の訴追事案において最も重要な役割を果たしたと思われるこの両名が、訴追リストから漏れたのはなぜであろうか。これらについては、後続の第七、第八の両章において明らかにしていきたく思っている。

## 4　裁判の過程

### 起訴状の作成過程

一九四六年四月五日の執行委員会でイギリスのアーサー・S・コミンズ・カー検事は起訴状案を発表、そ

の中で「平和に対する罪」の共同謀議を、一九三一年～一九四五年の「全般的共同謀議」と四つの時期にわたる個別的共同謀議（満州事変、日中戦争、三国同盟、全連合国に対する戦争）の五つに分割した。

訴因「殺人」と「人道に対する罪」

裁判所条例には、「イ類戦犯」（「平和に対する罪」）のほかに、「ロ類戦犯」（「通常の公戦法違反」）と「ハ類戦犯」（「人道に対する罪」）の二つが明記されていたが、「東京裁判」ではこの二つは区別されることなく合わせられて「ロハ類戦犯」として扱われている。

また「東京裁判」ではこれらのほかに、マッカーサーの強い要望で「殺人」という訴因が導入された。これは真珠湾攻撃を無通告の攻撃と見なして、この攻撃による死者は戦死者ではなく、殺人行為の結果と位置付けるべきとの主張であった。

このように「東京裁判」も当初は真珠湾攻撃に主軸を置いていたが、次第にその無通告攻撃というのが出先の在米日本大使館側の技術的なミスによるものであって、日本側の予定では、攻撃開始より三〇分以前にアメリカ側に通告するよう指令を発していたことが明らかとなってからは、真珠湾攻撃そのものを追及しようとする姿勢は後退していった。その結果、最初は掲げられていた「殺人」という訴因は、最終の判決においては取り入れられることはなかった。

### 起訴状の提出

「東京裁判」において検察側提出の起訴状に訴因は五五項目が列挙されており、大きくは第一類「平和に対する罪」（訴因一－三六）、第二類「殺人」（訴因三七－五二）、第三類「通例の戦争犯罪及び人道に対する罪」（五三－五五）の三種類に分かれた。判決では最終的に一〇項目の訴因にまとめられた。

### 開廷

一九四六年五月三日、市ヶ谷の旧陸軍士官学校の講堂において「東京裁判」は開始された。

### 弁護側の動議提出

一九四六年五月一三日、清瀬一郎弁護人は裁判開始冒頭に二つの動議を提出する。

一つは、裁判官忌避動議である。清瀬は驚くべきことに裁判長ウェッブその人に対して、「東京裁判」の裁判官として不適格である故をもって除くべきことを申し立てている。すなわち、ウェッブは本国オーストラリアにおいて日本兵の戦争犯罪に関する裁判に関与したという経歴を有するが故に、本法廷の裁判官として不適格であるという忌避の申し立てである。[*3]

この動議の意味合いと、その動議の取り扱いの実態はきわめて重要である。本問題の詳細検討は、後続の第二章の中で行いたい。

いま一つの動議は、裁判管轄権に関する異議の動議である。すなわち、日本がポツダム宣言受諾の時点で知られていた戦争犯罪は交戦法違反など戦争遂行時に発生した犯罪行為のみで、新たに作られた、戦争を発動させたことを処罰する「平和に対する罪」、「人道に対する罪」、「殺人罪」などは本来の戦争犯罪のカテゴリー外のものであり事後法となる。従ってそれらの事案に対する管轄権はこの裁判所にはないと論じた。

これは、この後も「東京裁判」の全過程を通じて繰り返し生起し、最終的にインド人判事パールによって集大成されることになる事後法問題（罪刑法定主義違反）の最初の提起である。

### 補足動議

清瀬についで米国人弁護士のジョージ・ファーネスが裁判の公平を期すためには中立国の判事の起用が必要であると述べた。清瀬の二つの重要な動議、そして問題の核心である裁判官構成の不公正を正面切って取り上げたジョージ・ファーネスの動議、この三つの動議は「東京裁判」の核心を衝く、きわめて重要な問題提起であった。これらの動議の詳細及び裁判所におけるそれらの取り扱いについては、第二章において論じる。

### キーナン冒頭陳述

一九四六年六月四日、首席検察官を務めたジョセフ・キーナンは冒頭陳述において、この裁判を「これは普通一般の裁判ではありません」「全世界を破滅から救うために文明の断乎たる闘争の一部を開始している」、被告人たちは「文明に対し宣戦を布告しました」と述べた。「東京裁判」とは畢竟、「文明」が「野蛮」を裁くための営為であるというのがその陳述趣旨であった。

しかしキーナンは陳述を終えるとすぐに帰国してしまい、不在の間、決定権は誰にあるのか分からない状態であった。実際、起訴状作成はキーナンではなく、イギリスのコミンズ・カーを中心になされていた。[*4]

## 検察側立証

立証段階

| | |
|---|---|
| 一九四六年六月四日 | 検察側立証開始：冒頭陳述。 |
| 一九四六年六月一三日 | 一般段階：国家組織、世論指導など。 |
| 一九四六年七月一日 | 満州事変段階。 |
| 一九四六年八月六日 | 日中戦争段階。 |
| 一九四六年九月一九日 | 日独伊三国同盟段階。 |
| 一九四六年九月三〇日 | 仏印段階。 |
| 一九四六年一〇月八日 | ソ連段階。 |
| 一九四六年一〇月二一日 | 一般的戦争準備段階。 |
| 一九四六年一一月四日 | 太平洋戦争段階。 |

一九四六年一一月二七日　残虐行為段階。
一九四七年一月一七日　個人別追加立証。
一九四七年一月二四日　検察側立証終了。

**証人喚問**

証人にはドナルド・ニュージェント、大内兵衛、瀧川幸辰、前田多門、伊藤述史、鈴木東民、幣原喜重郎、清水行之助、徳川義親、若槻礼次郎、田中隆吉らがなった。

また前満州国皇帝愛新覚羅溥儀も出廷した。ハバロフスクに抑留中の溥儀は、中国から漢奸裁判にかけられるかも知れないという脅威もあり、すべて日本の責任で自分に責任はないと証言した。漢奸とは売国奴を意味しているが、中国における漢奸の語意は、日本語の売国奴などよりはるかに酷烈である由である。死刑に値することはもちろんのこと、墓を暴かれ、千年の後までも極悪非道の人間として糾弾され続けることになる。

日中戦争のさなか、国土を荒廃にさらす焦土戦術を続ける重慶政府の蒋介石と決別し、日本側と講和の途を探って南京政府を樹立した汪兆銘は、死後にそのような扱いを受けている。大戦末期、病を得て日本で亡くなった汪兆銘であるが、遺言に遺体は中国本土に埋葬して欲しいこと、しかし蒋介石一派が自分の墓を暴く恐れがあったことから、棺の上をコンクリートで厳重に固めおくことを求めていた。しかしそれでも蒋介石は、その墓を爆破して汪兆銘の遺骸を引き出し、これを焼いたのち骨灰を野に投げ捨てたのであった。漢奸の烙印を押された者の中国における運命は、そのようなものであった。
溥儀が漢奸の認定におびえたのも当然と言わなくてはならない。溥儀は、いっさいの責任を逃れるべく、満州国の設立はすべて日本人の行ったことで、自分はただ利用されたにすぎないと証言した。ブレークニー弁護人が溥儀の書簡を出して反対尋問を行うと、それを偽造と強弁して逃れようとしていた。[*5]

## 弁護側反証

検察側立証が終了すると、弁護団は公訴棄却動議を提出し、ディヴィッド・スミス弁護人はアメリカ連邦裁判所への提起も考えていると述べた[*6]（判決後に提訴）。一九四七年二月二四日、弁護側反証が開始され、一九四八年四月一六日に結審となっている。

## 判決――最終的訴因

当初五五項目の訴因が挙げられたが、「日本、イタリア、ドイツの三国による世界支配の共同謀議」「タイ王国への侵略戦争」の二つについては証拠不十分のため取り下げられ、また残りの四三項目についてはほかの訴因に含まれるとして除外されるなどして、一九四八年夏には、最終的には以下の一〇項目の訴因にまとめられた。

訴因一　――一九二八年から一九四五年に於ける侵略戦争に対する共通の計画謀議

訴因二七—満州事変以後の対中華民国への不当な戦争
訴因二九—米国に対する侵略戦争
訴因三一—イギリスに対する侵略戦争
訴因三二—オランダに対する侵略戦争
訴因三三—北部仏印進駐以後における仏国に対する侵略戦争
訴因三五—ソ連に対する張鼓峰事件の遂行
訴因三六—ソ連及びモンゴルに対するノモンハン事件の遂行
訴因五四—一九四一年一二月七日〜一九四五年九月二日の間における違反行為の遂行命令・援護・許可による戦争法規違反
訴因五五—一九四一年一二月七日〜一九四五年九月二日の間における捕虜及び一般人に対する条約遵守の責任無視による戦争法規違反

## 被告人別の訴因と量刑

一九四八（昭和二三）年一一月四日、判決の言い渡しが始まり、一一月一二日に刑の宣告を含む判決の言い渡しが終了した。七人が絞首刑、一六人が終身刑、二人が有期禁固刑となった。判決における被告人別の訴因と量刑は次のとおり。[*7] 大川周明は精神障害が認定され訴追免除、永野修身と松岡洋右は判決前に死去していた。

| 被告人 | 訴因 | 量刑 |
|---|---|---|
| 荒木貞夫 | 一、二七 | 終身禁錮刑 |
| 土肥原賢二 | 一、二七、二九、三一、三二、三五、三六、五四 | 死刑 |
| 橋本欣五郎 | 一、二七 | 終身禁錮刑 |
| 畑　俊六 | 一、二七、二九、三一、三二、五五 | 終身禁錮刑 |
| 平沼騏一郎 | 一、二七、二九、三一、三二、三六 | 終身禁錮刑 |
| 広田弘毅 | 一、二七、五五 | 死刑 |
| 星野直樹 | 一、二七、二九、三一、三二 | 終身禁錮刑 |
| 板垣征四郎 | 一、二七、二九、三一、三二、三五、三六、五四 | 死刑 |
| 賀屋興宣 | 一、二七、二九、三一、三二 | 終身禁錮刑 |
| 木戸幸一 | 一、二七、二九、三一、三二 | 終身禁錮刑 |
| 木村兵太郎 | 一、二七、二九、三一、三二、五四、五五 | 死刑 |
| 小磯國昭 | 一、二七、二九、三一、三二、五五 | 終身禁錮刑 |
| 松井石根 | 五五 | 死刑 |
| 南　次郎 | 一、二七 | 終身禁錮刑 |
| 武藤　章 | 一、二七、二九、三一、三二、五四、五五 | 死刑 |
| 岡　敬純 | 一、二七、二九、三一、三二 | 終身禁錮刑 |

| | | |
|---|---|---|
| 大島　浩 | 一 | 終身禁錮刑 |
| 佐藤賢了 | 一、二七、二九、三一、三二 | 終身禁錮刑 |
| 重光　葵 | 二七、二九、三一、三二、三三、五五 | 禁錮刑七年 |
| 嶋田繁太郎 | 一、二七、二九、三一、三二 | 終身禁錮刑 |
| 白鳥敏夫 | 一 | 終身禁錮刑 |
| 鈴木貞一 | 一、二七、二九、三一、三二 | 終身禁錮刑 |
| 東郷茂徳 | 一、二七、二九、三一、三二 | 禁錮刑二〇年 |
| 東条英機 | 一、二七、二九、三一、三二、三三、五四 | 死刑 |
| 梅津美治郎 | 一、二七、二九、三一、三二 | 終身禁錮刑 |

### 判事の個別意見書

判決はイギリス、アメリカ、中華民国、ソ連、カナダ、ニュージーランドの六ヶ国の判事による多数判決であった。多数派判事団の判決に対して、個別意見書が五つ出された。同意意見としてフィリピンのハラニーニャ意見書、別個意見としてウェッブ意見書、そしてパール、レーリンク、ベルナール各自から提出された反対意見書があった。

#### ①ハラニーニャ同意意見書[*8]

徹底した親米派のハラニーニャ同意意見書では、刑が一部寛大にすぎると批判し、原爆投下は国的に即して正当化される、罪刑法定主義は国際法では通用しない、等を述べている。これは多数派判事団の判決を側面支援するとともに、当初から「東京裁判」の運営に対して批判的態度を示していたパールから出される反対意見書に対抗する目的で書かれたものであろう。

### ②ウェッブ別個意見書[*9]

オーストラリアのウェッブ裁判長の別個意見書では多数派と同じく裁判所条例の拘束力を認め、不戦条約によって侵略戦争の不法性を是認した。しかし戦争開始の共同謀議をもって死刑を適用すべきではなく、被告人たちは流刑が望ましい。また天皇の戦争責任を踏まえて被告人の減刑を考慮すべきであると主張した。

### ③パールの個別反対意見書[*10]

イギリス領インド帝国のパール判事は判決に際して多数派の判決文より長い一二三五頁の「意見書」（通称「パール判決書」）を発表し、事後法で裁くことはできないとし全員無罪とした。パールの長大な判決書は全七部で構成されている。

一部　裁判官が戦勝国出身者のみで構成されていることの適切性
　　　侵略戦争の責任を個人に求めることの妥当性
二部　侵略戦争と自衛戦争の区別。日本の戦争は一方的な侵略戦争とは断定できないとする
三部　証拠および手続きに関する規則の検討
四部　訴追事由の一つである「共同謀議」論の否定
五部　裁判の管轄権。この中では真珠湾攻撃以前の案件を扱うことは事後法となり、管轄権を侵害

六部　厳密な意味での戦争犯罪の検討。この中で、非戦闘員の生命財産の侵害こそ厳密な意味での戦争犯罪となり、日本への原子爆弾投下を決定した者こそ裁かれるべきとしている

七部　パールが裁判に対して行った勧告。全被告人は無罪

④ベルナールの個別反対意見書[*11]

フランスのアンリ・ベルナール判事は、「正義は連合国の中にあるのではないし、その連合国の誰もが連合という名の下にいかなる特別な敬意を受けることができるわけでもないのだ」と述べている。

満州事変は「ありふれた事件」でしかなく、また「自衛すべきであると思う時には自衛権がある」とも述べた。共同謀議については定義が曖昧で、被告人たちが共同謀議に加わったとする多数派判決について疑わしく、「正式な証拠がない限り、この疑いを消しえないし、また被告人を有罪とすることは許されない」とした。

また天皇不起訴は遺憾と述べ、「裁判所が欠陥のある手続きを経て到達した判定は、正当なものではありえない」と「東京裁判」について断じた。

⑤レーリンクの個別反対意見書[*12]

オランダのベルト・レーリンク判事は個別反対意見書において、侵略戦争が犯罪になったのは一九二八年の不戦条約でなく、裁判所条例は合法性の観点から問題を有する。通例の戦争犯罪についても「不作為責任」は厳格に解釈されるべきであり、被告人たちは終身刑が妥当とした。同判決はマッカーサーによる減刑を含みとしたものと見なされている。

# 第2章 ▼「東京裁判」裁判所条例批判

「東京裁判」を成り立たしめている裁判所条例は全一七ヶ条からなる長大なものであるが、ここではその中で特に重要な意味を有すると思われる条文を取り上げて検討する。

この条例に基づいて「東京裁判」に関する諸制度が規定され、運営方法が具体化されることになっている。それ故に、「東京裁判」の性格を解明するにあたって、この条例を知悉しておくことは必要であり、いささか退屈な解説的な議論を進めなければならないが、不可欠の作業として御諒解いただければ幸いである（以下、カタカナ文は条例本文、ひらかな文は筆者の文章）。

第一章　裁判所ノ構成

第一条　裁判所ノ設置

極東ニ於ケル重大戦争犯罪人ノ公正且ツ迅速ナル審理及ビ処罰ノ為メ茲ニ極東国際軍事裁判所ヲ設置

ス。裁判所ノ常設地ハ東京トス。

第一条は、この「東京裁判」では「重大戦争犯罪人」を対象とする旨が明記されている。そこで、この「重大戦争犯罪人」を指して「A級戦犯」と呼びならわす誤用、悪弊がはびこっている。この第二部の冒頭に述べたように、そもそもそれはありもしない言葉であり、また戦争犯罪に等級の上下がないのにもかかわらず、勝手に「A級戦犯」という言葉を作り出し、それに最重要な犯罪者という意味付けをしてきたという経緯がある。そこで、この裁判所条例の第一条にいう「重大戦争犯罪人」こそ「A級戦犯」のことにほかならないという、勝手な解釈を施し、「東京裁判」が扱う「重大戦争犯罪人」＝「A級戦犯」という誤用を積み重ねてきたのである。

条例の「重大戦争犯罪人」に対応する英文は「the major war criminals」である。「A級戦犯」などという用語は、どこにも存在しない。すべて勝手な思い込みから作り上げられた虚妄であったということである。

第二条　裁判官

本裁判所ハ降伏文書ノ署名国並ニ「インド」、「フィリッピン」国ニヨリ申出デラレタル人名中ヨリ連合国最高司令官ノ任命スル六名以上十一名以内ノ裁判官ヲ以テ構成ス。

本条例で、最初に問題として目につくのが第二条の裁判官構成である。裁判官は中立国の出身者ではなく、降伏文書に調印した連合国とフィリピン、インドの出身者によって構成されると明記されている。しかもその任命はマッカーサーであると規定されている。

ここで驚かされるのがこの規定。これから日本の戦争犯罪の有無を審理し、裁判という形をとって判定するというのに、その判定者が全員、連合国の出身者か、連合国の植民関係地の出身者で占められているという事実。これで「公正な裁判」を行おうと言うのである。このような裁判官構成で「公正な裁判」ができるとでも考えているのだろうか。逆に言えば、ここに連合国側の唱える「公正」なるものの想念が如実に表現されているということであろう。

これは「東京裁判」の本性を見極める上で重要な事実となるであろうが、このような異常とも言うべき裁判官構成がなぜとられているのか、この問題については後続に一章を設けて詳論したく思っている。

第三条　上級職員及ビ書記局
（イ）裁判長　連合国最高司令官ハ裁判官ノ一名ヲ裁判長ニ任命ス。
（ロ）書記局　【中略】

第三条は特に問題ない。

第四条　開廷及ビ定足数、投票及ビ欠席

（イ）開廷及ビ定足数（中略）

（ロ）投票　有罪ノ認定及ビ刑ノ量定其ノ他本裁判所ノ為ス一切ノ決定並ニ判決ハ、出席裁判官ノ投票ノ過半数ヲ以テ決ス。賛否同数ナル場合ニ於テハ裁判長ノ投票ヲ以テ之ヲ決ス。

（ハ）欠席　【中略】

第四条は、裁判官の定足数、有罪及び量刑そして裁判所の下す決定に関する有効数の規定である。これによるならば、有罪及び死刑などの量刑決定の有効票数は、出席裁判官の過半数で足りるということである。これがために、「東京裁判」では、過半数ギリギリの六名の多数派判事の決定で、死刑が決定されていたわけである。

「ニュルンベルク裁判」では、死刑判決のためには四人の裁判官のうちの三人の賛成を必要としていた。死刑判決が裁判官の過半数で足りるとは、到底、文明国のなすことではないとオランダのレーリンク判事は嘆いている。[*1] アメリカ人弁護団もこの野蛮な決定を憤り、マッカーサーに対して被告人の減刑要求を提出していた。[*2]「東京裁判」は裁判官構成において不当であるのみならず、その決定方法においても文明諸国の基準からしてきわめて不当なものであった。それは「ニュルンベルク裁判」と比較してすら不当であった。「ニュルンベルク」の基準に照らしても、到底、死刑などなりえない人々が死刑に処せられていたのである。この決定方法の問題については次章で詳述する。

第二章　管轄及ビ一般規定

第五条　人並ニ犯罪ニ関スル管轄

本裁判所ハ、平和ニ対スル罪ヲ包含セル犯罪ニ付、個人トシテ又ハ団体員トシテ訴追セラレタル極東戦争犯罪人ヲ審理シ処罰スルノ権限ヲ有ス。

左ニ掲グル又ハ数個ノ行為ハ個人責任アルモノトシ本裁判所ノ管轄ニ属スル犯罪トス。

(イ)平和ニ対スル罪　即チ、宣戦ヲ布告セル又ハ布告セザル侵略戦争、若ハ国際法、条約、協定又ハ誓約ニ違反セル戦争ノ計画、準備、開始、又ハ遂行、若ハ右諸行為ノ何レカヲ達成スル為メノ共通ノ計画又ハ共同謀議ヘノ参加。

(ロ)通例ノ戦争犯罪　即チ、戦争ノ法規又ハ慣例ノ違反。

(ハ)人道ニ対スル罪　即チ、戦前又ハ戦時中為サレタル殺人、殲滅、奴隷的虐使、追放、其ノ他ノ非人道的行為、若ハ犯行地ノ国内法違反タルト否トヲ問ハズ、本裁判所ノ管轄ニ属スル犯罪ノ遂行トシテ又ハ之ニ関連シテ為サレタル政治的又ハ人種的理由ニ基ク迫害行為。

上記犯罪ノ何レカヲ犯サントスル共通ノ計画又ハ共同謀議ノ立案又ハ実行ニ参加セル指導者、組織者、教唆者及ビ共犯者ハ、斯カル計画ノ遂行上為サレタル一切ノ行為ニ付、其ノ何人ニ依リテ為サレタルトヲ問ハズ、責任ヲ有ス。

「東京裁判」で戦犯として取り上げられた問題の犯罪規定である。すなわち「平和に対する罪」「通常の戦争犯罪」「人道に対する罪」の三類型が挙げられている。英語表記ではこれを順に、ＡＢＣと区分したものだから「Ａ級戦犯」「Ｂ級戦犯」「Ｃ級戦犯」という表現が独り歩きするようになり、「Ａ級戦犯」があたかも極悪非道の最上級犯罪（者）であるかのごとき誤った意味付けがなされてきた。

しかしこの「Ａ級戦犯」という言葉の虚妄性は、右に掲げた条例日本文を見れば明らかとなる。それは「イ」に分類された犯罪類型という以外の何物でもない。これが長きにわたって日本人の心を傷つけ、今日もなお靖国問題などに代表される政治問題として暴虐の振る舞いをなしているものの正体である。「Ａ級戦犯」という言辞が、いかに空虚で愚かしいものであるかを思い知らされるであろう。要するに「分類イの犯罪」というだけのことである。「イ類戦犯」「ロ類戦犯」「ハ類戦犯」、ただそれだけのことである。

第六条　被告人ノ責任
何時タルトヲ問ハズ被告人ガ保有セル公務上ノ地位、若ハ被告人ガ自己ノ政府又ハ上司ノ命令ニ従ヒ行動セル事実ハ、何レモ夫レ自体右被告人ヲシテ其ノ起訴セラレタル犯罪ニ対スル責任ヲ免レシムルニ足ラザルモノトス。但シ斯カル事情ハ本裁判所ニ於テ正義ノ要求上必要アリト認ムル場合ニ於テハ、刑ノ軽減ノ為メ考慮スルコトヲ得。

第六条は、これまた「東京裁判」で物議をかもすことになった、戦争犯罪をめぐる国家責任と国家構成員の個人責任との関係性をめぐる問題である。国家としての意思決定に基づいて執行された命令行為、また命令に従って遂行した行政的行為、軍事的行為に関して個々人の犯罪性と刑罰はどのように判定、評価されるかという問題である。

この議論は「東京裁判」問題の中では、数少ない有効性と普遍性を帯びた議論ではないかと思われる。これは戦犯問題にとどまらず、今日の国家行政の各分野においても、さらには企業犯罪における個人の責任と可罰をめぐる枢要の問題としても展開されている。この問題に正面から取り組んだ「東京裁判」の意義は認められてよいのではないかと思う。

ただし「東京裁判」における本問題の提起は動機が不純であり、あらかじめ有罪、死刑に処することが予定された被告人を、その方向にもっていくためのキー訴因として操作されていることが見て取れる。この点は後続各章において明らかにしていきたく思っている。

第七条　手続規定
本裁判所ハ本条例ノ基本規定ニ準拠シ手続規定ヲ制定シ又ハ之ヲ修正スルコトヲ得。
第八条　検察官
（イ）主席検察官　連合国最高司令官ノ任命ニ係ル主席検察官ハ、本裁判所ノ管轄ニ属スル戦争犯罪人ニ対スル被疑事実ノ調査及ビ訴追ヲ為スノ職責ヲ有スルモノトシ、且ツ右ノ最高司令官ニ対シテ適当ナル法律上ノ助力ヲ為スモノトス。

（ロ）参与検察官　日本ト戦争状態ニ在リシ各連合国ハ、主席検察官ヲ補佐スル為メ、参与検察官一名ヲ任命スルコトヲ得。

第七条、第八条は特に問題ない。連合国側が日本に戦争犯罪の疑いありとして弾劾していることから、連合国の出身者が検察官として立ち現れることは当然である。

第三章　被告人ニ対スル公正ナル審理

第九条　公正ナル審理ノ為メノ手続

被告人ニ対スル公正ナル審理ヲ確保スル為メ、左記ノ手続ヲ遵守スベキモノトス。

（イ）起訴状　起訴状ニハ平易、簡単且ツ適切ニ各起訴事実ノ記載ヲ為スベキモノトス。各被告人ハ防禦ノ為メ十分ナル時期ニ於テ、被告人ガ諒解シ得ル国語ヲ以テ記載セラレタル起訴状及ビ其ノ修正文並ニ本条例ノ各写ヲ交付セラルベキモノトス。

（ロ）用語　審理並ニ之ニ関連セル手続ハ英語及ビ被告人ノ国語ヲ以テ行ハルベキモノトス。文書其ノ他ノ書類ノ翻訳文ハ必要ナル場合請求ニ応ジ提供セラルベキモノトス。

（ハ）被告人ノ為メノ弁護人　各被告人ハ其選択ニカカル弁護人ニ依リ代理セラルル権利ヲ有ス。但シ本裁判所ハ何時ニテモ右弁護人ヲ否認スルコトヲ得。被告人ハ本裁判所ノ書記長ニ其ノ弁護人ノ氏名ヲ届出ヅベシ。若シ被告人ガ弁護人ニ依リ代理セラルルコトナク、且ツ公開ノ法廷ニ於テ弁護人ノ任命ヲ要求セシトキハ、本裁判所ハ右被告人ノ為メニ弁護人ヲ選任スベシ。斯カル要求ナキ場合ニ於テモ、本裁判所ハ、若シ斯カル任命ガ公正ナル裁判ヲ行フニ付キ必要ナリト認ムルトキハ、被告人ノ為メニ弁護人ヲ選任スルコトヲ得。

（ニ）防禦ノ為メノ証拠　被告人ハ自ラ又ハ弁護人ニ依リ（但シ両者ニ依ルヲ得ズ）凡テノ人証ヲ訊問スル権利ヲ含メテ防禦ヲ為スノ権利ヲ有ス。但シ当裁判所ガ定ムルトコロノ適当ナル制度ニ従フモノトス。

（ホ）防禦ノ為メノ証拠ノ顕出　被告人ハ本裁判所ニ対シ書面ヲ以テ人証又ハ文書ノ顕出ヲ申請スルコトヲ得。右申請書ニハ人証又ハ文書ノ存在スト思料セラルル場所ヲ記載スベシ。尚右申請書ニハ人証又ハ文書ニ依リ立証セントスル事実並ニ斯カル事実ト防禦トノ関連性ヲ記載スベシ。本裁判所ガ右申請ヲ許可シタル場合ニ於テハ、本裁判所ハ右証拠ノ顕出ヲ得ルニ付情況上必要トスル助力ヲ与ヘラルベキモノトス。

第十条　審理前ニ於ケル申請又ハ動議

審理ノ開始ニ先立チ本裁判所ニ対シテ為サルル動議、申請其ノ他ノ請求ハ総テ書面ヲ以テ為サルベキモノトシ、且ツ本裁判所ノ設置ヲ仰グ為メ之ヲ本裁判所書記長ニ提出スベキモノトス。

第九条、第十条を含む第三章は「公正な審理」を行うための手続きが規定されている。起訴状の日本語翻訳の保証、弁護人の選定や関係の資料の閲覧の機会の確保などである。つまりこの「東京裁判」では、「公正な審理」を行うことを標榜しているわけである。

これは実に驚くべき態度と評するほかはない。戦争を勃発させた罪の正邪を問う裁判において、その判定者たる裁判官をすべて交戦国の一方の出身者だけで占めておいて、なおかつ「公正な審理」を謳おうというのだから。

裁判の「公正の原理」を踏みにじっておいて、「公正な審理」を実現する！

これを語義矛盾とも異常とも思わないのだろうか。思っていないから、このようなことを臆面もなく口にできるのであろう。「文明による裁き」なるものの正体は、この程度のものだということである。

第四章　裁判所ノ権限及ビ審理ノ執行

第十一条　権限

本裁判所ハ左記ノ権限ヲ有ス。

（イ）人証ヲ召喚シ、其ノ出廷及ビ証言ヲ命ジ、且ツ之ヲ訊問スルコト　【中略】

第十二条　審理ノ執行

本裁判所ハ左記ノ各項ヲ遵守スベシ。

（イ）審理ヲ起訴事実ニヨリ生ジタル争点ノ迅速ナル取調ニ厳格ニ限定スルコト。

（ロ）不当ニ審理ヲ遅延セシムルガ如キ行為ヲ防止スル為メ厳重ナル手段ヲ執リ、且ツ其ノ如何ナル種類タルトヲ問ハズ、起訴事実ニ関連ナキ争点及ビ陳述ヲ排除スルコト。

（ハ）審理ニ於ケル秩序ノ維持ヲ図リ、法廷ニ於ケル不服従行為ニ付之ヲ即決シ、且ツ爾後ノ審理ノ全部又ハ一部ニ付被告人又ハ其ノ弁護人ノ出廷ヲ禁ズル等適当ナル制裁ヲ課スルコト。但シ之ガ為メ起訴事実ノ判定ニ偏頗ナル影響ヲ及ボスコト無キヲ要ス。

（ニ）被告人ニ付審理ニ応ズベキ精神的及ビ肉体的能力ノ有無ヲ決スルコト。

第十二条　審理ノ執行

本裁判所ハ左記ノ各項ヲ遵守スベシ。

第十一条、第十二条は、裁判所の権限及び審理の執行に関するもので特に問題はない。

第十三条　証拠

（イ）証拠能力　本裁判所ハ証拠ニ関スル専門技術的規則ニ拘束セラルルコトナシ。本裁判所ハ迅速且ツ適宜ノ手続ヲ最大限度ニ採用且ツ適用スベク、本裁判所ニ於テ証明力アリト認ムル如何ナル証拠ヲモ受理スルモノトス。被告人ノ為シタルモノト称セラルル容認又ハ陳述ハ総テ証拠トシテ受理スルコトヲ得。

（ロ）証拠ノ関連性　本裁判所ハ証拠ノ関連性ノ有無ヲ判定スル為メ、証拠ノ提出前其ノ性質ニ付説明ヲ徴スルコトヲ得。

（ハ）受理シ得ベキ具体的証拠ノ例示　特ニ左ニ掲グルモノハ証拠トシテ受理スルコトヲ得。

但シ前記ノ一般原則ノ範囲ヲ何等制限スルモノニアラズ。

（一）機密上ノ区分如何ニ拘ラズ、且ツ発行又ハ署名ニ関スル証明ノ有無ヲ問ハズ、何レカノ政府ノ官吏、官庁、機関又ハ軍ノ構成員ノ発行又ハ署名ニ係ルモノト本裁判所ニ於テ認メラルル文書。

（二）報告書ニシテ、国際赤十字社又ハ其ノ社員、医師又ハ医務従事者、調査員又ハ情報官、其ノ他右報告書ニ記載セラレタル事項ヲ直接知得セリト本裁判所ニ認メラルル者ノ署名又ハ発行ニ係ルモノト本裁判所ニ於テ認メラルルモノ。

（三）宣誓口供書、供述書、其ノ他署名アル陳述書。

（四）本裁判所ニ於テ起訴事実ニ関係アル資料ヲ包含スト認メラルル日記、書状又ハ宣誓若ハ非宣誓陳述ヲ含ム其ノ他ノ文書。

（五）原本ヲ即時提出シ得ザル場合ニ於テハ、文書ノ写、其ノ他原本ノ内容ヲ第二次的ニ証明スル証拠物。

（ニ）裁判所ニ顕著ナル事実　本裁判所ハ公知ノ事実、又ハ何レカノ国家ノ公文書及ビ報告書ノ真実性若ハ何レカノ連合国ノ軍事機関又ハ其ノ他ノ機関ノ作製ニ係ル調書、記録及ビ判定書ノ真実性ニ付テハ其ノ立証ヲ要求セザルモノトス。

（ホ）記録、証拠物及ビ文書　審理記録ノ謄本、法廷証、及ビ裁判所ニ提出セラレタル文書ハ本裁判所ノ書記長ニ付託セラレ、法廷記録ノ一部ヲ構成スルモノトス。

第十三条は証拠の認定に関する条項であるが、これは本条例のハイライトをなすと言ってよいであろう。そこには次のように記されているからだ。

「証拠能力　本裁判所ハ証拠ニ関スル専門技術的規則ニ拘束セラルルコトナシ。本裁判所ハ迅速且ツ適宜ノ手続ヲ最大限度ニ採用且ツ適用スベク、本裁判所ニ於テ証明力アリト認ムル如何ナル証拠ヲモ受理スルモノトス。[*3]」

一見、目を疑うような文面である。死刑裁判を行おうというのに、証拠の効力をめぐっては、文明諸国の刑事訴訟法で厳格に定められているような基準にとらわれる必要はない。立証手続きも専門技術的である必要なく適当でよい（non-technical procedure）。迅速にして合目的的な裁判を遂行することを目指すべきであり、裁判官（その全員が連合国とその旧植民地の出身者で構成されている）が証明力ありと認めたものはすべて受理する。被告人が命令したり、単に容認したと言われていることでも、それを証言するものがあればすべて証拠として採用する、等々。

証言の裏付けとなる物証の確認作業も、伝聞情報か否かの吟味もなく、証人の適格性についての検討も不十分なままに、被告人を死刑に追い込むのに有効な「証拠」「証言」が、このような杜撰きわまりないやり方で、掻き集められていくこととなる。

それにしても臆面もなく、このような規定を堂々と掲げられるものだと感心させられる。このような内容はもっぱら裏取引や、秘密の申し合わせとしてなされるものである。密室に裁判長を呼び寄せて、そっと耳打ちするか、手書きのメモをさりげなく手渡ししてその意向を伝えるものだ。右の規定は、「東京裁判」なるものが、われわれが通常抱いている裁判の姿とは大きくかけ離れた、裁判もどきのものでしかないというダーティーな本性を自ら露呈してしまっていると言わざるを得ないであろう。

こんな規定がまかり通るのなら、狙いを定めた人物は誰でも死刑でも終身刑でも、好き勝手、自由に葬りさることができる。この証拠規定は「ニュルンベルク裁判」におけるそれとほぼ同内容であり、これがニュルンベルク・東京ドクトリンなるものの実相ということができよう。「東京裁判」の裁判所条例には多々問題があるが、殊にこの証拠の取り扱いに関する第十三条は異常と呼ぶほかはない。実際、この裁判に携わった弁護人清瀬一郎も、この十三条の証拠規定を強く非難している。[*4] 証拠は裁判における要石であり、その勝ち負けを、黒白を、有罪か無罪かを判定する、最も厳正にして重要な基準となるものだからである。裁判における真実探究はひとえに証拠の厳格性に根拠を求めているといって過言ではない。

実に「東京裁判」なるものは、その実際に行われた裁判内容の妥当性に関する検討に入る以前に、このような規定を設けていることによって、直ちに無効破棄の宣告がなされてしかるべきものなのである。この「東京裁判」を一瞥したのち、茶番であると言い捨てて立ち去ったアメリカ人弁護士のオーウェン・カニンガム弁護人こそ、まっとうな感覚の持ち主であったと言うべきであろう。

第十三条の（ハ）項は、この裁判において採用すべき証拠の種類と事例を詳細に列挙している。やはり裁判にとって証拠の意義が重要であることを示すべく、いかにも厳格、厳密に採用すべき証拠の定義を施しているかに見える。恣意的な証拠採用がなされないように最大限の厳格性が施されているかに見える。
ところが、その厳格な定義の端にさりげなく、次のように記されている点を見落としてはならない。曰く、これら列挙された厳密な証拠に関する定義について、「但シ前記ノ一般原則ノ範囲ヲ何等制限スルモノニアラズ」と。[*5]「前記の一般原則general rules」とは、すなわち「裁判所が証拠として使えると認定したものはすべて証拠の効力を有する」という原則にほかならない。すなわち、裁判官は無制限に何でも証拠として採用できるのである。それでは何ゆえに、このような詳細な証拠の種類を列挙して証拠の定義を施そうとするのか。無意味なことではないのか。つまりは、これら証拠の例示の長々しい枚挙は、証拠に関する厳格性を装った偽装にほかならないということに尽きるのではないであろうか。

第十四条　裁判ノ場所　【中略】
第十五条　裁判手続ノ進行　【中略】
第五章　判決及ビ刑ノ宣告
第十六条　刑罰
本裁判所ハ有罪ノ認定ヲ為シタル場合ニ於テハ、被告人ニ対シ死刑又ハ其ノ他本裁判所ガ正当ト認ムル刑罰ヲ課スル権限ヲ有ス。
第十七条　判定及ビ審査
判決ハ公開ノ法廷ニ於テ宣告セラルベク、且ツ之ニ判決理由ヲ附スベシ。裁判ノ記録ハ連合国最高司令官ノ処置ヲ仰グ為メ直ニ同司令官ニ送付セラルベシ。刑ハ連合国最高司令官ノ命令ニ従ヒ執行セラルベシ。連合国最高司令官ハ何時ニテモ刑ニ付之ヲ軽減シ又ハ其ノ他ノ変更ヲ加フルコトヲ得。但シ刑ヲ加重スルコトヲ得ズ。

第十四条から最後の十七条までは特に論ずべき点は見当たらない。

マックアーサー元帥ノ命令ニ依リ
（米陸軍）参謀団員・陸軍少将
参謀長　リチヤード・Ｊ・マーシヤル
正書
（米陸軍）軍務局員・陸軍代将
軍副官部主任　ビー・Ｍ・フイツチ

以上が「東京裁判」を構成する基本原則である。そして、その第十六条の刑罰規定において「被告人ニ対シ死刑又ハ其ノ他本裁判所ガ正当ト認ムル刑罰ヲ課スル権限ヲ有ス」と、これが死刑に及ぶ可能性のある裁判であることが明確に記されている。しかもこの裁判所条例の恣意性については既述のとおりである。「東京裁判」なるものの行方は、おのずから予想されるであろう。

以下、この裁判所条例が実際の「東京裁判」の中でどのように働き、「東京裁判」をどのように作り上げていったかを具体的に検討していくこととしよう。

# 第3章 ▼「東京裁判」における裁判官

## 1 裁判官構成の不当性

いわゆる「東京裁判」において、まず問題となるのが、その裁判官構成である。その裁判官の構成国というのが、アメリカ・イギリス・ソビエト・フランス・中華民国・オランダ・オーストラリア・カナダ・ニュージーランド・インド・フィリピンである。全員が、日本の交戦国及び交戦国の支配する旧植民地ないし保護国の出身者であり、そしてその全員の任命は日本占領の最高司令官であるマッカーサーによってなされているという事実。これは裁判所条例第二条に基づく構成である。

さすがに直接の交戦国だけではまずいと感じたのか、それらの旧植民地であるインドやフィリピン出身者をも加えたけれど、裁判の公平性への配慮も、そこが限界であった。アメリカ人弁護士のジョージ・ファーネスは、冒頭動議で裁判の中立性を保つような裁判官構成を求めたけれども一蹴されてしまっている。理由も示されないままに。[*1]

中立国裁判は、連合国側の最も恐れたところであったろう。スイスなどの中立国や、英米側であっても中立に近いアルゼンチンなどの出身者を参加させた場合、英米側の望むような判決には到底到達しえないであろうこと、場合によってはアメリカの原爆投下やソ連軍の日ソ中立条約蹂躙などの犯罪行為が指弾される恐れがあったからであろう。

「東京裁判」なるものは、そもそも裁判としての資格を有していない。裁判の名に値しないということであり、本書において括弧付きで語らなければならない所以である。原告と裁判官とが同じグループの人間からなるようなものは、裁判とは呼ばないということである。

裁判の本質は公平性にある。裁判のシンボルが、目隠しをした女神テミスが天秤を手にする姿として表現されるのは、裁判の本質が、裁判官の不偏不党にして予断を抱かぬ公平性にあることを示している。

これでなお「東京裁判」が公正であり正当なる裁判であると主張する向きがあるとするならば、是非ともその根拠を聞かせてもらいたく思う。どのような理屈をこねまわしたなら、このような偏頗な裁判官構成をとるイベントが、公正にして、公平な裁判に様変わりするものなのであろうか。

「東京裁判」なるものは、この裁判官構成の次元においてすでにして失格なのである。裁判管轄権や事後法などの複雑な議論に入るまでもなく、裁判としての資格喪失の故をもって、その「判決」と称するものも無効破棄されなければならないということである。[*2]

いわゆる「A級戦犯」というのは、こんな累卵の危うきに乗っかった話でしかないということだ。冷静に考えてみれば、中学生にだって理解できるほどに簡単明瞭な話ではないか。言ってみるなら、ヤンキースとドジャースの試合に審判団をすべてヤンキースから出すようなものだ。そんなものを、まともな試合と見なす人間がどこにいるだろうか。いやヤンキースから出す審判団は公平無私の高潔な人間ばかりだから、公平な判定が行われることについては心配ない。だまって信用しろ、と言っているに等しい。

こんな理不尽な暴力が平然とまかり通っていたことに、ただ驚きを禁じ得ない。その時は、「敗戦」のショックによって正常な感覚がマヒしていたのかも知れない。より大きな驚きは、このような茶番劇にも等しい「東京裁判」がそののちも、そして今日に至るまでも否定、清算されることなく、それなりの地歩をもって存続し続けていることである。そこで生み出された「A級戦犯」という言説が、靖国問題などに見られるとおり、今もって大きな政治的支配力をもって暴威をふるっているというのが現実である。

このような誤謬と歪曲に満ち満ちた暗黒裁判の残影が、今もって人々の心を傷つけ、歪めていること。殊にそこから漏出してきた、これまた欺瞞の塊のような「A級戦犯」という用語が、今もって社会の諸方面にわたって害毒をまき散らしているという実情は、見るにつけ、聞くにつけ寒心に堪えない。

## 立証過程の計画的操作

裁判官構成が不公正であることは、判決結論があらかじめ用意されているという根本的な暴虐をはらんでいるという問題もさることながら、それへもっていくための立証手続きも同様に偏頗と恣意に満ち満ちている。すなわち検察側の主張に則った証拠、証言は採用し、そうでないものは退けるということが、計画的に行われている。

完全中立な裁判官を入れることができないのは、このような計画的操作ができなくなることを恐れてであるからにほかならない。「東京裁判」においては、実は死刑判決にもっていくために相当に手の込んだ計画的な操作が行われている。計画的操作がどうしても不可欠な事情がある。この計画的操作の具体的な姿は、後続の章の中で明らかにしていくであろう。

## 2　各種事前動議の却下

日本側弁護人は裁判の開始に先立って、三つの重要な異議申し立ての動議を提起していた。第一に、裁判長ウェッブに対する忌避の動議。第二に、裁判の管轄権に対する異議の動議。第三に、裁判官に中立国出身者を交えるべき動議、である。

### 1　ウェッブ裁判長に対する忌避動議

裁判の本質は公平性にある。それ故に、裁判を開始するに先立って原告、被告人双方は裁判官の適格性をめぐって異議を申し立て、また特定の裁判官の忌避を申し立てる権利を有している。文明国であるならば、いずれの国においても通常、刑事訴訟法の最初の方には、裁判官の「除斥・忌避」に関する規定がある。どちらも、裁判官が事件や当事者と特殊な関係があり、当該事件に関与することが裁判の公正と信用から見て適当でない場合に職務執行を禁ずる制度である。

東京裁判で裁判長を務めるウィリアム・ウェッブ氏。
1948年11月5日撮影。

写真提供：共同通信社

日本のこの当時に施行されていた旧刑事訴訟法にも裁判官忌避に関する条文が明記されている。旧刑訴の第二章「裁判所職員の除斥、忌避及び回避」がそれである。しかし「東京裁判」の裁判所条例には、裁判官の除斥・忌避に関する規定は見当たらない。ただし条例第十条には裁判に先立つ事前動議の提出を認めている。そこで弁護人清瀬一郎は開廷劈頭、ウェッブ裁判長を相手取って、忌避を申し立てたのである。ウェッブが本国オーストリアにおける日本兵の戦犯裁判問題にかかわっていたという理由をもってであった。

これは驚くべきことではないだろうか。占領軍総司令官マッカーサーの支配の下に行われる戦犯裁判ということで、日本国民は委縮して物も言えない時に、「東京裁判」の中心的人物たる裁判長ウェッブに向かって、その排除を意味する忌避を清瀬は真正面からぶつけたというのだから。

五月六日、被告人の罪状認否に先立って、清瀬は立ち上がり裁判官に対する忌避の申し立てを行う旨を述べた。[*3]

清瀬弁護人　「それでは、まず裁判長サーウイリアム・フラット・ウェッブ閣下に対する忌避の理由を述べます。」

ウェッブ裁判長　「いかなる理由ですか。」

清瀬弁護人　「その一つは、正義と公平との要求のためウェッブ卿がこの裁判をなされることは適当でないということが一つ。次の二つは、かの昨年七月二十五日のポツダム宣言の趣旨を守って、この裁判をするにはウェッブ卿は適当な人ではないと考えるのが二つであります。」

ウェッブ裁判長　「もう少し詳細にその理由を申し立てて下さい。」

清瀬弁護人　「今直ちにそれを申し述べます。第三は、ウェッブ卿はニューギニアおける日本軍の不法行為について調査をせられた。それに対してオーストラリア政府にすでにそれの意思を報告されている事実であります。これら三点について、今ウェッブ卿の要求に基づき、少しく説明を加えます。」

ウェッブ裁判長　「私はニューギニアその他の地方において私が行いました報告に関して、それがここに私が裁判長として坐っていることに関係のあることとは思いませぬ。当裁判は、今休廷を宣します。そして適当と思う時に再び開延を宣します。」

清瀬の豪胆さ、思うべしである。彼は一歩も引くことなく、真っ向から「東京裁判」に挑む覚悟でこの場に臨んでいたのであろう。法廷はさぞどよめいたことと思われる。ウェッブはもとより面目を潰されて怒り心頭の状態。この先、どのような成り行きとなるのか、人みな固唾をのんで見守っていたことであろう。判事団も思いがけない申し立てにとまどいを隠せなかった。

裁判官忌避の措置は、公正な裁判を実現する上で不可欠の事項であり、日本のみならず文明諸国の訴訟法にも必ず備わっているものである。ところが、かの裁判所条例では欠落している。無用の混乱を避けるというか、そもそも裁判官構成に根本的な非があるのだから、裁判の枠組みについての議論は起こさないようにして、問答無用で裁判を強行しようという意図からくるものであろう。

しかし清瀬はそれを逃さず、あろうことか裁判長に対して忌避を申し立てたのであった。判事団は、どのように対応するか。答えは却下に決まっているが、どのように却下する

**極東国際軍事裁判弁護人の清瀬一郎氏。**
**1946（昭和21年）年6月5日。**

写真提供：共同通信社

か、そのやり方と根拠が問題となる。

判事団は、ウェッブをはずした残りの判事たちで協議した。そして三五分後に再開すると、ニュージーランドの裁判官ノースクロフトが裁判長席につき、次のとおりに述べた。

「休憩中、各裁判官はウェッブ裁判長を除き討議いたしました。各判事は私に裁判長の椅子につき、その結果を発表するように依頼しました。当裁判所の各裁判官は、各裁判官別々に対する反対は許可しないことに決定しました。裁判所条例第二条によりますと、裁判官は最高司令官マックアーサー元帥より任命されることになっています。従って当裁判所といたしまして、裁判官のどなたをも、欠席さすことはできません。」

すなわち、今この法廷にいる判事たちは、「条例」に示すごとく、占領軍最高司令官マッカーサーによって選任指名されたものである。従って、判事団は判事各自の職位から離れることが許されない、故に判事団に向かって忌避を申し立てられても応ずることができない、以上である、と。

この「東京裁判」なるイベントが、マッカーサーの進める占領政策として行われていること、すなわち通常期待される「公平と公正」の原則の下に開催され、真実と正義を探求する裁判とは、まったく次元を異にした一種の行政処分のような権力的処置にほかならぬものであることを包み隠すことなく、あからさまに表明した瞬間であった。

日本人弁護士清瀬一郎は、実に堂々と裁判長ウェッブに対して排除要求を意味する忌避を申し立てた。あの時期でも、連合軍の理不尽なやり方に唯々諾々と従うのでなく、委縮することなく敢然と強大な権力に立ち向かった日本人がいたことに、少なからず感動を覚える。

ところで清瀬が開廷冒頭に、異議申し立ての動議を提出したことは多くの概説書に記されている。しかしその動議の内容は、裁判の管轄権に対する異議申し立てであると紹介されている。すなわち、この「裁判」で取り扱う「平和に対する罪」「人道に対する罪」というのは事後法であるが故に、これらの対象事案は排除されるべきとする主張である。

この申し立ても清瀬が行っていることは事実である。しかしその前に、より重要な、ウェッブ裁判長に対する忌避の申し立てを行っていたことは、あまり触れられていない。大きな落ち度と言わなくてはならない。これは後述するパール判決おける事後法論議とのかねあいでとらえられているからと思われ、「東京裁判」問題の争点は事後法問題とする観念が日本人の識者の頭の中にこびりついていることからくることではないであろうか。

そのために、清瀬が裁判長に対して忌避申し立てを行っていたという破天荒の事態を見落とすこととともなっている。筆者は後述箇所において、パール事後法論議に拘泥することの弊害について縷述するつもりであるが、この清瀬の貴重な行動の見落としも、その弊害の一つにほかならない。

## 2　裁判管轄権に対する異議申し立て

### 清瀬一郎の動議提出

弁護人清瀬が提起したもう一つの動議が、裁判管轄権に関する異議申し立てである。すなわち、日本がポツダム宣言受諾の時点で知られていた戦争犯罪（war crime）とは交戦法違反など戦争遂行時に発生した犯罪行為を指しており、新たに作られた戦争を発動させたことを処罰する「平和に対する罪」、「人道に対する罪」、「殺人罪」などは本来の戦争犯罪のカテゴリー外の事後法となる。従ってそれらを訴因とする事案の管轄権はこの裁判所にはないと論じた。

清瀬はこの問題を十全に研究した上で提起しており、世界の法学者の意見や判例を詳細に検討した上で、戦争犯罪とは、ハーグ陸戦法規などに規定されている交戦上の違反行為を指すのであって、戦争を開始する行為を戦争犯罪とする事実や学説は存在しないことを指摘する。

清瀬はここで特にイギリス政府の定めた「戦争法規提要」なるものを取り上げ、その第四四二条に「戦争犯罪war crime」とは、一．交戦者の戦争法規の違反　二．非交戦者の戦争行為　三．略奪　四．スパイ及び戦時反逆、の四種類と明記されていることを指摘し、戦争を開始する行為そのものは戦争犯罪の範疇外となっていることを論断する。しかも同提案の制定が、パリ不戦条約の締結された一九二八年より後の一九二九年であることまで周到に言及している。[*4] 裁判を行っている当事国の公式見解を用いて、その裁判管轄違反を衝いている。有効で鋭い指摘である。

## 検事コミンズ・カーの反論

この管轄権に対する異議申し立ては、事前に書面で提出されていたために、検事側も周到な準備の上で反論を加える。反論にはイギリスのコミンズ・カー検事が立つ。同じ検事であっても、主席のキーナンの論弁が政治色むき出しに、「これは文明の野蛮に対する文明史的な戦いである」といった政治演説口調で塗り固められているのに対して、コミンズ・カーの議論はそのような政治的情動のアジテーションとは異なって、純粋に法理論的な立証として展開される。[*5]

コミンズ・カーは、「東京裁判」の裁判官構成の不当性に関する指摘に対しては第一次大戦の事例を持ち出して反駁する。すなわち、第一次大戦の終戦後にドイツ皇帝ヴィルヘルム二世に対する戦犯裁判が準備されたが、その時の裁判官には米・英・仏・伊そして日本の五ヶ国から出すことが予定されていた。いずれもドイツの交戦国の出身者であり、ほかならぬ日本も参加していたではないかと難詰する。

さらに国際法学者ストウェルの著書を引用して、戦争開始が戦争犯罪と明記されていることを強調する。そのあとは、もっぱら日本軍の真珠湾攻撃における無通告性を取り上げ、それによる死者は戦死者ではなく「殺人」として扱われるべきであり、その犯罪性については自明であり、事後法にはあたらない点を強調するという反論構成であった。

コミンズ・カーこそが「東京裁判」における検事団のエースと目すべきもので、その反論は見られるとおり、日本側の急所を攻撃して、清瀬の申し立てを退けようとする。いわゆる痛いところを突くというものである。キーナンの大時代がかった演説口調の弁論とはレベルが違う。

これに対する清瀬の再反論では、日本はポツダム宣言を受諾して終戦に至ったのであるから、戦争犯罪の概念は同宣言時点のそれでなくてはならないことを強調している。さらに付言するならば、以下のような反論がなしうると思う。

まず第一にドイツ皇帝ヴィルヘルム二世に対する戦犯容疑であるが、その戦争犯罪の意味は戦争を始めたことではなくて、国際条約をことごとく蹂躙したということが罪状として挙げられていることで、国際条約に対する侵犯の罪にほかならない。これは明白に犯罪行為である。他方、戦争行為そのものを犯罪と見なしているわけではないということである。この戦争犯罪裁判で予定されていた、戦争犯罪とは条約蹂躙の罪のほかには、戦争法規と戦争慣例に対する侵犯というにとどまっている。

それですら、当時のアメリカ大統領ウィルソンは、法律的には犯罪を構成しないかも知れないが、重い非行のかどで訴追できるかも知れないと考えていたくらいなものであった。[*6]

次に、その裁判官がドイツとの交戦国だけによって構成されている点が指摘されており、それは事実である。ただし他面、そこには事実上の中立国が含まれている点に注意が払われるべきである。それはほかならぬ日本である。日本は日英同盟との関係上、連合軍側で参戦し、中国青島などに駐留するドイツ軍と戦った。しかし日本は第一次大戦の原因となっているヨーロッパにおける積年の複雑な利害関係から自由であるし、ドイツ人捕虜に対する優遇措置は周知のとおりである。日本は親ドイツ国であり、参戦したかけらとてドイツに対する憎悪の片鱗もなかったということ、それ故に、戦後裁判が開かれた場合でも準中立国としての立場で臨みえたであろうということである。日本はアジアの国として、積年にわたる利害関係に絡め取られてしまっているヨーロッパの中立国よりも、はるかに自由な中立性が期待されたことであろう。

そのような日本が戦後の戦争裁判に加わるということは、この裁判の中立性を担保するという意味で、その意義は少なくなかったであろう。結果的には、ヴィルヘルムがオランダに亡命したことによって、その裁判は行われなかったのであるが。

「東京裁判」の判事出身国を見た時、第一次大戦後裁判における日本のような準中立の独立国の存在は希薄であり、この点が根本的に異なっている。カナダ・オーストラリア・ニュージーランドは、いずれも英連邦下にあり、イギリス国王から派遣された総督支配の下にある。そして何よりも、これらの国々は日本に対して憎悪を抱いていたということである。日本の直接の攻撃を受けたオーストラリア・ニュージーランドは言うまでなく、カナダにおける日系人に対する迫害はアメリカ以上のものがあった。インドはイギリス国王がインド皇帝を兼ねており、フィリピンはアメリカの植民地であった。

第一次大戦後裁判における準中立国としての日本の立場に近いものとして、フランスを挙げることができるかも知れない。第二次大戦においてフランスはドイツとは厳しく戦ったけれども、日本とは日本軍の南北仏印進駐に軋轢を生じたぐらいで、敵対関係というには遠く、その意味で準中立国としての性格を認めることができよう。実際、フランスのベルナール判事は、「東京裁判」では独自の主張を貫いており、判決に際しても独自の個別判決文を提出していた。

この点において、ベルナールの存在は、イギリスの支配下のインド出身ながら独自行動をとったパール判事、及びオランダ出身のレーリンク判事ともども、英米中心の多数派判事たちとは一線を画する判断を示していて、「東京裁判」の中立性の担保という面で意義なしとはしない。

しかしながら「裁判所条例」の規定する「東京裁判」の独自の運営方式によって、これらの中立性効果はすべて消失させられてしまっている。すなわち、その裁判運営規定では、すべての決定は判事間の単純多数決によってなされることが明記されていた。

いっさいの決定は単純多数決！　しかも出席判事の多数決により、裁判の運営がなされていた。そして実に死刑判決まで一一名判事の単純多数決、すなわち六名の賛成で決定されていたのである。オランダ人判事のレーリンクは、これを到底、文明国のなすことではないと嘆いていた。[*7]

「東京裁判」では判事の数を一一名という多数を並べることで、裁判の公平性を担保したということが謳われていたが、単純多数決決定という決定方式を導入することによって、実際には中立性や公平性の担保ではなく、英米中心の多数派判事たちによる決定の独占が威力を発揮していたということであった。特に、米・英・加・ニュージーランド・フィリピンの五ヶ国は、常に同一歩調をとっており、これにそれ以外の一ヶ国を取り込めば、裁判運営と評決は思いのままに支配できる構造となっていたのである。これが一一名判事団の実態であった。[*8]

このような暴威の前には、準中立国の存在も、個々の判事の良心も、ほとんどその意味をなさなかったというべきであろう。

ちなみに、同時に行われた「ニュルンベルク裁判」では、裁判官は米英仏ソの四ヶ国の出身者四名によって構成されたが、死刑判決については三名の裁判官の同意、すなわち四分の三方式がとられていた。しかし日本人被告人に対しては四分三方式では死刑に追い込むことが困難と判断されたのであろう、過半数決定方式がとられていた。「東京裁判」における決定の独占の操作性が際立っていたことが分かる。[*9]

さてコミンズ・カーの反論の第二に言う、国際法学者ストウェルの所説では、戦争行為をもって戦争犯罪と明確にしてしているとする点について。

確かにその議論は記され、刊行もされている。しかし清瀬も指摘しているが、コミンズ・カーの挙げるのは、この人物の著書からの引用のみである。つまり、この学者以外の世界の国際法学者は、そのような見解をとっていないことを逆に証明しているわけである。そして何よりも、清瀬が鋭く指摘したイギリス「戦争法規提要」の戦争犯罪の定義について弁駁できていない。

コミンズ・カーの第三の点、真珠湾無通告攻撃は戦争前のことであるから、それによる死者は戦争犠牲者としてではなく殺人罪として問われるという問題について。この「東京裁判」に特有の「殺人」という訴因は、マッカーサーの強い要望によって導入されたものであり、当初の検察側作成の起訴状では大きな比重を占めていた。しかし調べが進むうちに、この無通告攻撃は日本の在米大使館員の電文解読作業の遅れによるものであり、本来、日本側は真珠湾攻撃より三〇分前に、米側に伝える手はずになっていたことが明らかになると、この訴因は後退していくこととなり、最終判決では消滅してしまっている。

### 理由なき動議却下

このような裁判管轄権をめぐる弁護人、検事の応酬に対して、裁判官の判断はというと、裁判長ウェッブは何ら見解を示すことなく、「判断は後日に示す」といって裁判を強行的に開始してしまった。そしてその解答は、最後まで示されることはなかったのであるが。

清瀬の提示した、イギリス「戦争法規提要」の戦争犯罪の定義は、コミンズ・カーといえども反論不可能であったし、判事団はこの問題を無視して強硬開廷するしかなかった。この議論は、「東京裁判」における最大の攻防点をなしており、清瀬側の圧倒的有利は動かしようがないであろう。これを突き付けられたら検察側、判事団は反論不能の状態に追い込まれる。この問題をクリアすることは不可能と覚悟せざるを得なかったことであろう。

一般にはあまり注目されていないようであるが、筆者はここの点を重視する。後に見るように「東京裁判」において被告人を死刑に追いやるための法理上の絶対難点がここに由来しており、それ故にこそ、後述するような手の込んだ姑息な手法を重ねなければならなくなったものと思料する。コミンズ・カーも、この問題を突き付けられた時、「平和に対する罪」を戦争犯罪と規定するのが事後法であることを観念せざるを得なくなり、「平和に対する罪」をもって被告人を死刑に処することは無理であることを表明するに至る。[*10]

### 3　裁判官構成の不公平是正の動議

さて、清瀬は裁判長ウェッブに対する忌避の申し立てを敢然として行ったが、他面、裁判官構成の不当問題そのものを取り上げることはなかった。それは「東京裁判」の構成そのものを否定し去ってしまうことになりかねないからだ。さすがの清瀬も、それは控えたようである。

そしてこの問題は米国人弁護士のジョージ・ファーネスらによってなされている。曰く、現在の裁判官の構成に問題がある。裁判の公正を期するためには、中立国の裁判官を入れることが不可欠であろう、と。[*11]しかしながら、この異議申し立ても、ほとんど相手にされない形で簡単に退けられている。裁判官の指名はマッカーサーのやることだから、自分たちに裁判官を決める権限はないということであろう。

## ４　高柳賢三グループの「条例」鑑定申請

ところで、以上の三事前動議のほかに、同じ日本人弁護人でありながら清瀬らと弁護方針をめぐって立場を異にしていた高柳賢三らのグループからは「東京裁判」で用いられている法理、法概念が、果たして国際法の観点において妥当であるか否かについて、これを世界の著名な国際法専門家に鑑定を託してもらいたい旨の申請がなされていた。「東京裁判」の核心を衝く、重要な問題提起群であった。その主なものを摘記しよう。[*12]

【一般的事項】

a．国際法は国家関係を超えて、国家の構成員を拘束しうるか。

b．国際法が個人を拘束するとした場合、それは刑事法的なものか、民事的な不法行為的なものか、あるいは道徳的なものか。個人の国際法違反は刑事制裁をともなうものか。

c. 従来の国際法には明記されていない刑事的処罰を個人に対して科することは許されるか。

【条約等】

d. 条約違反を理由に政治家個人を刑事処罰するなら、その手続きの明示が不可欠ではないか。

e. パリ不戦条約は自衛の戦争を排除しているか。

【刑事法】

f. 英米法の「共同謀議コンスピラシー」の法概念は、国際法として通用しうるものであるか。

g. 遡及的に刑罰を科するのは立法の深く戒めるところ。米国憲法もまたこれを不可と明記する。

h. 行為のなされた時点では道徳的瑕疵ないし民事的不法行為とされていたものを、のちに刑事的処罰を科すのは罪刑法定主義違反ではないのか。

【軍事裁判所】

i. 軍事裁判所の権限は、国際法上、戦闘地域において行われた違法行為に対する刑罰の賦課に限るべきものではないのか。

j. 軍事法廷が敵軍兵士に対して、戦争法規によって許容された刑罰を科することは、戦闘が終了して、敵軍による復仇の可能性が消滅した時点で停止されるべきではないのか。

【領土関係】

k. 行為の行われた当時、行為者に対する裁判管轄を有さず、行為地に対する裁判管轄を有さず、かつ行為の当時には違法性を有さない行為に対して、占領軍が刑罰を科することは国際法が認めるであろうか。

見られるとおり、ここには国際法上の枢要の諸問題が掲げられており、それはとりもなおさず「東京裁判」の正当性をめぐる本質的な諸問題にほかならない。実に見事な問題提起であり、「東京裁判」の欠陥を鮮やかに、かつ包括的・体系的に剔出していると言えよう。

卓越した問題提起をなした鑑定申請書であったけれども、それ故にと言うべきであろうか、この鑑定申請がまともに扱われた形跡が見られない。「東京裁判」における常套的処理、すなわち却下！　理由なき却下、これあるのみである。

## 3　判決決定手続きの不当

「東京裁判」はその運営方法においても判決の決定手続きにおいても多くの不当な問題を露呈させている。この点を指摘するのは、リチャード・マイニアである。[*13]

すなわち、「東京裁判」では裁判官一一名のうちの過半数の出席をもって開廷条件を満たし、出席裁判官の過半数の賛成でもって各種の決定がなされえた。賛否同数の場合は、裁判長の賛成側の決定が有効とされていた。

マイニアは、このような「東京裁判」における評決のあり方のいい加減さを厳しく糾弾している。こんな杜撰な規定がまかり通るならば、裁判長を含めた三人の同意で、あるいは単純に四人の同意で、裁判を自由に差配できることになってしまうことを指摘している。そして実際にも、米英両国を中心としてその支配下にあるカナダ、ニュージーランド、フィリピンの五ヶ国の判事がこれに結託して、主導的に運営、決定を行っていたのである。

この五名が残りの六名のうちの一人を抱き込めば、証拠の採用可否であれ、裁判の運営方法であれ、すべて思いのままとなるようにできている。「決定の独占」とでも呼ぶのがふさわしいのではないだろうか。一一名の裁判官を並べた「東京裁判」は公平性を担保したかのように言われてきたが、実際にはまったくその逆であった。一一名の全員一致、ないし四分三の一致を評決基準とするならば一一名の意味もあろうが、一一名という多数判事の存在は逆に、過半数決定方式の正当化理由とされることによって、英米両国主導による「決定の独占」、自由な裁判操作の途を開いていたのである。

さらに恐るべきことに死刑の評決までもが、この枠組みの中で自由に操作されていた。「ニュルンベルク裁判」では判事は米英仏ソの四ヶ国から送り込まれた四名で構成されていた。そこでは被告人を死刑に処するには、三人の同意、すなわち四分の三の賛成を必要とすることが明記されていた。ところが一一人の裁判官を有した「東京裁判」では、その過半数である六名の賛成で死刑判決がなされていたのである。

マイニアは、ニュルンベルクの四分の三基準を「東京裁判」に当てはめた場合、死刑評決に必要な数は八名となる。すなわち、その基準で見た時、広田弘毅らは死刑とはならないことになる。一般的に言って、有罪決定は言うまでもなく、死刑の評決は判事団の全員一致を不可欠とするものだとして、「東京裁判」のやり方を批判している。[*14]

## 4　軍事法廷という詐術

「東京裁判」は正式には「極東国際軍事法廷 The International Military Tribunal for the Far East」と称し、「軍事法廷 military tribunal」としてある。「東京裁判」が軍事裁判としてあることは広く知られているが、その軍事裁判なるものの本質についての理解が充分ではないように思われる。アジア・太平洋戦争という軍事問題を扱うから軍事裁判なのだろうというレベルにとどまっている。これは理解不足であるだけのことではなく、この「東京裁判」の虚偽性、否、詐術と呼んだ方が適切であると思うが、その詐術に絡め取られていることを意味しているのである。

### 1　軍律法廷

軍事問題を扱うから軍事法廷なのだろうというのは、間違ってはいないけれども、最も本質的な部分を見落とすことになっている。むしろ見落とさせられていると言った方がよいであろう。というのは、「東京裁判」を論ずる論著のほとんどが、この問題についての議論を素通りしてしまっているからである。専門家でも素通りしてしまうのだから、一般の人が気づかないのは当たり前のこと。ところがここに、最も本質的、決定的な問題が忍ばされているのである。

どのような措置であろうか。「ニュルンベルク裁判」であれ「東京裁判」であれ、その裁判官は全員が連合国及びその旧植民地・保護国の出身者によって占められている。本書でもここまで、その不公正性、不公平性を指弾してきたのであるが、そのような無体さはそもそも何ゆえにとおりうるのだろうか。多くの人は、それが「勝者の裁判」だからだと口をそろえて非難するところである。勝者の暴虐の前には、敗者はいかんともし難いということで、理不尽であるけれども従うしかないという思いになる。俗にいう、ごまめの歯ぎしりである。

ところが、この暴虐のきわみのような構成と運営にもかかわらず、これらは国際法的には逸脱でも暴虐でもなく、実に巧妙、狡猾にも合法なのだという仕組みが仕掛けられているのである。筆者が、それを指して詐術と呼ぶ所以である。どういうことか。

軍事法廷とは軍事問題を扱う裁判というよりも、軍事問題を扱う特殊なタイプの裁判ということである。しばしばそれは軍法会議と混同されているようであるが、両者は別物である。軍法会議は、自軍の将兵を規律違反や反乱等の罪で裁くものであるが、軍事法廷は戦時下の戦場において敵軍の捕虜を、戦争犯罪の容疑で裁判にかけ死刑などの判決を下していくものである。それは戦前の日本にもあり、軍律法廷の名で呼ばれていた。その呼び方は国によってさまざまであり、アメリカでは軍事委員会《ミリタリー・コミッション》という名称であった。[*15]

それは通常の裁判所の構成と著しく異なる特殊な構成をとる。すなわち、それは戦争中に占領地において開催される裁判であり、敵軍の捕虜を被告人としてその戦争犯罪を問うもので、検事も裁判官もすべて占領軍の軍人によって構成され、裁判手続きも簡便、略式にして迅速を旨とする。通常の刑事犯罪を扱う刑事訴訟法で厳格に定めるそれとは無縁であり、形ばかりの尋問と応答で結審し、有罪・死刑と判定されれば被告人は処刑されていく。

そもそも被告人は捕虜収容所に収監されているのだから、単に禁固刑を言い渡すだけならば裁判をやる意味がない。死刑に処することが目的の裁判と言ってよいであろう。ハーグ陸戦法規やジュネーブ条約などで捕虜の身柄の安全が義務付けられていることから、直接に銃殺などの処刑をなすと戦争犯罪に問われることになる。そこで、形ばかりの裁判を行って死刑判決を出して処刑するという体裁をとるのであるが、そのような形ばかりの裁判と、それによる捕虜の処刑は合法だという通念が、国際的な慣行としてまかり通っていた。

この戦場における形ばかりの裁判が軍事法廷にほかならなかった。「東京裁判」には、このような軍事法廷方式が採用されているということなのである。

この種の軍事法廷の合法性根拠としてハーグ陸戦法規第三款「占領」の規定が挙げられるのであり、軍事法廷としての「東京裁判」の正当化の根拠としても同条が挙げられているのであるが、同款第四三条には「国の権力が事実上占領者の手に移りたる上は、占領者は絶対的の支障なき限り、占領地の現行法律を尊重して、なるべく公共の秩序及び生活を回復確保するため施し得べきいっさいの手段をつくすべし」とあって、占領者に都合のよい裁判条例など勝手に定めて捕虜を処刑することが許されるなどとは、どこにも書いていない。「占領地の現行法律を尊重して」が国際法の命ずるところである。

ところが、国際的慣行として、この第三款の規定を根拠として、占領軍による、占領軍の定めた規則に基づく、占領軍の目的にかなう軍事法廷が開催でき、それによって捕虜の処刑もできるとされてきたのである。

しかし軍事法廷というのは、あくまでも戦争時における戦場での例外的措置にほかならない。初めから法の公正性など度外視された状況の下での話でしかない。公正な裁判を行う条件が欠けている環境の中なので、例外的に許容されているというにすぎないものである。

軍事法廷という裁判方式は、このように違法的性格のものであるのだが、それが国際的慣行としてまかり通ってきた正当化根拠としては、戦争遂行上の必要悪という一点にかかっていることであろう。相手側の戦闘法規を無視した暴虐の戦闘行動を止めさせるため、あるいはそのような暴虐な戦闘行動を常套手段とする敵軍の報復的戦闘行動を根絶するためにとられた不可欠な措置ということに尽きるであろう。戦闘ルールから逸脱した違法行為を処断して、正しい戦闘ルールに則って行動するように相手軍を矯正するための措置、それ故に必要悪として認められてきたのである。

このようなことから、裁判といっても形ばかりのものであり、検察のみならず、公平であるべき裁判官も自軍の将校たちによって構成され、一通りの弁論の機会が与えられた上で死刑判決が待っているだけという種類のものである。

「東京裁判」において導入された軍事法廷とは、このような種類のものであった。しかし、「東京裁判」

の開催されている時点というのは、戦争終了から一年が経とうという時期である。裁判官には占領軍の関係者だけが充当されなければならない事情などどこにもなく、中立的で公平な立場の法曹人などいくらでも調達しうる状態にある。

## 2　逸脱としての「平和に対する罪」

そして決定的なこととして、この違法性の高い軍事法廷が必要悪として許容されている最大の根拠が、戦闘時における交戦ルールの違反を取り締まるというところにあるのだが、「東京裁判」は交戦状態はすでに終結していて軍事法廷を開催すべき根拠は消失していること、そして軍事法廷が取り扱うべき分野ではありえない「戦争を開始した行為（平和に対する罪）」を審理対象としたということ、これらのことから軍事法廷方式を用いた「東京裁判」は「二重の違法性」が指摘されなければならない。

先述の高柳賢三らの申し立てた、裁判所条例に対する鑑定申請書は、実にこれらの点を明確に指摘していた。

a. 軍事裁判所の権限は、国際法上、戦闘地域において行われた違法行為に対する刑罰の賦課に限るべきものではないのか。

b. 軍事法廷が敵軍兵士に対して、戦争法規によって許容された刑罰を科することは、戦闘が終了して、敵軍による復仇の可能性が消滅した時点で停止されるべきではないのか。

この面からも、「東京裁判」なるものの無効が宣告されることであろう。このような軍事法廷方式を持ち込むこと自体、ほとんど犯罪的行為といって過言ではないと思う。そもそも必要悪としての違法性を帯びている戦時下の軍事法廷という方式を、必要性のない状況で、かつ恣意的に拡張された戦争犯罪を訴追することを目的として導入するというのであるから、これを二重の違法性を犯した犯罪行為として指弾する次第なのである。

連合国側は、何ゆえにこのような違法な裁判方式にこだわるのであろうか。それは、これが戦勝国側にとって、誠に都合のよい裁判方式であることが明らかだからである。戦争犯罪は敗戦国のそれだけが問われ、戦勝国側の戦争犯罪はいっさい問題にされない。弁護側が、戦勝国側も同様の犯罪を行っている旨の指摘をなしても、直ちにその指摘は却下されることがあらかじめ定められている。[*16] この一事だけをとってすら、この軍事法廷なるものが法と裁判の公正性の対極にあることが歴然としているではないか。このようなものを、「裁判」と呼ぶ方がどうかしていると言わざるを得ない。

この軍事法廷なるものの悪辣さは、これに止まらない。ここでは検事も裁判官もすべて戦勝国側から出して合法であり、裁判の規則も立証過程も判決も、すべて自己の側の都合次第に自由に操作できて、しかも合法であると唱えているのである。この方式を用いるならば、あらかじめ狙いを定めた被告人を有罪でも死刑でも、思いのままになしえたのである。自己の陣営の戦争犯罪に対する追及は、すべて阻却してである。しかも、これでもって「公正なる裁判」を行うと標榜するのであるから、ただ唖然とするばかりではないであろうか。

今A国とB国が戦争状態にあり、A国軍の側が残虐兵器などの禁止兵器を使用していたり、あるいは民間人に偽装した戦闘員を用いるなどの違法行為を行っていたとした場合、これらの違法行為をした兵士及びそれを命じた上級将校をB国軍がとらえた際に、これらの将兵をB国軍の軍事法廷において違法戦闘行為と判定して処刑するということは、好ましくはないが、戦時下ではやむを得ないということであろう。正しい戦闘ルールを遵守させるためにである。

しかしA国とB国とが戦争を始めた問題をめぐって、どちらがその戦争発生に関して責任があり、しかもそれは死刑をもって処断される犯罪行為として認定されるという時には、B国側が軍事法廷を主宰し、検事も判事もすべてB国側の人間をもって構成し、そしてA国側の首脳たちを犯罪被告人として裁き、処刑するということは、前者のケースの軍事法廷とは根本的に異なるものであることは明瞭ではないか。これは次元を異にする逸脱であり、犯罪的な逸脱なのである。しかもこの逸脱は計画的になされている。軍事法廷としての「東京裁判」の不当さと犯罪性とは、このようなことを指して言う。

このような場において、「立証」されたとする事実認識、及び被告人たちの行為に対する法的評価や、それにともなう判決を信じろと言うのであろうか。このような歪められた枠組みと恣意的な手法の果てに練り上げられた結論が、正常であるはずがないではないか。

「東京裁判」に見られる異常性や不当性は、実にこの軍事法廷という裁判方式が導入されていることによっているのである。このような詐術を考案した人物こそ、本書でたびたび登場してきた米陸軍長官のスティムソンその人にほかならなかった。[*17] この老獪な政治家にして法曹資格も持ち合わせている陸軍長官の一言で、「ニュルンベルク裁判」「東京裁判」の命運は決した。

筆者は「平和に対する罪」「人道に対する罪」という新たな戦争犯罪概念について、そのものを否定することは避けたく思う。新しい概念ではあるが、今日の国際法の一環としてその存在は是認されると考える。大量破壊兵器が登場してこの方、戦争そのものを無くすことは人類存続にとって不可避的な大義となっている。人道に対する罪については言うまでもないことである。

しかしながらそれ故にこそ、それらは真に公明正大な形をもって、真の意味での国際法廷の場で取り扱われることが必須ということだ。軍事法廷方式といった一方的で姑息な手法によってではなく、語の厳密な意味における公正な裁判として、中立国の人間を中心とする判事団・検察陣の構成をもって、そして被告人は交戦国双方の側から公平に選ばれ、訴追されるという形をとるならば問題ないことである。

ところが「東京裁判」なるものは、この文明の正義の原則をことごとく踏みにじるものであった。この不当性の故に「東京裁判」は告発され、根本的に否定されなければならないのである。

# 第4章▼「A級戦犯」問題のトリック

## 1 「A級戦犯」＝死刑の虚構

「東京裁判」における最重要問題の一つに次のものがある。いわゆる「A級戦犯」、すなわち「イ類戦犯」（「平和に対する罪」）の処刑にはカラクリがあり、被告人たちは「イ類戦犯」として死刑に処せられたように見せかけながら、実は「イ類戦犯」の罪そのものでは死刑になっていないと言い訳が立つように仕組まれているということである。きわめて巧妙、狡猾な仕組みである。

このトリックを明らかにしたのは日暮吉延の大きな功績である。この巧妙なトリックは次のようにして構成されている。[*1]

### 1 複合訴因の操作

たとえば東条は「イ類戦犯」で死刑になったとみんな思っているが、彼の訴因は「侵略戦争の共同謀議」

だけでなく、左記にあるように、数多くの訴因が列記された複合訴因の形をとっている。その中には、戦場各地における捕虜虐待を指令したとされる訴因も含まれている。つまり東条は、「平和に対する罪」としての「イ類戦犯」でもあるが、通常の捕虜虐待を対象とする訴因五四に基づく「ロハ類戦犯（BC級戦犯）」の罪状も含まれている。

| | | |
|---|---|---|
| 土肥原賢二 | 一、二七、二九、三一、三二、三五、三六、五四 | 死刑 |
| 広田弘毅 | 一、二七、五五 | 死刑 |
| 板垣征四郎 | 一、二七、二九、三一、三二、三五、三六、五四 | 死刑 |
| 木村兵太郎 | 一、二七、二九、三一、三二、五四、五五 | 死刑 |
| 松井石根 | 五五 | 死刑 |
| 武藤　章 | 一、二七、二九、三一、三二、五四、五五 | 死刑 |
| 東条英機 | 一、二七、二九、三一、三二、三三、五四 | 死刑 |

これは同じく「東京裁判」で死刑となった武藤章や板垣征四郎ら全員についても見られることだ。われわれは、彼らは「イ類戦犯（平和に対する罪）」で処刑されたと思っているが、実は巧みに「ロハ類戦犯（通常の戦争犯罪）」が併合されていて、彼らの死刑は実は「ロハ類戦犯」を根拠とする形で行われているのである。

これは大きな驚きであろう。驚きをとおりこして衝撃と怒りと表現した方が適切ではないか。われわれは、これまで彼らは「Ａ級戦犯」の故に死刑になったのだと思い込まされてきた。さらに「Ａ級」という言葉が「最高級に悪い張本人」という、そもそもありもしない等級観念の含意で塗り固められていたものだから。

しかし、それらが幻想の産物だったとしたら、どうなるのか。被告人たちは、「イ類戦犯（Ａ級戦犯）」としてだけではなく、実は「ロハ類戦犯（ＢＣ級戦犯）」の罪状をも押し付けられて、それで死刑に処せられていたということである。

このような手の込んだ欺瞞は、何ゆえに仕組まれたのであろうか。それは次のような事情による。

「イ類戦犯（平和に対する罪）」が違法行為であることはパリ不戦条約などによって根拠付けられるのであり、必ずしも事後法とは言えない。しかしそれらの国際条約には、その違反行為に対する罰則規定というものは定められてはいない。違法行為であるにしても、それは民事法的な不法行為なのか刑事法的な犯罪として理解すべきものなのか、あるいは単なる紳士協定といったものなのか、何らの定義も規定もありはしない。

ましてそれに違反したからといって死刑に処するがごときは、それ自体が殺人罪に等しい犯罪行為になりかねない。罪刑法定主義の大原則からしても決して許されることではない。

しかし連合国側は東条以下の被告人たちを「平和に対する犯罪者」と銘打ち、国際的に宣伝して、死刑に処さなければならない。それが「東京裁判」を開催する目的なのだから。それでは、右の矛盾に対して、どのように対処すべきなのか。

戦争を発動したという行為を犯罪として裁くというのは、罪刑法定主義に違反する事後法ではないかという疑義は、「東京裁判」において冒頭動議を行った清瀬一郎の管轄権違反の異議申し立てから始まり、事あるごとに問題とされ、裁判長のウェッブ自身もまた深く危惧をしていた由であり、そして最終的には、かのパール判決文として集大成されることとなる。

それ故に、「平和に対する罪」、すなわち「イ類戦犯」それ自体で死刑にするのは後で問題を起こして、罪刑法定主義の原則に対する違反として判決が覆されるような事態になるのではと危惧されていた。すなわち、そのような事態に対する保険として、右に述べたような姑息な操作がなされていたのである。表面的には「イ類戦犯」で処刑されたように日本国民及び諸外国に対して見せかけておき、実は捕虜虐待などを対象とする「ロハ類戦犯」の訴因を忍ばせておき、死刑は、実はこれら「ロハ類戦犯」の訴因に基づいてなされたという言い訳が成り立つように仕組んでおくという操作だ。

「平和に対する罪」で死刑に処したのは罪刑法定主義違反だから判決は誤りであり、無効・破棄されるべきだという将来起こりうる議論に対して、東条たちを死刑に処したのは複合訴因である捕虜虐待などの「ロハ類戦犯」として死刑に処したのだから事後法でもなんでもない、国際法上まったく問題なく合法だとして、これらの非難を退けてしまうという狡猾な仕掛けが仕組まれているということである。

よくこのような悪知恵が働くものだと、ただ舌を巻くばかりである。これが占領軍の手法であり実態である。そして、これこそが「東京裁判」なるものの実像であることを直視しなければならない。

ウェッブ裁判長は平和に対する罪に対し判事団は慎重に対処すべきで、「戦間期の戦争違法化をもって戦争を国際法上の犯罪とするのは不可能だから、極東裁判所は降伏文書調印の時点で存在した戦争犯罪だけを管轄すべきだ。もし条約の根拠なしに被告人を有罪にすれば、裁判所は司法殺人者として世界の非難を浴びてしまう。裁判所条例が国際法に変更を加えているとすれば、その新しい部分を無視するのが判事の義務だ」と問題提起をしたという。[*2]

ウェッブは、いわゆる「多数派判事団」とは一線を画していたようである。レーリンクによるならは、ウェッブは判事たちの宿泊している帝国ホテルの朝食の時も、他の判事らと朝食をともにすることなく、孤立していたようである。[*3]

つまり彼らは開廷直後から、「イ類戦犯」＝「平和に対する罪」の限界を認識していた。これでは被告人たちを死刑に処することには疑義をともなう。彼らを裁判で死刑に処するには「ロハ類戦犯」で訴追するしかない。しかしそれでは裁判をやる意味がない。

被告人たちを「平和に対する罪」によって指弾し、死刑に処してこそ国際法廷を開いた意義もあると考えた連合国側は、彼らを表立っては「イ類戦犯」として訴追しておきながら、他方では、彼らの罪状として死刑の適用可能な「ロハ類戦犯」の訴因を忍ばせておき、この後者の犯罪（通常の交戦法規違反、捕虜虐待など）を根拠として判決で死刑に処する。実際にはそうでないのに、外見的には「平和に対する罪」

の罪案で死刑に処せられたように見せかけ、宣伝するという手口である。

そして将来、もし事後法批判が高まって再審、見直しがなされたとしても、被告人たちは「ロハ類戦犯」で死刑に処せられたのであるから違法ではない、事後法批判はあたらない。それ故に再審は却下されるという仕組みである。その悪質、狡猾な手口に戦慄すら覚える。彼らには法曹人としての良心の呵責はなかったのであろうか。オランダ人裁判官のレーリンクたちは、この多数派判事たちの悪だくみに到底同調することはできなかったのであろう、そこから離脱して独自判決文を作成している。

## 2　検察陣と多数派判事団との共同謀議

上記のような狡猾で手の込んだ訴追と処刑を行うためには、被告人たちのうちでも死刑に処すべきと目されている東条、板垣、土肥原らについては、どうあっても捕虜虐待、住民虐殺の罪を押し付けなければならないという必要性が生じる。

そこで、どのように被告人たちを、日本からははるか遠くに離れた南方方面で行われていたであろう捕虜虐待、住民虐待という事案に関係付けるかという問題については、検察側と裁判官との綿密な打ち合わせがなければできないという点に着目する必要がある。ここに至って、「東京裁判」の多数派判事たちが、個人的にも公正、公平でないことが立証される。

判事団も検察陣も、すべて「戦勝国」の人間で固めなければならなかった理由も、これによって判然とする。このような、きわどい訴追構成を綿密に実行していくためには、理非曲直で動くであろう中立国出身の判事が加わることは許されなかった。多数派判事グループと検察陣の間での緊密な連絡と共同謀議が不可欠であったということだろう。

しかし東条や板垣、土肥原たちに、はるか南方方面における捕虜虐待、市民虐殺を実行したり、命令を下したりした事実は果たしてあるのか。それは見出すのは困難である。ほとんどないと言った方がよいであろう。しかしその罪を押し付けなければ、彼らを死刑にすることはできない。ではどのようにして…。

一つのタイプは、被告人たちが現地における捕虜虐殺、市民虐待を命令・実行したという容疑を強引にかけるもので、訴因五四がそれにあたる。

もう一つのタイプは、被告人たちは日本国内など現場と離れた場所にいたけれども、現地における虐待・虐殺の事実を知っていたに違いない。そしてそれを放置していたとする「不作為責任」を問うもので、訴因五五がそれにあたる。

このいずれもが、「ロハ類戦犯（ＢＣ級戦犯）」に合致するとして、その罪状で死刑に処するという手法である。

これが、世に知られている「Ａ級戦犯＝死刑」の姿の正体にほかならない。凄まじいトリックであり、むしろ詐術、詐欺と呼んだ方がより実態に近いであろう。

われわれ日本人は戦後この方七〇年余、このような欺瞞の塊のようなイベントを世界正義の具現のようにして押し付けられ、思い込まされ、刷り込まれてきた。また他方ではこれを後生大事に奉る人々などもあって、いまだに「A級」とか「戦犯」などといった用語が、社会のさまざまな局面において暴威をふるい、害毒を垂れ流している有様である。一日も早く目を覚まして、このような愚かしい迷妄から脱却することが求められるであろう。

## 2 「国家高官責任」と「不作為責任」

「A級戦犯＝死刑」という虚構を背後で支えていたのが、「国家高官責任」と「不作為責任」という新たに導入された法理であった。これらについて検討しよう。[*4]

### 1 新たな事後法

「イ類戦犯（A級戦犯）」に指定された被告人たちは、それ故に死刑に処せられたのではなくて、実は複合訴因として抱き合わせられていた「ロハ類戦犯」としての罪、すなわち日本国外の中国や南方方面の戦場でなされていた敵軍捕虜の虐殺や住民虐待という、本来の戦争犯罪の責任を問われて死刑に処せられたというのである。

虐殺や虐待は現地で戦闘に従事していた日本軍兵士の行ったことであり、それらの兵士は戦後、現地において開催された軍事法廷で死刑などに処せられていたのであるが、その同じ罪をもって当該兵士の部隊の方面軍司令官であったとか、さらには日本国内で首相、外務大臣をその時に務めており、それらの虐殺・

虐待事件を指示した、ないし見過ごしたという理由で、「ロハ類戦犯」に問われ死刑に処せられたというのである。

そのような戦場の現場で行われている虐殺・虐待事案を、それと直接の関与をもたない被告人の犯罪とするために、新たに導入されたのが「国家高官責任」及び「不作為責任」という犯罪概念である。これらの犯罪概念を用いて、その時にたまたま、その方面の司令官を務めていたことをもって、当該虐殺・虐待を指示したに違いないと判定し（訴因五四）、あるいはそれらを知りながら放置したと判定し（訴因五五）、もってこれらを戦争犯罪と見なして死刑に処するという手法である。

そしてこの「国家高官責任」は戦場の司令官のみならず、日本国内の首相、大臣クラスにも及び、彼らを死刑にもっていくための根拠とされているのである。

「平和に対する罪」が事後法の恐れがあるとして迂回作戦をとった結果、今度は「国家高官責任」及び「不作為責任」という別種の事後法を案出しているという次第である。

戦場において部下の犯した戦争犯罪的事案に関して上官が責任を問われる「上官責任」の法概念は古くから定着していたが、国家、政府の中枢にいる高級文官に罪が及ぶなどということはなかった。この「国家高官責任」と「不作為責任」の法理が国際法として採択されるのは、「戦争犯罪及び人道に反する罪についての時効不適用に関する一九六八年の条約[*5]」の締結時のことであった。その採択の根拠として「ニュルンベルク裁判（国際軍事法廷）」及び「東京裁判（極東国際軍事法廷）」の前例に基づきと明記している。これすなわち、「東京裁判」にあってこの両法規が事後法であったことを明証しているわけである。

このように手の込んだやり方をとっていることから、検事側が被告人たちを死刑に追い込むための立証手続きは煩瑣をきわめることとなる。とにかく被告人たちにとって思いもかけない虐待事実を「知っていたはず」ということを証明しないと「不作為責任」は成り立たないわけだから、検察側は証人や政府文書を動員して立証に努め、判事団は使えそうなものは何でも証拠として採用するという検察との共同作業を通して、被告人たちに死刑判決を下していくのである。かの裁判所条令が規定していたが、どんなものであっても裁判所が証拠能力ありと認めたら証拠として採用される、と。

検察陣と判事団の間で阿吽の呼吸をもって裁判進行しなければ到底、被告人たちを「不作為責任」の故をもって死刑に処することは困難であろう。そのような時、判事団の中に中立国出身の判事がいたならば、そのような強引な裁判運営に異議を唱えるであろうし、検察側証人の適格性に疑義をさし挿むであろう。

そもそも、その虐待と言われている事案に関する証言を調べていくと、その大半が宣誓供述書という書面によるものであって、証人本人は出廷していないのである。これでは弁護側は反対尋問をすることもできないし、宣誓供述の信憑性も確認しようもない。そして多数派判事たち六人の同意によって、それを証拠として採用するという決定がなされたならば、そこで被告人たちの運命が決定されるという流れである。

このような事情は「不作為責任」を問題とする訴因五五のケースのみならず、積極的に虐待を命じたとされる「命令責任」を問う訴因五四のケースについても同様である。虐待を指令したという事実の認定が、このようないい加減な書面証言だけでなされているのである。多数派判事たちが多数決で証拠能力ありと認めると動かぬ証拠とされ、死刑の根拠とされていくという次第である。

このような裁判の公平と公正さを踏みにじるような強引な運営に対して、パール判事やレーリンク判事たちは強い疑念を抱いていた。残りの多数派判事たちは必死になって検察側立証を防護し、死刑判決にもっていったのである。まさに死刑判決は、検察陣と多数派判事たちとの涙ぐましい「共同謀議」の所産であったと言いうるのではないだろうか。

この「国家高官責任」と「不作為責任」という二つの法理は、それぞれ一つでも被告人を死刑に追いやることができるのであるが（訴因五四は「国家高官責任」が訴追理由）、両者が組み合わされてペアをなす時は、誰でも自由に狙い撃ちして死刑に追いやることのできる、すぐれて政治的な殺人法理であることを直視する必要がある。

## 2 東条英機の捕虜取り扱い指令

その捕虜虐待の「国家高官責任」と「不作為責任」についてであるが、東条の場合、かれの捕虜取り扱いに関する示達があって、それが虐待の証拠とされている。東条は現地に対して、捕虜兵士に対しては「過度の優遇をしてはならない」、すなわち労役にも従事させるべき旨、訓示している。[*6]

それは第一次大戦時におけるドイツ軍捕虜の待遇を念頭においてのことであろう。有名な徳島県河東捕虜収容所のエピソードがある。彼らドイツ兵捕虜たちは優遇され、自由な生活を送り、音楽演奏の機会も与えられていた。そしてついにはオーケストラを結成して、ベートーヴェン第九交響曲「合唱」の日本初演を実現するという快挙を成し遂げたというのは、あまりにも有名な話である。

東条が釘を刺したのは、そのような優雅な捕虜待遇に対してのことであろう。捕虜に対しても鉄道建設などの労役に従事させるべきことを言外に指示している。ただし「人道に反しない限りにおいて」と東条は明言しているのであるが[*7]。

これにつき、捕虜の取り扱いを定めた『ハーグ陸戦条規』の第六条には「将校を除く俘虜を階級、技能に応じ労務者として使役することができる。」と明記されており、東条の指示は国際法上も合法である。これを、捕虜虐待の指令と見なしたのは、国際法違反の誤判と言わなくてはならない。しかも東条は、同指示において捕虜の使役に際しては、「人道に反しない限りにおいて」とも明言しており、国際法上の模範的指示と言ってよいであろう。この東条の指令をもって、死刑判決の根拠となる訴因五四の捕虜虐待の指令と判定したことは失当のきわみであろう。

【補注】

この太平洋戦争時における日本軍の捕虜の取り扱い方は、むしろ模範的であったことが知られている。日本陸軍による捕虜の扱いは虐待のきわみと言われてきたのであるが、それは戦争末期頃からの食料欠乏という状態の中で引き起こされてきたものであったようであり、開戦から二年を経た一九四三年一月、イギリス陸軍省は日本軍の捕虜収容所の状態について「その生活状態は満足すべきものである」と発表しており、また同年十月にもロンドンの赤十字社は、「日本の捕虜収容所では、虐待はかつて見られず、捕虜は充分に待遇されている」と発表していたとのことであった（佐藤和男監修『世界がさばく東京裁判』（明成社、二〇〇五）一四五頁）。

## 3　広田弘毅と武藤章

### 広田弘毅のケース

この殺人法理が適用された中でも人々の同情を惹くのが、文官でただ一人死刑に処せられた広田弘毅のケースである。彼は「平和に対する罪」で「イ類戦犯」とされる一方、いわゆる南京事件が訴因として挙げられ、その「国家高官責任」とそれを止めなかった「不作為責任」のペアでもって死刑に処せられた。

**広田弘毅　政治家、外務大臣、貴族院議員、首相。撮影年月日不明、場所不明。**

写真提供：国立国会図書館所蔵画像／共同通信イメージズ

　ただ広田の場合は、南京で問題が発生していることは情報として得ており、その対応のために軍部各方面と折衝をしている事実があり、遠隔の現場とのつながりは確認される。広田の場合、南京の事件は知っていた。だが広田は当時の陸軍大臣杉山元に、事態を是正するように申し入れており、「不作為責任」は成り立たないはずである。[*8]

そうすると裁判の判決では、陸軍大臣にかけあったかも知れないが、閣議の場で問題提起しなかったという理由で「不作為責任」、すなわち死刑である、と。「東京裁判」なるものの暴虐と醜悪さが、最も露呈した局面であった。要は、高級文官の犠牲の山羊が求められていたということだ。

## 武藤章のケース

虐待の現場にいた人間としては武藤章のケースがある。彼は山下奉文麾下の在フィリピン第十四方面軍参謀長としてマニラ方面におり、この方面で起こったマニラ虐待事件に関して、事件の責任者とされた山下奉文の裁判の証人として出廷している。山下に対してはマニラの軍事法廷は死刑判決を下したが、武藤は証人としてかかわっただけで、逮捕も起訴もされていない。

ところが「東京裁判」では、このマニラ虐待事件が武藤の訴因に含まれており、そうして死刑に処せられているのである。[*9] 虐待の現地ですら不問に付されている人間を、その現場の虐待の故をもって死刑に処するとは！

要は、マニラ事件は武藤を死刑に処するための不可欠の事案であったということだ。武藤を死刑にもっていくべく働きかけを行っていたのは、疑いもなく中国側の意向であった。武藤は日中戦争の全過程を通して、強硬路線をとっていたことから中国側に憎まれていたのである。

このようなことから、武藤は中国サイドの要求によって死刑にもっていかれたものと思われる。しかし日中戦争の中で、強硬路線をとっていたということだけでは死刑に処することはできない。そこでマニラ事件が持ち出されるのである。武藤の死刑根拠たるや、現地がむしろ無罪（そもそも不問だから「非罪」と言うべきか）と見なしているものをもってしているのである。それしか武藤を死刑にできる材料がなかったから、ということであろう。

他の被告人の場合には、現地の虐待と巧みに関連付けて「国家高官責任」と「不作為責任」という狡猾な秘儀を弄して有罪にもっていこうとするのであるが、武藤の場合に至っては、そのような狡猾さすら通り越して、何が何でも死刑にもっていこうとするむき出しの凶暴性ばかりが目につく。

広田以外の場合には、遠隔の現場との連絡など皆無であり、そこに不作為だの高官だのということがあるはずもない。「命令責任」および「不作為責任」の立証は行き詰まってしまう。そもそも命令もなければ不作為もないのだから。

そうすると、どうするか。現地各方面における似たような捕虜虐待の話を次々に法廷に提出し、このような捕虜虐待が至るところに存在するのは、中央の系統的な政策の所産だという論法を持ち出してくる。そして、被告人全員がそのような政策に関与していた、等々。捕虜虐待の統一的政策＝共同謀議が存在していたに違いないという虚構が作り上げられる。

東条は捕虜の使役は命じたけれども、「人道に反しない限りにおいて」と明言している。ところが、これをもって統一的な捕虜虐待政策の証拠というのだ。そしてそれが東条死刑の根拠とされ、また他の被告人たちの捕虜虐待の傍証とされていく。[*10]

## 4　上官責任と「国家高官責任」

通例の戦争犯罪との関連で指摘されている問題点は、部下の戦争犯罪に関する軍指揮官の「不作為責任」という概念である。軍指揮官（上官）の部下に対する監督義務違反の可罰性は「上官責任（command responsibility）」という概念として形成され、いくつかの「ロハ類戦犯」裁判において大きな争点となっており、「東京裁判」においても重要な意義を有していた。

本来、「上官責任」というのは戦争の行われている現場における問題であって、末端の兵士が捕虜虐待などの陸戦条規などの国際条約に反する違法行為を行った時には、その責任はその兵士を指揮していた上官に及ぶという考えである。「不作為責任」もまたこれに連関して発生してくる問題であった。これらは戦場の常として発生してくる問題であり、末端兵士の違法行為については、その指揮官にも責任が及ぶというのは、戦場というもののあり方からして充分に首肯され、受け入れられるものであった。

ところが「東京裁判」では、この「上官責任」の概念を、戦場の現場からはるか離れた中央政府の首相や諸大臣といった政府高官にまで適用するという、超拡張解釈を強行したのである。政府中央にある首相、大臣クラスの者を死刑に処するには、この手しかなかったからである。

## 3　小括

「東京裁判」では、当事者の誰もが言及し、繰り返し議論となってきた事後法問題であるが、それには弁別の必要がある二局面のあることに留意しなければならない。

一つは「平和に対する罪」そのものを事後法と見なす議論である。しかし、これに対してはパリ不戦条約の発効によって、戦争の発動を不法行為と見なす見地は一概に排除されるものでもない。それ故、「平和に対する罪」を事後法と確言できるか否かについては疑問の余地がある。

ところが、なおかつこの問題については事後法としての難問がつきまとうこととなる。それは、パリ不戦条約は戦争行為の禁止は明言しているが、その違反行為に罰則規定はない。そもそもパリ不戦条約に背反することは犯罪としてとらえられるものであるのか、それとも民事法的な意味での不法行為であるのか、それとも理想論として掲げられた紳士協定への違背と見なされるものなのか、それすら曖昧な話であった。まして、それに反したから死刑をもって罰するというような規定はいっさい記されていないことであった。

ウェッブをはじめとする判事団を悩ませたのは、この点であったかと思われる。すなわち「平和に対する罪」それ自体を裁くのは事後法ではなく、国際実定法によって支えられていると主張することはできる。しかし具体的な量刑問題となると、まったく空漠たるものであった。まして死刑などとは、である。この問題は、具体的な量刑判断に立ち入った時、事後法であることは動かしようのない現実となるのであった。

従って裁判を開始することには、あまりためらいがなかったであろう。しかし量刑問題が具体的に俎上にのぼってくる段階になると、彼らの間に焦りが生じたことであろう。判事団の中で、パールが事後法違反論を強硬に主張しているとあってはなおさらのことであった。このアポリアはいかようにすれば解決できるのであろうか。

東条ら一〇名近くの人間を、この大戦争のスケープゴートとして処刑するという結論は所与のものである。ただしそれは敵国の首領たちだから処刑するのではなく、「平和に対する罪」という人類普遍の正義に対する犯罪者という形で裁き、処刑することが要請されていた。

答えは決まっていたが、そこへもっていくやり方が難問であった。「平和に対する罪」をもって死刑を強行した場合、事後法非難が起こるのは必至であり、場合によっては再審─判決取り消しに向かう恐れがある。

そこで案出されたのが、複合訴因という手法である。これは各被告人、特に死刑判決を下すべき被告人については、一方では「平和に対する罪」を罪状として掲げながら、他方では捕虜虐待などの「ロハ類戦犯」容疑を訴因として忍ばせておく。捕虜虐待というのは、はるか南方の占領地で行われていた本人にとってはあったかどうかも認識しておらず、どこの場所で起こったかも定かでない事件に対する管理責任を問うというもので、「止めることを怠った」という不作為責任の罪という、こじつけのきわみのような訴因を無理やり併合させるのであった。これが被告人たちを死刑にするための不可欠な法的根拠になっているからである。

「平和に対する罪」＝死刑のカラクリの構図を描いたのは、イギリス出身検事のコミンズ・カーと思われる。キーナンを首席とする各国出身者からなる検事陣は戦犯リストの作成に追われており、各国から提出される戦犯候補名簿の調整と候補に指名された人物の取り調べに忙殺されていた。

コミンズ・カーはこれによって審理入りが遅れることを理由に、記述のとおり、自分を長とする起訴状作成チームを設けることをキーナンに承知させた。

カーはすでに、日本の首脳部を「平和に対する罪」によって死刑に処する方途についての腹案をもっていたのであろう。パールらの言い立てる事後法無効論の非難をかわしうる巧妙な、そして果てしなく狡猾な方法に想到していたのであろう。

禁固刑はどうかと言うと、ナポレオンのセント・ヘレナ島への終身禁固刑など著名な歴史的事例もあることだから問題はない。しかし終身禁固刑では従来の処置と変わるところがなく、東条をナポレオン扱いすることになると危惧もされたであろう、やはり死刑でなければならなかったのである。それでは、いかようにしてか、それが「東京裁判」の課題であり、シナリオの要諦であった。

そして戦犯リストの作成も、このシナリオに沿ってなされることになる。それは死刑に処すべき被告人は、必ず捕虜虐殺などの通常戦争犯罪にひっかかる可能性のある人物でなくてはならない。なぜなら、それが被告人を死刑にしうる唯一の根拠であるから。このようにたどっていくと、なぜ石原莞爾が戦犯リストから漏れたかという疑問が氷解していく。軍部主流派と対立して予備役に追いやられた石原には、外地で捕虜を管理するような役柄がまわってこなかったからである。

石原不起訴論は「東京裁判」の本質にかかわる重要問題であり、後続で一章を特に設けて詳述することになるが、その不起訴問題の一因として右の要素、すなわち捕虜虐待問題から遊離していたという事情を見落としてはならないであろう。

# 第5章▼「共同謀議《コンスピラシー》」論

## 「共同謀議」論の違法性

この「東京裁判」でしばしば登場し、被告人たちを罪に陥れる有力な手段とされた「共同謀議《コンスピラシー》」論であるが、これの不当性、違法性についての議論が、一部の専門的な検討を別にするならば、あまりなされてこなかったのも「東京裁判」問題の大きな特徴であった。

たかだか、自分は他の被告人たちと顔を合わせたこともなければ、書面でのやり取りすらした覚えもないといった弁明か、当時の政府の施策は南進論と北進論とがぶつかって方針はカオス状態となっており、共同謀議とはお恥ずかしい限りといった述懐が紹介される程度に終始しているようである。

しかし「共同謀議」の問題は、そのようなレベルに止まるものではなく、「東京裁判」なるものの不当性、違法性を凝縮表現するものである。

この「共同謀議」論に対する批判は二つの側面、すなわち一つは被告人たちの間で実際に共同謀議がなされていたか否かをめぐる歴史実態的側面、いま一つは「共同謀議 conspiracy」と呼ばれる犯罪概念を導入することの是非をめぐる法律論的側面、その両面にわたってなされるものでなくてはならない。

## 1 実態面からする「共同謀議」論批判

一五年に及ぶ戦争の全般にわたって、そこに計画的なアジア・太平洋地域に対する征服、侵略行動を目的とする共同謀議があったとする訴因であるが、実際にはそのようなものは認めることはできない。

満州事変に際して国内で軍事政権の樹立を目指した陸軍桜会の存在が、ややこれに近いと言いうるかも知れない。そこで橋本欣五郎及び荒木貞夫、思想家として大川周明あたりが容疑者として挙げられるが、彼らの画策した、荒木を首班とする軍部政権樹立を目指すクーデター計画なるものは噂だけに終わっている。所詮は、大陸における満州の制圧作戦を成功させるための、側面支援という域を出るものではなかったであろう。

満州事変に先立つ張作霖爆殺事件において、同事件を口実に軍隊を動員して満州を制圧するという計画を関東軍は立てていたのであるが、意想外なことに、昭和天皇がこの謀略を阻止するという行動に出たために、関東軍の企ては挫折したという経緯があった。

この苦い経験があったことから、満州事変に際しては昭和天皇をはじめとする国際協調派の勢力による阻止行動を牽制する目的をもって、クーデターの噂を流していた。彼らが軍事政権の樹立を志向していることは疑いないことであったが、それが直ちにアジア征服や対米戦争につながるものでもなかったであろう。

彼らが目指していたのは満州の制圧であり、そしてそれ以上のものではなかった。「満蒙は日本の生命線」というのが、彼らの共通の認識であった。満州とモンゴル地域の確保を不可欠としていた。それはその広大な領土の獲得とともに、彼らの一番恐れていたソ連コミンテルンに対する防禦の長城を構築することを意味していた。

ソ連は二重の意味において日本の潜在的脅威であり仮想敵であった。一つには日露戦争の敗北に対するリベンジと奪われた南樺太の奪還という動向であり、いま一つは世界共産主義運動の下、共産主義革命の波及という問題であった。この二重の脅威を防遏《ぼうあつ》する城壁として満蒙の広大な領土は不可欠と考えられていた。

彼らの関心と目的は満州の獲得と育成にあり、万里の長城内の中国本土に対する領土的野心とは別物であった。中国本土を舞台とする日中戦争は一九三七年の盧溝橋事件から始まるが、満州事変の収束をなす一九三三年の塘沽協定から四年も経てのことである。

満州事変の首謀者であり、満州全土の制圧作戦を積極果敢に遂行した石原莞爾は、その功績によって盧溝橋事件の発生時には東京の参謀本部第一部（作戦部）部長という要職にあり、当時の参謀総長が閑院宮戴仁という皇族であり、また次長の今井清は病弱の身であったことから、作戦部部長の石原莞爾が参謀本部を事実上、取り仕切っていた。

その参謀本部から、事件の翌日に北京の現地司令部に対して発せられた参謀総長の名による指令は、事変の不拡大と現地休戦協定の締結であった。盧溝橋事件が日本側の謀略によるものでもなければ、この事件を奇貨として中国本土の征服に乗り出すという態度も見ることはできない。

時の近衛内閣の政府は、中国側が数個師団規模の軍隊を北支へ向けて派遣したことから、国内からの三個師団の派遣を閣議決定したけれども、北京の現地で中国軍側と休戦協定が成立したという情報が伝わるとともに、この派兵措置は凍結とされている。

しかしながら、現地における休戦協定は成立していたにもかかわらず、廊坊事件、広安門事件という二つの事件が生じるに及んで、本格的な日中軍事衝突へと発展した。この間、現地では停戦合意が成立したかと思うと、新たな衝突が発生して合意が瓦解するということが数度に及び、さらには蒋介石が南京から北上させた中央軍一〇万余の大軍が北京周辺に展開しているという事態を受けて、日本側は国内三個師団の派遣を決断する。しかしそれは、盧溝橋事件が発生してから半月も経ってのことであった。

しかもこの派遣軍に対しては中国との全面戦争は回避すべきこと、あくまで北京方面に居留している民間日本人らと支那駐屯軍五〇〇〇名の救出と収容が目的であり、従って軍事行動についても作戦限界線を設定し、できれば北京郊外の豊台の地までを目途とし、それが破れた時でも保定の地以内にとどめることを、石原作戦部長は派遣軍に対して厳命していた。

このように盧溝橋事件から始まる日中戦争に、日本側の謀略や侵略を認めることは不可であり、この一連の事態を主導した作戦部長石原に即して眺めるならば、満州事変から日中戦争へと段階発展的に侵略を拡大してアジア地域の征服を企てた共同謀議が存在したとする構図は、たちどころに瓦解してしまう。中立的な裁判官によって行われるまともな裁判を開催する限り、「東京裁判」で強調された共同謀議構図が否定し去られることに疑いをさし挿む余地はないであろう。

また、石原莞爾ではなく荒木貞夫などに即して見た場合、彼は陸軍教育総監として思想強化にもあたっており、皇道派の首領として二・二六事件にもかかわっているが、日米戦争を主導した東条英機らの統制派とは対立関係にあり、この面からも一貫した戦争指導の共同謀議などは空無と言わざるを得ない。

「ニュルンクベルク裁判」で対象となった、ドイツ・ナチ党の共同謀議の犯罪類型を無理やり適用しようとしているわけだが、日本にはそもそも、そのような征服プランも一貫した組織もあったわけではない。実態が存在しないところへ、「ニュルンベルク・ドクトリン」に基づく共同謀議罪を当てはめなければならないという政治的要請からやっていることであるから、冤罪の構図になることは不可避である。

## 2　法律面からする「共同謀議」論批判

この「共同謀議」と訳された英米法上の犯罪概念とその訳語に問題は根差している。しかもそれは被告人を有罪と認定する場合の要石《キーストーン》の役割を果たしているのである。この言葉の示す犯罪概念と犯罪構成要件の正体を認識するならば、多くの人は唖然とするであろう。それは、その日本語の語感からするそれとは、はるかにかけ離れたものだからである。日本語で「共同謀議」という以上は、共同で謀略を話し合うというふうに受け取ることであろう。

ところが英米法でいう「共同謀議、すなわちコンスピラシー conspiracy」とは、犯罪行為を計画する組織ないし恒常的な集団を認定し、そしてその組織や恒常的集団に所属ないし関与していると見なされた人間は、組織や恒常的集団が犯した犯罪について、その共犯者として処罰されるという犯罪概念である。[*1]これはアメリカの刑事法制の中で特に活用されてきたものであり、アメリカの禁酒法時代にはびこったギャングどもを一網打尽にするために駆使されてきた刑法概念であった。

それは確かにドイツのナチ党のような明確な目標を掲げた組織とその所属メンバーを対象とする時には、それなりに有効ではあろう。だが日本にそのような組織は存在するのか。

満州事変と十月事件の背後でうごめいていた陸軍の桜会は、比較的、それに近い性格を有していたとも言いうるかも知れない。しかしこの組織と、二・二六クーデター事件を引き起こした青年将校のグループは明らかに異質であり、またその後、日米開戦に至る政治・軍事情勢の中で主導権をとっていた陸軍統制派とも人脈的には大きく異なっていた。日本にはナチ党のような自己同一性をもった組織など存在しないのであるから、このような犯罪概念を適用しようとするのが、そもそも的外れだし、強行適用しようとすれば冤罪を作り出すだけであろう。

それは冤罪の温床にほかならないのであるが、しかしそれ以上に、このような犯罪概念を国際法廷に持ち込むこと自体が違法行為と言わなくてはならない。こんな法概念は英米法に特有なものであって、日本の法にもヨーロッパの法にも見られない。[*2] 言ってみれば米英ローカルな性格のもの。そんな米英あたりにしか通用しない犯罪概念、法概念を持ち込んできて、それで国際裁判をやろうと言うのだから、事後法も事後法、暴虐のきわみとしか評しようがないだろう。しかもこの、とんでもないローカル法でもって他国の人間を終身刑や死刑に追い込むというのであるから何をか言わんやである。

オランダ人レーリンクは、特にこの共同謀議（コンスピラシー）という犯罪概念とそれによる被告人の一括訴追という手法に眉をひそめていた。[*3]

「東京裁判」は事後法のオンパレード、事後法の塊のようなイベントであるが、この「共同謀議」訴因に至っては、もはや失笑を禁じ得ないであろう。

# 第6章▼パール事後法論の陥穽

今日「「東京裁判」は無効である」とする批判派は少なからず見られるが、そこで持ち出されてくるのが決まってパール判決の事後法理論である。「東京裁判」をめぐる重要問題の一つであることに疑いはなく、以下、これについて考えてみたい[*1]。

インド人判事であるパールは、多数派判事たちとは一線を画して、自己の法律家としての見識と確信に基づいて独自の判決文を作成した。パール判決書と呼ばれる膨大な分量からなる文献である。同書の眼目は、「東京裁判」において導入された訴因である「平和に対する罪」をもって事後法であるが故に無効と断じ、結句、被告人の全員を無罪としたところにある。

パールは「平和に対する罪」、すなわち戦争を開始する行為をもって戦争犯罪と見なす考えが、第二次大戦の前に存在したかを膨大な文献を駆使して検討する。その結果、国際法上の判例においても、国際法学者の学説に照らしても、これをもって戦争犯罪と見なす見解は皆無であること、一九二八年に締結されたパリ不戦条約は国際紛争に際して武力による解決を禁ずる規定を設けているが、しかしながら、この規定に反して武力を行使することを戦争犯罪と規定するような見解は存在しないことを、膨大な資料、文献を渉猟しつつ結論付けていく。

この問題をめぐって「イ類戦犯」すなわち「平和に対する罪」が、罪刑法定主義に違反する事後法であるかという点については、疑義を残す。殊に日本はパリ不戦条約の締結国であることから、戦争行為の発動は条約違反が問われることになる。この観点から、「平和に対する罪」を単純に事後法として退けられるかは問題である。

ただパリ不戦条約は戦争行為を不法と言うのみであって、それに違反して戦争を指導した者を死刑にするとも、刑事罰に処するとも記されていない。すなわち、この科刑の局面において「東京裁判」の判決は罪刑法定主義に背反することになる。

だがこれについては先述したように、死刑に処せられた「イ類戦犯」の被告人には、巧みに「ロハ類戦犯」の訴因が併合されており、その訴因だけでも死刑にしうるという法理で切り返されるように仕組まれていたのである。それ故に、事後法理論による「東京裁判」批判は、その論拠を失ってしまうこととなる。事後法無効を述べる論者は、この点についての熟慮を必要とすると思う。

しかしそのこと以上に、「東京裁判」問題の呪縛が今日に至るまで解けることなく続けられてきた最大の落とし穴が、この事後法論そのものにあることに留意されなければならない。すなわち「東京裁判」に対して否定的な論者のほとんどが、パールの事後法論に乗っかって「東京裁判」批判論を展開してきたところに、その根本的な理由があるということである。それは、いったいどういうことか？

## 1　パール事後法論批判Ⅰ

パールは事後法無効論を展開し、「イ類戦犯」として問われた「平和に対する罪」を無効と論定し、もって被告人の全員を無罪とした。それ故に、日本人の多くはインド人判事パールを恩人として讃えるのである。当然のことながら識者のほとんどが、パールの事後法論を金科玉条として「東京裁判」批判を展開することとなるであろう。しかしながら、これが大きな問題となる。

パールの事後法論のロジックを考えてみよう。パールの認識によるならば、日本が侵略戦争を行ったと言われている事実認識の是非については、あまり強く問題としていない。せいぜい検察側の提出する証拠や証人が不適格、不十分であるとして退けるのみである。

つまり、「日本は侵略戦争を起こした」とされる事実認識については、これを全面的に否定しているわけではなく曖昧な状態にとどまっている。基本的に、検察側が起訴事実として主張するほどにはひどくないというレベルの認識である。せいぜいのところ、「ハル・ノートのようなものを突き付けられたら、モナコのような国だって立ち上がるだろう」といったレベルの話である。

ヒストリアンでもなく、また被告人の事実面での無罪を立証しうる資料を収集できる条件も手段もなかったパールにとって、歴史の実態をめぐって真偽を問題とするのではなく、法律論的に被告人たちの無罪を主張するしか術がなかった。もちろんパールは事実認定の問題でも、委細を尽くして論じてはいるけれども。

**極東国際軍事裁判インド派遣のラーダ・ビノード・パール判事。1946（昭和21）年6月）。**

写真提供：共同通信社

パールの見解では、純粋に法律的観点からした時、日本が軍事行動に踏み切った時点において、「平和に対する罪」という国際法上の犯罪規定は存在していなかった。事後的に制定した法律によって、それ以前に生起した行為を裁くことは罪刑法定主義の根本原則に背反する。故に「東京裁判」で用いられた法律は無効であり、被告人は全員無罪である、というものである。

パールは法律家の信条に基づい

て、ルール違反の法律を適用することは法の正義に反するから、「東京裁判」で適用された法律を無効として、被告人の全員を無罪と断定した。しかしながら、歴史の実態認識としては、日本が侵略戦争を行ったという点については、消極的否定にとどまっている。

それ故、日本側被告人全員が無罪というのは純法理論的な帰結であり、実態認識の観点では、日本が侵略戦争を行ったことはむしろ事実だという印象効果を人々にもたらすこととなっている。つまり法律の設定が後になったから無罪になるということは、もう少し早くそれが設定されておれば有罪だったと言っているにほかならないであろう。日本人被告人たちが無罪であるとパール判決が言うのは法律論上の話にすぎないことで、歴史実態については彼らが侵略戦争をしたことを、むしろ認めているわけではないか。

すなわち「東京裁判」に否定的な日本の識者のほとんどは、パール判決に乗っかって否定論を行っているけれども、パール判決を強調すればするほど、歴史の実態面においては、日本は侵略戦争を行ったのだという認識をいっそう深める結果になっているのである。

つまり反対陣営からは、「法律論議をうるさく言うとパール判決のようになるかも知れないけれども、日本が侵略戦争をした事実は疑いのないことなのだから、「A級戦犯」として処刑されても仕方がないではないか」という感想が述べられ、このやり取りをテレビなどで見ている国民の多くは、まあそんなところかなと納得してしまうという構図である。

国民の多くは、パールの議論は正論かも知れないが、いかにも法律的な形式論議に感ぜられ、歴史実態の面を指摘する侵略論の方がはるかに説得的に聞こえてしまうという流れである。つまりパールの事後法論に乗って「東京裁判」批判をやればやるほど、「東京裁判」史観を強固なものにしていくというパラドックスに陥っているわけである。

実は今日に至るまで「東京裁判」史観というものが強固に日本人の心をしばりつけ、それを克服しえなかった一番大きな理由と事情は、このパラドックスの心理構造にあったように思われる。

パール判決の事後法論に拘泥することがいかに有害なものであり、「東京裁判」の侵略史観を最も強力に支えてきた心情的基礎であったかを理解していただけたであろうか。

事後法論議は、「東京裁判」冒頭の清瀬一郎の異議申し立ての時から提起され、その後も繰り返されて議論の俎上にのぼせられ、そしてパール判決文で集大成されることになる。その意味で事後法論は「東京裁判」の核心的な議論であることに違いはないのだが、きわめて逆説的なことにこの事後法無効論をすればするほど、「東京裁判史観」を強固に定着させるという結果となっている。パールの権威への過度の依存から脱却しなければならないであろう。

## 2　パール事後法論批判Ⅱ

パールの事後法論への過度の依存は、別の観点においても有害な作用を及ぼしている。それは「東京裁判」批判論の主軸が事後法論議に置かれることから、実は「東京裁判」の最大問題点である裁判官構成不当論に対する関心集中を逸らしてしまうという結果をもたらしている点である。

もちろん「東京裁判」批判論者の多くは、「裁判官構成の不当性」は当然にも問題としていると答える。しかしながら批判議論の主軸を事後法論議の方に置くものだから、裁判官構成問題については「裁判官の構成もおかしい」という付随的批判という位置付けになってしまっていて力強さを欠く。そもそも批判論者のほとんどが、「事後法論に則った議論を行っておけば、それで「東京裁判」批判は充分に達成されているはずだ、なにしろ事後法論はあのパール判事が一〇〇〇頁を超える膨大な論究の末に到達した結論なのだから」と考え、その外の余計な論点を持ち出す必要もなかろうとして、裁判官構成の不当性に関する議論はおのずから中途半端なものに終わらざるを得なくなっている。

この「裁判官構成の不公正性」という点に関しても肯定論者の側は、やはり同じく「裁判論的にはいろいろ不備もあるかも知れないが、日本が侵略戦争をしたことは動かしえない事実なのだから」という論法で一蹴してしまうという構図になっている。この応酬をテレビなどで視聴している一般国民には、パール事後法論議をさんざん聞かされた結果としてもたらされているパラドックス効果によって、「東京裁判」史観が牢固として心に刷り込まれているものだから、また同じような裁判技術論的な些末《さまつ》な議論をやっていると見なされてしまい、結果として、裁判官構成問題はいよいよもって霞《かす》み、隠蔽されてしまっているのである。

パール事後法論議を停止するならば、この裁判官構成の不当性が紛れもなく明るみにさらされる。これまでパール事後法論議を声高に叫ぶことによって後景に追いやられていたこの本質的な問題が、正面からとらえられ、批判にさらされることとなる。この点の重要性が、よくよく認識されてしかるべきではないかと思う。

すなわち、事後法か否かといった問題であるよりも、「東京裁判」は裁判の本質である公平性の原理に背を向けているが故に、そもそも裁判として失格であり、裁判の名に値しないということ、それ故に、その判決なるものもすべて無効・棄却されなければならないということを明確にすることが議論の主筋であるべきなのである。

別言するならば、こうである。事後法無効論の次元で議論をした場合、当該事象が発生した時、当該事象を犯罪として訴追できる刑法的法規は存在していたか否かという純粋に法律的問題として是非が争われる。

他方、裁判官の構成欠格を問題とする場合は、判事団が下す、当該事象をめぐる事実認定レベルの妥当性が争われることになる。事後法か否かが問題なのではなくて、被告人たちが謀略を用いて、あるいは侵略的意図をもって当該事象を引き起こしたという事実認定をめぐる判事団の判断に対して、異議申し立てがなされうる。裁判官構成が公平性、公正性を欠いているならば、その事実認定に歪《ゆが》み、誤りが発生することは不可避だからである。

これが、筆者が「東京裁判」問題では事後法論ではなく、裁判官構成の不当性を主筋として立論すべきであると強調する理由である。

# 第7章▼昭和天皇不訴追問題

昭和天皇の不訴追問題は、もっぱら占領軍の占領政策を円滑に遂行するためという政治的意図の観点から説明されるのが常となっている。しかしながら、果たしてそのような観方は妥当であろうか。占領軍の側には日本占領を円滑に進める必要から天皇を利用しようとする合目的性はもちろんある。

しかしながらその場合であっても、昭和天皇を退位させ、皇太子を新天皇に立てて、これを日本統治に利用するという方途がありえたはずである。そして退位した昭和天皇に対しては、戦争犯罪でないまでも、戦争責任を問う形で、隔離された一所に生涯幽閉するような措置はとりえたはずである。天皇制の存続が保証されるなら、個別の天皇が退位という事態を迎えても日本国民はそれを静かに受け入れるであろう。戦いに敗北した時に、天皇が責任をとって退位することは、日本の長い歴史伝統の観点からしても、むしろ自然なことなのであるから。

米国内世論やオーストラリア政府が昭和天皇の訴追を強硬に求めている状況に鑑みるならば、そのような措置が考慮されてしかるべきであったろう。ところが、それらの強硬な訴追要求にもかかわらず、米英両政府はあたかも昭和天皇をかばうがごとき態度を一貫してとり続けている。なぜ米英政府は昭和天皇を訴追対象からはずそうとするのであろうか。その理由は明白であると思う。

この一五年にわたる戦争の全過程を、昭和天皇に即して取り調べてみるならば、昭和天皇がほぼ一貫して、この戦争への滔々たる流れに対して、反対の態度と行動をとっていたことが明らかであるからである。詳しく調べれば調べるほど、昭和天皇がこの困難な戦争状況の荒波の中で、これに抗して行動していたことが明らかとなる。

もとより人間の行いである以上、完全無欠ということはありえないし、疑問に感ぜられる点を挙げることもできよう。それらの問題点を考慮した上でもなお、昭和天皇の行動の見事なまでに理想的な姿には感嘆を覚えるばかりである。あの人類がかつて経験したことのない未曽有の困難な時代状況下にあって、人類平和の途を追究し、道義と国際協調を重んじたその態度を眺める時、世界の王侯、国家指導者にして昭和天皇に比肩しうる者を挙げることがきわめて難しいことを実感することであろう。

## 1　張作霖爆殺事件

「東京裁判」が訴追対象とした事件の初発は、昭和三（一九二八）年の張作霖爆殺事件であった。この事件では、首相の田中義一が軍部の陰謀を隠蔽、糊塗する挙に出たことを昭和天皇は譴責し、これを罷免に追い込んだ。同事件は関東軍の謀略であり、これを機として軍隊を動員、展開して満州を制圧する手はずであったが、昭和天皇の果断な行動によってその企図はくじかれた。

## 2　満州事変

張作霖事件における昭和天皇の果断な阻止行動を教訓として、関東軍は緊急出動という形をとって、天皇の裁可を経ないままに現地司令官の命令だけで軍事行動を実行した。関東軍参謀の石原莞爾を主導者とする現地軍部は、中央からの指令を待たずに次々と既成事実を積み重ねて満州全域の制圧を進めていく。

これに対する昭和天皇の行動であるが、急速に展開していく事態に流されている感はいなめない。張作霖事件の際、天皇は果断な対応をとって軍部の謀略を阻止はしたけれども、またそれが故に首相田中の辞任と急死という痛ましい結果をもたらすこととなった。その後、これを立憲君主にあるまじき振る舞い、という批判にさらされた昭和天皇の動きは鈍くなっていた。田中急死のトラウマが天皇を苦しめていたのであろう。

また軍部の側では、昭和天皇がまたもや阻止行動に出る場合には、幽閉、クーデターを実行する旨の牽制を準備していた（十月事件）。満州事変に関しては石原莞爾ら関東軍のほしいままな行動に押し切られる一方であった。

しかしながら東北三省の制圧に続く熱河作戦をめぐっては、昭和天皇はこれに難色を示し、いったん許諾を与えたものの、再考して撤回の意向を示した。すると侍従武官の奈良武次は、「もしそのようなことをしたならば不穏な事態（クーデター）になるやも知れず」という脅迫的な言辞をも口にしていたのである。[*1]

しかし戦線が拡大して、現地部隊が長城を越えて中国本土に侵入するや、昭和天皇はその作戦と行動については断固否認する態度を鮮明にし、結句、現地の関東軍もまたこれに従い、長城内に攻め入った日本兵を撤退させるに至った。そして日本側は、天津外港の塘沽で休戦協定を中国側と取り結ぶことによって、満州事変を収束せしめた。[*2]

結果として、昭和天皇は関東軍の行った満州全土の制圧と、傀儡国家満州国の存在を是認することになるが、これは当時の世界の趨勢としてはやむを得ないところがあった。満州国は世界で孤立・否認の状態ではなかった。正式に国交を取り結ぶ国も少なからず見られ（当時の世界六〇ヶ国のうち二〇ヶ国ほど）、正式承認ではないまでも外交関係は世界のほとんどの国となされていた。蔣介石の南京政府ですら、満州国政府との間で通商・関税協定を取り結んでいるほどであった。

フランス人判事のベルナールは満州事変を「ありふれた事件の一つにすぎない」[*3]と評している。それが欧米列強が世界中で繰り広げていた植民地形成運動と変わるところがなかったからである。イギリスはインドを植民地としてインド皇帝の帝冠をイギリス国王が冠することとなっていたが、満州帝国については、それがいかに日本の傀儡国家であったにしても、満州人溥儀を皇帝とするという体裁は尊重していたのである。溥儀の同意の下に。

それ故、当時の世界の常識からした時、満州国の存在は国際的な承認の流れの中にあったと言うべく、万里の長城ラインをもって満州国を容認し、同時に長城ライン内への侵攻は決して許さないとした昭和天皇の行動は、当時の国際政治の観点からは大筋において是認されるものではないかと考える。

## 3　二・二六事件

昭和一一年の二・二六事件に際しては、昭和天皇の行動は断固たるものであり、軍部内閣の要求を一貫して認めず、ためにクーデターは行き詰まって失敗に終わった。この事件における昭和天皇の行動には、いささかの揺らぎもためらいも見ることはなく、軍部ファシズム政権の樹立の試みを敢然と阻止したことに対しては、高い評価が与えられなければならないであろう。

## 4　盧溝橋事件から始まる日中戦争

この事件が日本側の謀略に出るものではないこと、それが中国側蒋介石の軽率な行動と、和平交渉のテーブルにつかないという頑な態度をとることによって、中国全土を戦火に巻き込む大戦争へと発展していったことについては、本書第一部で詳述したとおりである。

この時の軍事行動に際して昭和天皇は最終的に裁可を下しているが、あながちに責められるものでもない。昭和天皇は中国本土において軍事行動を起こすことに難色を示している。しかし陸軍大臣であった杉山元が国内三個師団の派遣について裁許を求めた時、作戦は一ヶ月ほどで完了できると明言したことで裁可したという経緯があった。[*4] 一ヶ月の作戦ということから、それが直面する北京地域の局地的紛争の解決を目的とするものであり、中国全土に軍隊を展開して征服することなど、まったく想定されていなかったことが知られる。

また盧溝橋事件に関しては、日本側が中国軍との本格的戦闘に入るのは事件が発生してから二〇日も経った七月二七日のことであり、国内三個師団の派兵もこの日まで凍結されていたのである。しかし盧溝橋事件が局地紛争ではなく、日中間の本格的戦争へと突入していこうとする事態を受けて、昭和天皇はこれを大いに憂慮し、同二九日、首相近衛に参内を求め、「もうこの辺で外交交渉により問題を解決してはどうか」[*5] と述べて、戦争を停止して外交交渉による紛争解決を指示していた。

これを受けて、外務省と軍部との間で連絡をとりつつ和平工作が試みられることとなる。船津工作、トラウトマン工作などの一連の和平工作である。結果的には、これらの和平交渉は実を結ぶことなく不調に終わってしまうのであるが、日本側の和平努力が続けられていたことは認められてしかるべきであろう。

## 5　三国同盟

三国同盟の交渉は二次にわたるが、昭和天皇は第一次三国同盟の計画に対しては、これに強い危機感をもって積極的に阻止行動に出ていた。そのため軍部との軋轢を強めていき、不穏な情勢となっていった。秩父宮自身も昭和天皇に対して面会を求め、再三にわたって三国同盟締結の必要性を説き、ために昭和天皇と激論に及ぶほどであった。[*6]

昭和天皇が侍従武官の宇佐美興屋に対して、昔の「壬申の乱」のような事態にならないとも限らないと漏らしたのは、二・二六事件の後のことであったが、[*7]そのような状況はなお持続していたということであった。言うまでもなく、古代の近江朝において天智天皇と弟宮の大海人皇子とが対立し、天智の没後、大海人皇子を擁立した勢力の軍が近江朝を滅ぼし、新たに天武朝を興した事件である。昭和天皇が「壬申の乱」を口にしたということが、この時期の政治情勢の緊迫を物語っている。

二・二六事件の頃、秩父宮はクーデターに決起した軍部青年将校たちと関係をもっており、秩父宮を天皇に擁立する企てということも噂されていた。天皇擁立でなくても、昭和天皇をかの大正天皇のように病院に幽閉し、秩父宮を摂政宮として擁立するということは、まったく無理なく実行できるシナリオであった。昭和天皇が憂慮していたのは、そのような事態ではなかったか。[*8]

さて三国同盟の締結交渉であるが、当のドイツが防共協定の対象国であるソ連と不可侵条約を結ぶという背信行為を行ったことから、三国同盟推進派は混迷に陥ってしまう。推進者であった首相平沼騏一郎は「欧州の情勢は奇々怪々」と述べて内閣総辞職を余儀なくされる。

この虚をついて昭和天皇は締結阻止に向けて強力に行動し、阿部信行内閣の手で粛軍を推し進め、さらに三国同盟に強く反対していた親米派の米内光政に首相を委ねる。[*9]結句、この第一次三国同盟の企ては流産してしまう。昭和天皇の反ファシズムに向けての顕著な行動であった。

しかしながら、米内に強い期待を寄せていた昭和天皇であったが、三国同盟の締結を執拗に求めていた陸軍は米内内閣の倒閣運動を画策し、陸軍大臣の畑俊六を辞任せしめた上で、新たな陸軍大臣を送らないという非常手段を用いた。当時は、陸海軍大臣は現役武官制度をとっていたため、右のような手段がとられると内閣は瓦解するほかはなかったのである。このような行為は、内閣を任命する天皇大権に対する公然たる挑戦であり、反逆行為に等しいものと言うべく、当時の軍部横暴のきわみを示す事態であった。

親英米の米内に代わって登場したのが、軍部が強力に推す近衛文麿であった。近衛は外務大臣に松岡洋右を起用し、こうして三国同盟締結の布陣は整った。陸軍のみならず近衛、松岡らの政府首脳が強力に推進する中で、三国同盟が締結され、昭和天皇は押し切られた形となる。[*10]

## 6　日米開戦

日米開戦をめぐっては、昭和天皇の戦争阻止の指導力はいかんなく発揮されていた。東条すらコントロールできていた。東条内閣発足に際して昭和天皇は、九月六日の御前会議の決定─「十月上旬頃に至るも交渉妥結の目途立たぬ時は対米開戦を決意す」─を白紙還元して交渉による問題解決を図るようにとの意向を東条に示し、東条もまたこれに服して交渉妥結の道を探り続けていた。

日米開戦の阻止に向けての昭和天皇の決意と指導力は、当時としては望みうる最善のものであったと評しうるであろう。すなわち日米開戦は日本側から仕掛けたものではなく、アメリカ側がハル・ノートをもって意図的に日本を開戦へと誘導することによって生じたものであること、これは第一部で詳しく見たとおりである。

日米開戦の戦争責任がアメリカ側に帰するものであることは、数多くの史料によって余すところなく立証される。「われわれの被害を最小にとどめるようにして、日本側に最初の一発をいかに撃たせるか。それが問題だ」。陸軍長官スチムソンの日記に記された大統領ルーズベルトの主催する会議での中心議題として語られていたものである。さらに国務長官コーデル・ハルはハル・ノートを日本側に手渡した翌日、スチムソンからの問い合わせに対して、「私はもうこの問題から手を引いた。あとは陸軍長官のあなたと海軍長官ノックスの出番だよ」と述べていた。

証拠資料は完璧に残されている。これらの資料の存在も知らないままに、昭和天皇の戦争責任を云々する議論が、いかに愚かしいものであるかを理解すべきである。

## 7　日米開戦ののち

日米開戦ののち、米英軍に対して日本側が圧倒的勝利を続けていたにもかかわらず、昭和一七年二月のこと、昭和天皇は東条首相に対して、人類平和の観点から早期の戦争終結を図るように指示を出していた。これは、『木戸日記』に明確に記されている（第一部八九頁参照）。

日本のみならず世界が戦争へと突き進んでいた時代に、そして国民すべてが民族不敗の神話に熱狂している時代に、昭和天皇がかくも平和主義に徹した人であったことは奇跡に近い。

この困難をきわめた時代に、かくも倫理と道義にあふれた人物のあることを知らない。いかに国家の最高指導者であるとしても、このような人物に対して戦争犯罪を問うということができるものであろうか。またGHQの立場からした時でも、張作霖爆殺事件への対応から始まって日米開戦の事態を迎えるまでの一連の流れを眺めるならば、昭和天皇のスタンスが軍部ファシズムに抗して国際協調平和の立場をとっていたことは数々の事実からも明らかであり、日本の平和主義的再建を推し進める上でも最適の指導者と映ったことであろう。

証拠資料として提出された『木戸日記』に記された前掲「人類平和のために」の箇所を閲読したGHQ関係者は、定めし衝撃を受けたことであろう（『木戸日記』は最重要の証拠資料として全文英語に翻訳され、検察陣はもとより判事団も全員閲読している）。今まで、野蛮な侵略者たちの首領と思い込まされてきた人物の口から、このような崇高な言葉が発せられていたということは驚き以外の何物でもなかったであろう。しかもその時期は、日本が破竹の快進撃を続けており、大英帝国のアジア支配の牙城シンガポールが陥落目前にあり、アメリカは日本軍のカリフォルニア上陸作戦の実行に恐れおののいていた頃なのであるから。

そしてまた昭和天皇及びその周囲の人々が、軍部の動向とは相いれない平和主義と国際協調を志向するグループを形成していたことは、すでに駐日米大使ジョセフ・グルーたちによって、戦前から本国に繰り返し伝えられていたことである。開戦となり米国へ送還されるや、グルーは国務長官代理としてアメリカの対日政策を推し進める枢要の地位に就いた。グルーは天皇制の存続の必要性を熱意をもって語っていた。

ポツダム宣言にそれを明記することをトルーマンに繰り返し説いていた程であった。[*11]

グルーは駐日大使の一〇年間、詳細な日記をつけていた。彼は国務長官代理を務めていた戦時中の一九四四年一月に、膨大な日記から抜粋した抄録版日記を公刊した。タイトルは『滞日十年[*12]』である。日米開戦前の一〇年間という最も重要な時期の日本社会の状況を、アメリカ駐日大使という枢要の立場から観察、記述した同時代史料としてきわめて高い価値をもつものであるが、同書において昭和天皇への言及がしばしば見られる。

そこでは昭和天皇は日本の穏健勢力の中心的人物、反戦的な人物として記されている。三国同盟に対しては絶対反対の姿勢を示している、とも。このグルーの証言録が公刊されていたということは、昭和天皇に対する米国側の心証をよくしていたであろうことは疑いないであろう。

ちなみにグルー国務長官代理であるが、彼は終戦を迎えると、その国務省の職を辞している。支配者の立場で日本の国土に足を踏み入れることを潔しとしないとする思いからのことであった由である。誠に日本の恩人とはグルー氏のことを指して言うことであろう。

これらのことを総合的に見るならば、昭和天皇を訴追しないだけでなく、昭和天皇を在位のまま占領政策を推し進めていったのは当然のことと言わねばならないであろう。日本を平和国家として再建するにあたって、昭和天皇に代わるべき人物を見出すことはほとんど不可能なことであったろう。世界の王侯、国家指導者のすべてを見渡した場合においてすらである。

## 昭和天皇の退位表明

昭和天皇は生前に三回の退位表明している。一回目が昭和二〇年（一九四五年）八月二九日で、昭和天皇から木戸幸一内大臣への言として「戦争責任者を連合国に引き渡すは真に苦痛にして忍びがたきところとなるが、自分一人引き受けて、退位でもして収めるわけには行かぬものか」と述べて退位の意思を示した。しかし、木戸が「今回のことは、なかなか退位では済むことでありますまい[*13]」と諫止し、結局、退位はなされなかった。

その後のマッカーサーとの会見で、天皇本人にほとんど戦争責任がないにも関わらず、「すべての責任は自分にある」と発言している。責任転嫁はいっさいせず、自分がすべての責任を引き受けるので、巣鴨に収監されている人たちを解放して欲しいと懇願もしていた。なお、この天皇の引責発言はマッカーサーの公式会見記録には記載されていない。しかし藤田尚徳侍従は、会見の直後に外務省で作成した会見記録（会見に同席した通訳省の報告に基づく）に、右の発言が書き留められていたことを記している[*14]。

二回目の退位表明は一九五一年、サンフランシスコ講和条約調印により日本が独立を回復した時である。しかし、この時は共産主義革命の嵐のさなかで、天皇空位は革命勢力に利用される恐れがあったことから、自由党政府が強く反対し、実現しなかった。逆に退位しない表明がなされた。三回目の表明は、昭和六一年の昭和天皇在位六〇年記念式典開催の折で、その節目の時に退位を希望された。だが皇室典範に譲位の規定がないことから、この時も実現しなかった。

国家の最高責任者として、この未曽有の戦争に対する責任をとるという機会が最後まで得られなかったことは、昭和天皇にとって忸怩たる思いであったことであろう。

この章を閉じるに際して、昭和天皇の問題をめぐっては、さらに次の二つの事実を掲げておく必要があるであろう。それはともに「東京裁判」における個別判決の中に記された文章である。[*15] 一つは、オランダ人判事レーリンクの判決文に見られるものであり、被告人の内大臣木戸幸一に無罪を申し渡している箇所である。レーリンクは先述の昭和天皇の発言「人類平和のためにも速やかに終戦を」の文言に感銘を受けたようで、この文言を引用したのち、このような発言をする天皇を支え、補佐した木戸は戦争犯罪者ではありえないとして、木戸を無罪としているのである。

もう一つは裁判長ウェッブのものである。本国オーストラリアの強硬な意向もあって昭和天皇の不訴追を遺憾として、同天皇の責任問題を執拗に論じたウェッブであったが、彼はその議論の最後を次のように結んでいる。

「かれ（昭和天皇）に対して公平であるためには、次の点はここに述べておくべきであろう。証拠の示すところによれば、かれは常に平和を望んでいたのであるが、立憲君主としての役割を果たすことを選んだから、おそらく自己のよりよい判断に反してであったろうが、各大臣やその他のものが進言した戦争を容認したのであった。しかし、戦争を終らせるために、かれはその疑いもない権能を行使して、日本を救った。」

# 第8章 ▼ 石原莞爾不訴追問題

同じく重要人物にして不訴追が問題となるのが石原莞爾である。だがその不訴追の意味は、昭和天皇の場合とは天地の開きがある。本章ではこの問題を検討する。

石原莞爾はこのアジア・太平洋戦争の発端をなす満州事変を引き起こした中心的人物である。首謀者と呼んで差し支えないだろう。その石原が無罪どころか、そもそも起訴すらされていない！　石原と並んで満州事変を画策した板垣、土肥原の両名が死刑に処せられているのに引き比べて、これは異常なことと言わねばならないであろう。

石原不訴追問題は「東京裁判」におけるスフィンクスの謎である。この謎が解けない限り、「東京裁判」に対する正しい理解は迷妄の闇に閉ざされたままにならざるを得ない。そしてこの謎の解りる時、「東京裁判」なるものの正体が余すところなく明らかにされるであろう。

## 石原莞爾の経歴

石原は山形県鶴岡生まれ。一八八九（明治二二）年一月八日に山形県西田川郡鶴岡（現・鶴岡市）に生まれた。一九〇七年陸軍士官学校入校、そののち陸軍大学校卒業後、一九二〇年国柱会に入り、日蓮宗信者となる。一九二三年、陸大教官在任中に駐ドイツ武官としてドイツに留学し、フリードリヒ大王やナポレオンの戦術研究に傾注し、また総力戦論を学ぶ。帰国後、一九二八（昭和三）年一〇月、張作霖爆殺事件の後の満州に赴き、関東軍参謀となり、一九三一年九月に満州事変を起こす。

一九三三年八月、国内に戻って仙台の歩兵第四連隊長。一九三五年八月、参謀本部作戦課長に栄進。翌年の二・二六事件では戒厳司令部参謀兼務で処理にあたる。翌一九三七年三月、同事件に際しての鎮定の功労により陸軍少将に昇進し、参謀本部第一部長（作戦部長）となる。石原の生涯中でも最も華やかな時期であった。

そしてその絶頂の時期の同年七月、日本の運命を狂わせることになる盧溝橋事件が発生する。同事件に際して、石原は不拡大方針を唱えて奮闘するけれども、陸軍強硬派の圧迫をこうむり、同年九月に関東軍参謀副長に転出。さらに満州支配方式をめぐって関東軍参謀長であった東條英機を批判し、罷免される。一九三八年二月五日、舞鶴要塞司令官。一九三九年八月、陸軍中将に昇格し留守第六師団長となる。しかし一九四一年には、それも陸軍大臣東條英機に罷免される。同年四月、立命館大学講師、国防学研究所所長に就任し、国防学を教える。八月三日、予備役編入。九月、立命館大学講師を辞職。以後は持病の療養のための生活に入る。

## 1　石原莞爾の不訴追理由

これまでの「東京裁判」研究史において石原不訴追問題はどのように説明されてきたのであろうか。以下のような議論が見受けられる。

①見落とし説　石原莞爾が満州事変の首謀者であることを占領軍側が知らなかったとするものである。「東京裁判」が開始された時点では、柳条湖事件が関東軍の謀略によるものであることは解明されておらず、石原がその首謀者であることを知らなかったことが、その不起訴となった理由としている。[*1]

しかしこれについては、石原が満州事変の主導者であることを陸軍内部で知らぬ者はなかっただけでなく、柳条湖事件の謀略についての詳細は知られておらずとも、その後の満州全域への軍事出動と同地の制圧作戦において石原が主導者であることは、吉林、黒竜江方面への軍事行動拡大、そして錦州空爆などを強行したことからも明らかである。

そしてその満州制圧作戦の功績をもって、彼は東京の参謀本部の第一課長という要職に登用されてもいる。後には、さらに同第一部長（作戦部長）へと栄進する。それ故に、彼が満州事変の主導者であることが、占領軍側に知られていなかったというのはとおらぬことであろう。

検事陣が関東軍関係者を取り調べた際に、満州事変の主導者が石原であることは異口同音に語られていたことであろう。むしろ板垣や土肥原の方が霞んでしまうぐらいに。石原の名前は早い段階から検察陣の戦犯候補リストに上がっていた。しかも、かの田中隆吉の暴露発言においても、石原が満州事変の首謀者であることは検察側にとって隠れもないことであった。[*2]
石原莞爾が、戦犯候補リストから最終的に除外されたのは、四月二八日の戦犯リスト作成の最終検討会議においてであった。つまり最終会議まで石原莞爾の名前は残されていたのであり、最後の最後の検討会議で除外されていたというのが実情である。
②病気説　石原が不起訴であったのは、戦犯リストが作成されていた時期に石原は病気療養で横浜の病院に入院していたからとする見解。[*3]
石原が病のために横浜の逓信病院に入院して治療を受けていたことは事実である。しかし身動きのできない寝たきり患者といった状態ではなかった。実際、米軍関係者から尋問も受けていたのである。その時の応答のもようはかなり刺激的なもので、マッカーサーや原爆投下命令を下したトルーマンを罵り、毒舌の限りを尽くしていた。[*4]そして、今は石原伝説として有名になった「俺をなぜ戦犯として逮捕しないのだ」との言であるが、この発言は、通例、そののち地元山形県鶴岡に帰ってから、下男にリヤーカーを引かして山形の警察署に乗り込んで、警察署長に食ってかかったという形で伝えられているけれども、実際には後述する地元酒田における出張法廷における陳述の場で、堂々と述べていたということであった。[*5]いずれも石原の健在ぶりを示すエピソードではないであろうか。

すなわち横浜であれ、山形であれ、石原は病身ではあるけれども意気軒高であり、法廷に出られないという状態ではなかった。その点では、肺病を患ってははるかに重篤であった松岡洋右が起訴されて一度は出廷しているわけだから、石原不訴追を病気理由とするのは失当と言わざるを得ない。

そしてその病も回復の傾向にあり、山形県庄内地方の自宅で療養の日々を送っていた。従って石原を追起訴することは可能であったにもかかわらず、それはなされなかったのである。検事側は、きわめて異例のことであるが酒田に出張法廷を設けて石原に出廷と証言を求めて、満州事変に関する供述調書をとっている。しかしこれは板垣・土肥原を弁護するための証言であり、石原を容疑者として取り調べるものではなかった。

療養中の自宅からリヤカーで東京裁判出張尋問が開かれる酒田市へ向かう証人の石原莞爾元陸軍中将。1947（昭和22）年4月30日。

写真提供：共同通信社

石原は、このアジア太平洋十五年戦争を切り開いた張本人であり、検察側の立場からしたならば他の人物をさし措いても、この「裁判」における戦犯第一号として位置付けなければならない人物ではないか。しかも病も小康の状態にあって、「思いのほか元気な様子」という検事の報告がなされているほどであった。酒田出張法廷の開催は、念願の張本人である石原を収監、訴追できる絶好の機会であったはずであるが、そのような気配はまったく見られなかった。石原自身もこの酒田出張法廷とは、自分の逮捕のためではないかと少なからず身構えていた由であったが、ついに何事もなかった。石原は、単に事情をよく知る証言者としてしか扱われていなかったのである。なぜか。

検察側は、そもそも石原を起訴する意思を有していない。横浜の逓信病院での米軍尋問官の取り調べに対して、あれほど米軍に対して毒づいて意気軒高ぶりを示していたにもかかわらず、そののち取り調べはまったく行われていなかった。

③統帥系統不問説　これは軍隊の動員をつかさどる統帥部、すなわち参謀関係者は不問に付すという方針から、関東軍参謀であった石原は訴追を免れたとする見解である。これは統帥系統の頂点には天皇があり、天皇を訴追からはずすために、統帥系統に属する人間を不問に付したという説明である。

これに対しては、関東軍高級参謀であった板垣は起訴され死刑に処せられている事実が矛盾するようだが、板垣については陸軍大臣にもなっており、そちらの職責上の罪状が適用されてのことと区別されることが可能かも知れない。しかし海軍の軍令部総長であった永野修身が起訴されている以上、統帥部不問の説明は成り立たない。

殊に永野の罪状は真珠湾攻撃にあるわけで、天皇問責に直結しかねない問題であることに鑑みるならば、いよいよ統帥部不問の論理は成り立たなくなる。すなわち石原の不訴追をこの論理で説明するのはあたらないということである。

④東条との確執説　これは、石原が東条と対立しており、東条らによって陸軍予備役に追いやられ、日米戦争にかかわらなかったという経歴が評価されたのであろうとする説である。

これは充分に理由のあることである。東条との確執が、石原にとって有利に作用していることは紛れもない事実であろう。しかしながらそれは、石原が戦犯問題でまったく埒外に置かれていたことの説明にはなっていない。なにしろ石原は「東京裁判」が対象としたアジア・太平洋戦争の発端をなした満州事変の中心人物、主導的人物なのだから。死刑に処せられた板垣や土肥原に比して、犯情はより重大なはずである。

東条との対立が石原にとって好材料として評価されたからであるにしても、それは不訴追の説明にはなっていない。これを考慮したにしても、死刑となった板垣らと比較した時、終身刑ないし禁固二〇年あたりが相当となるのではないか。それが起訴猶予どころか、まったくの沙汰なしとはなんということであろうか。当の石原本人が怒りを覚えるほどの放置状態であったのだ。

しかし石原の不訴追は確信的放置なのである。石原は「東京裁判」の主題であるアジア・太平洋戦争の発端を形作った張本人であり、戦犯リストの筆頭にも載せられなければならない人物であるのだから。それでは何ゆえにの不訴追であったのだろうか。

この問題に対して筆者は、以下のような論断を下す。すなわち、石原は、陸軍参謀本部の責任者として、二・二六事件では青年将校のクーデターと軍部政権の樹立を阻止し、また日中戦争の発端をなした一九三七年の盧溝橋事件では事変拡大の最も強硬な止め役に徹した。政府は中国への派兵を閣議決定したのだけれども、石原は統帥権のある参謀本部の第一部長（作戦部部長）という用兵問題の事実上の最高責任者の地位にあって、この派兵の閣議決定を凍結して、現地における休戦協定の実現に腐心していた。

しかし事変は上海に飛び火して拡大し、ついに南京攻略という形に発展していく。石原はそこでも事変拡大に反対し、和平交渉による問題解決を目指す態度をとり続けていた。そのようなことから、軍部強硬派から嫌われ、人事異動の形をとって参謀本部の中枢からはずされたという経緯があった。

満州事変においては、その主役を演じた石原が、このように中国本土における紛争の拡大に対して抑制的態度をとっていたことは、一見したところ矛盾しているかに映る。しかしそれは決して矛盾ではない。そのことは盧溝橋事件を機に発生した日中戦争に対して、参謀本部作戦部長であった石原が作成した事変解決講和のための要綱に端的に示されている。[*6]

一、満州国の承認
二、領土割譲要求をせず
三、賠償を求めず
四、日本軍は万里の長城外に撤収

この要綱に端的に示されているとおり、石原の主要課題は満州国の育成と国際的承認にあり、中国本土に対する侵略的野心とは無縁だということである。石原にとって、万里の長城内の本来の中国に対して紛争を引き起こすようなことは無益であり、軍備を整えるべきは、むしろ満州国の背後にあるソ連コミンテルンに対してでなければならない。一見矛盾するようであるが、満州事変の首謀者である石原が、盧溝橋事件から始まる日中戦争に対して終始、事変不拡大の抑制的態度をとり続けていたことは、何ら矛盾ではなかったということである。

つまり、ここに石原が戦犯リストからはずされなければならない理由が存在する。リストから漏れ落ちたのではない。はずさなければならない必然がある。もちろん日中戦争に際して中国に対して融和的、抑制的態度をとり続けていたことは、中国側検察の人間に対してよき印象を抱かせたことは疑いないであろう。

しかし、それ以上に決定的に重要な事情があった。それは、「東京裁判」の構図にかかわっている。「東京裁判」では、日本は満州事変↓日中戦争↓対米英戦争、と段階的に発展しながらアジア・太平洋地域の征服野望を抱いて侵略戦争を拡大していったとの前提で、被告人各自の「共同謀議」の役割を当てはめて裁こうとしている。

ところが、石原は満州事変の首謀者であるけれども、盧溝橋事件から始まる日中戦争では事変不拡大に徹して日本軍の行動を抑制している。石原は一貫して不拡大方針をとっていたために、軍部強硬派と対立する状態となり、失脚して参謀本部を追われるはめになっている。

その石原を訴追すると、「東京裁判」の前提である「共同謀議」に基づく三段階発展的な征服野望という構図そのものが崩れ去ってしまうのである。石原の存在はこの構図にとって甚だ不都合なことになってしまい、それ故に、訴追対象からはずさざるを得なかった。これが石原不訴追問題の真相にほかならないと考える。

## 2 「三段階征服論」の虚妄性——石原不起訴論Ⅰ

連合国側は何ゆえに三段階征服論にこだわるのであろうか。それは満州事変を個別的な戦争犯罪として取り扱うことが不都合であるという事情によると考えられる。

日本の満州に対する征服と満州国に対する間接支配を犯罪扱いするとすれば、欧米列強たちにとって、自分たちがそれまで世界中で展開してきた侵略行為と植民地支配をすべて犯罪的行為として認定せざるを得なくなってしまうという事情である。

アジア地域に限っても、イギリスはインド・ビルマ・マレー・シンガポールを、オランダはインドネシアを、フランスはヴェトナム・ラオス・カンボジアを、アメリカはフィリピンを、それぞれ植民地として支配していた。

このような事態を目の当たりにするならば、当時の帝国主義的な力の支配が優先する国際秩序の下では、満州事変は「ごくありふれた事件の一つ」（フランス人判事ベルナール）でしかなかったのである。つまり満州事変を犯罪的行為として訴追するとなれば、欧米諸国にとって自らの植民地形成の侵略行為のすべてが犯罪として扱われ、その現有植民地を放棄しなければならないという事態に逢着することとなってしまうのである。

自分たちの侵略行為は許されるが、日本のそれは許されないという二重基準《ダブルスタンダード》は、あまりに露骨で恥知らずであろう。どうすれば自分たちの植民地支配の犯罪性を明るみに出さずに、日本のそれだけを犯罪として罰することができるか。

そこからして日本の満州支配は、欧米列強の植民地支配とは異質なものでなければならない、という論理構成が必要となる。日本の満州事変は単なる植民地支配なのではなく、狂信的思想にかられた世界征服計画の一環としてあったというストーリーである。すなわちそれは、世界征服の第一段階として位置付けられていたという構図を設けることによって、日本による満州支配は、欧米列強たちの植民地支配とは一線を画した犯罪行為と決めつけられ、日本には「平和に対する罪」＝「イ類戦犯」という罪状が押し付けられるとともに、欧米列強の植民地支配については何ら問題にもされないという次第である。

もとより日本に押し付けられた段階発展的な侵略と征服という構図は、「ニュルンベルク裁判」におけるナチス・ドイツの侵略と征服という構図に相即する形で構成されているわけだが、同時にそれは連合国が過去に犯してきた個別的侵略である、植民地征服行動を隠蔽するという効果のあったことを見落としてはならないであろう。

「東京裁判」で持ち出された三段階征服計画という構図は、このような事情から要請されていたきわめて後ろ暗いロジックであったとして理解できる。逆に言うならば、三段階征服論の構図がなければ、欧米列強側は日本による満州支配を正面切って指弾することはできないということになる。

石原が法廷で「自分は満州事変の張本人である。だが日中戦争では事変不拡大の方針を現地に繰り返し命令し抑制していた。満州国の建設は、中国本土の侵略を目的とするものではない」といった発言を行ったならば、検察側主張の三段階の発展的侵略論という構図は一気に崩れ去ってしまう。起訴状の作成にあたっていた検察陣が石原を敬遠したのは、むべなるかなであろう。

石原不訴追問題の解明は、同時に、「東京裁判」における犯罪構図として声高に叫ばれていた「三段階侵略論」も「共同謀議論」も、ともに虚妄の図式でしかなかったことを白日の下にさらすことになるのである。

## 3　石原不起訴論Ⅱ

石原不起訴問題をめぐっては、もう一つの連合国側にとって厄介な事情、それもまたこの「東京裁判」の虚偽性をあらわにしてしまうことになる重大要素が伏在している。それは、石原を起訴した場合、石原を死刑に処することができないという事情である。

すでに述べてきたとおり、「イ類戦犯（A級戦犯）」すなわち「平和に対する罪」では死刑に処することができないという問題にかかわっている。「東京裁判」では「イ類戦犯（A級戦犯）」で被告人を死刑に処したように見せかけながら、事後法非難を回避するために、死刑の適用可能な「ロハ類戦犯（BC級戦犯）」の訴因を被告人たちの罪状に忍ばせておくという姑息、狡猾な手法が使われていた。

「ロハ類戦犯」の訴因とは、彼らが軍隊の司令官としてあった時代に発生した、敵軍捕虜や一般住民に対する虐待、虐殺の罪を問うというものである。

ところが石原の場合、東条ら軍部主流派と対立して左遷され、予備役に追いやられてしまったために、太平洋戦争中、外地の戦場で活動する部隊の責任者の地位にあることがなかった。そのために、石原については「ロハ類戦犯」の訴因を適用することができないのである。満州事変の首謀者として「イ類戦犯」すなわち「平和に対する罪」は問えるけれども、「ロハ類戦犯」は問えない。すなわち死刑にはできないということになってしまう。

同じ満州事変を引き起こした首謀者にして「イ類戦犯」に問われた板垣と土肥原は死刑となり、同じ罪状、否、それ以上に犯情が重いはずの石原が禁固刑に終わったとするならば、その瞬間に「イ類戦犯（A級戦犯）」＝死刑という「東京裁判」のトリックは、たちまちに暴かれてしまうことになる。連合国側と検察陣、多数派判事たちが苦労に苦労を重ね、糊塗を繰り返して作り上げてきた「東京裁判」の芸術的なまでに悪辣な本性が一挙に暴露され、崩壊してしまう。検察・判事団が石原を不訴追とせざるを得なかった事情は、あまりにも明白であったのではないであろうか。

## 4　三個師団派兵問題

盧溝橋事件から始まる日中戦争において、当時、参謀本部の作戦部長であった石原が、七月七日の事件勃発以来唱えていた事変不拡大、現地停戦交渉支持の立場を同一〇日になると一変させ、国内三個師団の派兵に同意することになる。そして翌一一日の近衛内閣の閣議において国内三個師団の派兵が正式決定されるという運びである。

そこから参謀本部作戦部長であった石原の三個師団容認こそが日中戦争を決定付けた根源のように言われているが、果たして妥当であろうか。しかもその石原であるが、三個師団派兵案に同意をした翌一一日の午前、あろうことか首相近衛の下を訪れて、同日の閣議にかけられることになっている三個師団派兵案を否決してくれるように頼みこんだという。[*7]

一見したところ不可解であり、いったん承認した三個師団派兵案について、思い直してこのような行動をとったものかというように受け止められている。石原の迷い、優柔不断として。

しかし果たして、そうであろうか。別の解釈の観点が見落とされていると思う。それは石原は、参謀本部の第一部長（作戦部長）という枢要の職位にある。参謀総長閑院宮が皇族故のお飾りであり、参謀次長の今井清が病床にあるとあっては、石原は事実上、参謀本部を代表する立場にある。日本陸軍の統帥に対して全責任を負わねばならない職責を担っている。

そのような石原にあっては、対中国問題における彼自身の定見がどのようなものであれ、いかなる政治理想を抱いていたにせよ、そのようなものは二の次にまわさなければならない。現下の軍事情勢における統帥面での最善策を考究し、実行に移すことが職責として求められる。

現下の状況、すなわち現地の支那駐屯軍は五〇〇〇名余にすぎない。対する中国側の第二九軍は数万規模の兵力を擁する。日本軍は、関東軍から二旅団、朝鮮軍から一師団の援軍を編入して増強はされたが、兵力的劣勢は歴然としている。そこへ蒋介石が中央軍四個師団の北支進軍を命じてきた。これが第二九軍と合流すると、中国軍の規模は一〇万余となる（中国軍の北支における規模は最終的には二〇万余に増大している）。

この状況を踏まえた時、日本陸軍の実質的な最高責任者としての判断は明らかとなる。現地の日本軍と在留日本人らを無事に収容、撤退させるために、一定数の増援兵力の派遣は不可避ということである。参謀本部内の議論では、当然にもシベリア出兵時における尼港事件の悪夢の再来が語られていたことであろう。石原の三個師団派兵案の同意については、以上のような文脈で理解することができる。

他方、翌日の石原の首相近衛への訪問については、石原個人としての思いからのものであったろう。国内三個師団の派兵は日中全面戦争への突入となりかねず、ただそれだけは防ぎたいとする一念からのものであったと理解できる。現地日本軍と在留邦人の引き上げについて支障が生じることは避けられないかも知れないけれども（現に、このあと通州事件の惨劇が発生している）。

この相反する二つの態度は、矛盾といえばそれに違いなかろうが、日本陸軍の統帥と兵士の生命を預かる参謀本部作戦部長としての公人の立場と、満州国を育成し東亜の安定秩序を樹立することを目指す政略家、政治思想家としての立場との相克の謂にほかならなかったのではないか。

さて、その国内三個師団派遣問題であるが、七月一一日の閣議で了承されたけれども、これは即時派兵ではなく事態が切迫した時に発動するという含みの、準備的性格のものとしてであった。さらに同日夜、北京現地において日中双方の間で停戦協定の合意に達したということがあって、この三個師団派兵は凍結されてしまっている。

その後、停戦協定の実施方法をめぐって事態が円滑に進まず、紛争が相次ぎ、さらに蒋介石の側が、漢民族は生死の関頭にたたされたとする「関頭」演説を行うなど、対日武力闘争の態度を強めていった。そして日本側の抗議を振り切って北支へ向けての軍隊の増援を続け、結句、北支における中国軍は二〇万規模にまでふくれあがるに至った。

これに危機感をもった日本側は、三個師団派遣問題を再度取り上げ、七月二〇日には閣議でもって三個師団派遣が決定されている。しかるに、北京現地では日中双方の責任者間で停戦問題の進捗の努力が続けられており、同二一日には停戦合意の実施が順調との報告を受けて、三個師団派遣は見合わされている。そしてその後の数日は、小競り合いの紛争も見られなくなり、日中紛争は終息に向かうかという状態であった。

それ故、石原が七月一〇日に三個師団派遣に同意したから日中戦争が始まったなどというのは短絡的な理解でしかなく、その後の安定的推移に目を向けなければならない。

このような小康状態を覆し、日中全面戦争へ突入していく転換点をなしたのが、同二五日に発生した廊坊事件であった。北京と天津との間にある廊坊駅で、中国軍によって切断された北京─天津間の電信用電線を修理していた日本軍に対して中国軍が襲撃してきた事件。これに対して翌二六日、日本軍戦闘機が廊坊で孤立している日本軍を支援するとともに中国人陣地を爆撃し、同地を日本軍が占領するという報復を行った。

さらに同二六日の広安門事件。同日、広安門内の居留民保護に駆けつけた日本軍に対して、中国側が城門を閉ざした上で銃撃を仕掛けてきた。この廊坊事件及び広安門事件の両事件が中国側から仕掛けてきた銃撃事件である点については、疑問の余地はない。

そしてこの両事件が、七月七日の盧溝橋事件の発生この方、何とか事変の拡大を防ぎ、平和状態の回復を目指してきた日中双方の現地当局者たちの努力を無に帰するものであった。この両事件を機として、日中双方は全面戦争に突入していくこととなるのである。

以上の検討によって、いわゆる「東京裁判」なるものが、この一五年にわたる戦争の真実を究明し、その責任者、戦争犯罪者を裁くための真の意味での裁判とは程遠い、裁判の外皮をまとった指名処刑でしかなかったことは明らかであろう。

そこで提示された判決なるものについて見た場合、まず歴史実態めぐる事実認定の局面において事実誤認を重ねていること、次に司法的観点からした場合も、裁判所条例の違法性、裁判官構成の不公正、証拠採用基準の欠格性、恣意性などの点において、そもそも裁判の名に値するものではなかった。戦争を開始した行為を犯罪として扱うという点において事後法の禁を犯すのみならず、その判定を、交戦国の一方が裁判権を独占して他方を裁くという根本的矛盾を引き起こしている点において、裁判としては無効、失格と言わなくてはならないであろう。

「東京裁判」なるものの無効、失格についてはもはや贅言を費やす必要もなかろうと思うが、それでは膨大な数の犠牲者を出すことになったアジア・太平洋戦争の真の責任者、犯罪者は、どこに求められることになるであろうか。

真に正しい裁判を、この問題に施すとするならばどのようになるであろうか。真に正しい裁判とは、実態面においては歴史事実の正確な認識を踏まえていること、司法面においては刑事裁判手続きの厳正な適用がなされ、公平にして公正な審判が保障されている状態を言う。それは具体的には、「東京裁判」の判事団及び検察陣が中立国出身者を中心として構成され、公平な裁判が実現していたとしたら、という前提の下で期待され得べき判決の様相についての検討にほかならない。

そしてそれ故に、当然なことながら連合国側の戦犯が日本側戦犯とともに同等の地平において公平に裁かれることを意味するであろう。考えてみれば「勝った」から戦争責任はない、「負けた」から戦争責任がある、というのは根拠のない話であろう。「勝った」というのは軍事力で相手側を圧伏したという事実を語るのみであって、それが正義の具現であるとか、戦争責任の不在などを意味するものではないはずである。「軍事力だけが正義を決定する」という信条の持ち主でない限りは。

戦争犯罪の法概念として本来の戦争犯罪以外の「平和に対する罪」、すなわち戦争を発動させた行為を犯罪として取り上げるのであれば、それは戦争の勝敗とは別個に検討されなければならないだろう。殊に、この一五年にわたる戦争の勝敗決着なるものが、戦時国際法において戦争犯罪行為と規定（ハーグ陸戦法規第二三条）されている一般市民に対する残虐な大量殺戮を目的とした原子爆弾の使用と、ヤルタの密約に基づく日ソ中立条約の侵犯という国際条約の蹂躙をもってなされたという事実があればこそ、この観点は不可欠であり、いっそう深刻に受け止められなくてはならないであろう。

日本は英米に対して宣戦布告を行っているのだから、日本側に「平和に対する罪」があることは自明とする議論がありそうだが、これに対しては第一に、『スチムソン日記』の内容からアメリカ側の日本に対する戦争誘導の事実が余すことなく立証されうるということ、第二に、日米開戦に先立って一九三九年九月に英仏両国がドイツに対して宣戦布告を発している事実がある。日本の首脳たちを訴追するのであれば、英仏首脳たちを裁判にかけなければ、到底、公平にして公正な裁判と言うことはできないであろう。

それ故に、宣戦布告をしたからとか、第一発を放ったからという表面的な事実だけでは、「平和に対する罪」を問うことはできない。また自衛の戦争と侵略戦争とを、その当時の観念に基づいて、そのどこでどのように線引きをして区別するかも困難な問題である。それ故に、この問題と真剣に取り組もうとするならば、判定者は交戦両当事国以外の中立国から選定するほかはないだろう。

ついで、裁判の手続き過程を公正・公明とし、特に採用すべき証拠の適格性をめぐって厳格な規定を設けておくことが求められよう。そのような環境の中において、始めて戦争犯罪をめぐる真の意味での裁判が可能となる。そのような理想状態を念頭に置きながら、この一五年にわたるアジア・太平洋戦争の戦争犯罪者を検討してみたい。

## 1　日本側戦犯容疑者

日本側の戦犯容疑者として、満州事変以下の一五年にわたるアジア・太平洋戦争にかかわった人物に焦点を合わせながら検討していこう。

### 戦犯容疑者

【松岡洋右】［一八八〇―一九四六（明治一三―昭和二一）[*1]］

山口県生まれ。一三歳で渡米し、苦学して一九〇〇年にオレゴン州立大学を卒業。〇四年外交官及び領事官試験に合格、中国、ロシア、アメリカなどに在勤した。二一年に外務省を辞めて満鉄理事となり、二七年には満鉄副総裁に就任。二九年政友会代議士となり幣原協調主義外交を批判。三三年国際連盟総会首席全権として出席、連盟の満州国非難決議に抗議して退場、日本の連盟脱退を決定付ける。三五年満鉄総裁となる。

「東京裁判」の求める罪状としての、前後一五年間にわたるアジア・太平洋戦争の全体にかかわり、三段階型の発展的侵略を企てたという戦争犯罪に該当する人物としては、松岡洋右の名前が浮かんでくる。満州事変の当時には満鉄総裁であり、国際連盟における満州事変問題を審議する会議に日本代表として出席し、連盟の非難決議に対して議場を退席し、日本の連盟脱退の流れを決定付けた人物である。

その後、第二次近衛内閣の外務大臣に就任し、日独伊三国同盟の締結を推進し、一九四一年には訪欧し

ジュネーブの国際連盟特別総会に向け出発する首席全権の松岡洋右氏（手前中央）と、見送りの内田康哉外相（左端）、南次郎大将（松岡氏と内田外相の間）、荒木貞夫陸相（右端）ら。1932（昭和７）年10月21日、東京駅（日本電報通信社撮影）。

写真提供：共同通信社

てベルリンではヒットラーの歓迎を受けて三国同盟の強化を図り、また帰路モスクワではスターリンと会見して日ソ中立条約を締結した。すなわち、三国同盟にソ連を加えた四国協商関係を形成して、米英側陣営と軍事的に対峙する国際関係を構築した。これらの実績を残したことから松岡は、自己をヒットラー、スターリン、チャーチルと並ぶ国際的大物政治家と自負し、日本の国家的運営も己が主導するという自意識を抱いていた。

ところが帰国すると、日本国内では日米融和を目的として民間レベルで提案された、日米諒解案なるものが首相近衛を中心に検討されていた。松岡は右の四国協商のパワーをもって米英を圧伏する目算であったことから、首相近衛らの対米融和を模索する動きには甚だ不満であった。

そこで松岡は外務大臣の職権をもって日米交渉に介入し、駐米大使の野村公三郎に対して日本側要求の引き上げを指令して、日米交渉を流産させるべく画策していた。

ところがそのように日米交渉を妨害している時、ヒットラーが突如、独ソ不可侵条約を侵犯してソ連に対して侵攻を始めた。独ソ開戦である。そうすると関東軍は特別演習（「関特演」）と称して、満州のソ連国境に大軍を動員してソ連侵攻の態勢をとり、松岡もまた態度を翻して日ソ中立条約を蹂躙してソ連侵攻を唱えはじめるという有様であった。

この事態を昭和天皇は大いに憂慮し、国家間で締結した条約を蹂躙して相手国に攻め込むような国際信義にもとる行為は許されないとして、この企てを阻止し、軍部の圧力を北方から引きはがして南進という方面へ誘導していった。

こうして松岡は昭和天皇からも疎まれ、日米交渉を進めようとする首相近衛からも厄介者扱いされ、第三次近衛内閣の組閣に際して松岡は閣内からはずされることになる。

このような経緯を眺めるならば、松岡の戦争責任がきわめて重大であることは動かしようがないであろう。

松岡の妨害がなければ、日米融和が成立して、日米戦争が回避され、満州国の国際的承認が実現していた可能性が高かったのである。アメリカの斡旋仲介で、中国蒋介石政権による満州国の承認も進められていくはずであったのだから。松岡は満州事変から日米開戦に至る時期の全体にかかわっているところから、松岡の戦争責任は免れないであろう。

ただしその松岡であるが、戦争責任は免れないが、それを法律上の戦争犯罪として問えるかというとやはり疑義がある。連盟脱退が国際協調に背反することは当然であるが、戦争犯罪行為とまでは言えないであろう。連盟への加入・脱退は国家の任意行為なのであるから。

三国同盟は危険な軍事同盟であるが、その締結をもって戦争犯罪とは言えない。現在のNATOは明確な攻守軍事同盟であるが、その結成を犯罪行為と指弾することはないであろう。

松岡は日米交渉を妨害した事実は認められるが、しかしそれを戦争犯罪と呼ぶことには無理がある。松岡は、その独善的、誇大妄想的な態度と行動とによって日本を危険で不利な状態に追い込んでいったという意味で、戦争責任は厳しく問われることになるが、他面、戦争の決断、決定にはかかわっていないことから、「平和に対する罪」という名の戦争犯罪を問うことは困難であろう。それが松岡という人物である。

【近衛文麿】［一八九一－一九四五（明治二四－昭和二〇）[*2]］

名門近衛家の正嫡として明治二四年、東京に生まれる。父は貴族院議長、公爵近衛篤麿。出生直後に母を、少時に父を失う。アジア主義者の父の因縁で頭山満ら国家主義者との関係も深いが、一高を経て東京帝国大学哲学科に入り、さらに京都帝国大学法科に転じてマルクス主義経済学者である河上肇らの指導を受けた。一九一九年、第一次世界大戦後のパリ講和会議には、西園寺公望らの全権団の随員として参加。しかし、その直前に発表した論文「英米本位の平和主義を排す」[*3]には、西園寺の国際協調主義と異なるアジア主義と〈持たざる国〉の理論が現れていた。一九一六（大正五）年から貴族院議員。三一年貴族院副議長、三三年同議長となる。

近衛文麿という人物は、この一五年にわたる戦争というドラマの中で、最も魅惑的な光彩を放っている人物の一人である。しかもそれはヒットラーにも似た悪の魅力なのであるが。そしてそれ故にその存在は、それぞれまったく性格を異にするほかの二人、すなわち昭和天皇と石原莞爾と並んで、このドラマの主役級に位置付けられる。

近衛文麿

写真提供：共同通信社

近衛の存在と性格はきわめて複雑である。近衛文麿は前近代の日本史において、天皇に次ぐ地位ともいうべき摂政・関白を務める藤原摂関家の正嫡にして、かの藤原道長の末裔であった。もちろんその身は華族であり、貴族院議長を経て首相に任ぜられるや、貴族宰相としての輿望を一身に集めて華やかな政界デビューを飾った。

しかしその前途は多難であり、日本の運命

を決する局面に相次いで遭遇することとなる。その第一次近衛内閣を組閣した直後に発生したのが盧溝橋事件であり、その後の日中戦争の泥沼に引き入れられていくこととなる。

第二次組閣をした一九四〇年は、日独伊三国同盟の締結と、紀元二千六百年に際会し、大政翼賛会を組織して、戦時体制と国威発揚の状況を主導することとなる。

ところが翌四一年の第三次組閣ののちは、一転して戦争回避、対米融和路線を推し進め、ルーズベルト大統領との首脳会談の実現に邁進するといった行動に終始する。

彼は前述のとおり、若い頃に著した論文の中において、世界支配の不公平性を唱え、領土の再配分論を主張しており、ドイツのナチ党の主張と近いところにあった。実際、第二次近衛内閣の時、かの大政翼賛会を組織して、日本の国をナチの一党独裁体制のごとくする国家改造を推進していった。時あたかも、日本は紀元二六〇〇年（昭和一五（一九四〇）年）という画期を迎えて、国家的高揚が最高潮に達しようとしていた。三国同盟の締結がそれを増幅していく。近衛はこのような異様な高揚感に包まれる中で、国家指導者としてヒットラーのごとき役割を演じていた。

とはいえ、公家の最高位にあった藤原摂関家の正嫡にふさわしく、かのヒステリックな狂人とは異なって、その口調ははるかに穏やかであり、しなやかな長躯の立ち姿と優雅な身のこなしが印象的ではあったけれども。

そのような近衛であったが、年が変わった昭和一六（一九四一）年に入ると、まるで別人ではないかと思わせるまでに変貌を遂げていく。三国同盟を背景とした米英との力による対峙ではなく、融和と和平の途へ急速に転換していく。憑き物が落ちて、目が覚めたように。

おそらくは、日米諒解案が具体的に提示されたことが、この転回の理由ではないかと思われる。この諒解事項に満州国の承認が明記されていたことが、近衛を変心させた大きな要因であったことであろう。日中戦争の終息という条件の下にであるが、アメリカは蒋介石の政府に対して満州国を承認するように斡旋する旨が記されていた。

この諒解案に接した近衛は、それまでの三国同盟を後ろ盾にする米英との力の対決による問題決着という基本路線を放棄して、対米英協調に転じて交渉による解決という路線に急速にかじを切っていく。そして　前述のとおり訪欧していた外相松岡が帰国して、この日米交渉を妨害する行動に出ると、近衛は内閣総辞職、第三次組閣という形をとって、松岡を切り捨てる措置までして日米交渉の成就に傾注していったのである。

しかしながらその後、日本が南部仏印進駐を実施すると、米国側は石油禁輸措置をもって対抗し、日米関係は急速に悪化していく。この事態を打開するために首相近衛は渡米して、ルーズベルト大統領と首脳会談で問題解決を図るべき旨の提案を米国側になした。

これに対して米側は首脳会談の提案を拒否し、これにより行き詰まった近衛は総辞職して政権を放擲する。その後は一政治家として太平洋戦争期を過ごすのであるが、戦局不利の情勢の中、徹底抗戦を叫ぶ首相東条に対して、倒閣運動を主導して東条を退陣に追い込む。[*4]さらにソ連を仲介とする講和交渉を提案し、自ら天皇の特使としてモスクワに赴く段取りを進めていた。この講和方策は言うまでもなく、ヤルタの密約に則ったソ連の、日ソ中立条約の侵犯による対日攻撃によって挫折していくのであるが。

このように近衛の立場は、この一五年にわたる戦争の期間において前半と後半とで、正反対方向のベクトルを指し示している。

それ故、終戦後における日本の国家的再建にあたって、近衛は自己がそれを担いうるものという自負を抱いており、GHQに対してもそのような姿勢で臨んでいた。しかしながら、当然のことであろうが、GHQ側は近衛を戦争犯罪人と見なして、巣鴨プリズンへの出頭を命じた。そしてこれを潔しとしなかった近衛は、服毒自殺をもってその生涯を終えるのであった。


近衛の政治スタンスは前半と後半とで正反対の姿を示すという複雑さを見せる。公家が長い伝統で身につけていた、潮目、風向きの変化を敏感に察知して豹変するにも似た行動と言うのはステレオタイプの説明かも知れないが、やはりそれ抜きには理解が困難であろう。しかしながら近衛の変身ぶりには不可解の念を禁じ得ない。

しかし、後半はともかく、その前半は松岡と同じく、そして日中戦争の泥沼化においてはそれ以上に、日本を危険で困難な方向に主導していたことは疑いなく、その責任は重大と言わざるを得ない。

アジア・太平洋十五年戦争の発生責任という観点からした時、この松岡と近衛の責任は重大であり、彼らの戦争責任は厳しく問われなくてはならない。しかしそれはもっぱら政治的指導の誤りであって、日本をして戦争に突入せざるを得ないような状況へ導いてしまった政治的責任である。

他方、彼らには軍事的な意味での開戦責任を認めることはできない。盧溝橋事件から始まる日中戦争について、それが日本側の謀略とする従来の見方は、今日では否定されている。真珠湾攻撃から始まる太平洋戦争についても、ルーズベルトのアメリカ側による戦争誘導の証拠がそろっていることから、彼らに戦争犯罪を問うことはできない。せいぜい、戦争責任を問えるぐらいなものである。

【杉山元】〔一八八〇―一九四五（明治一三―昭和二〇）〕[*5]

明治一三年、福岡県生まれ。一九〇〇（明治三三）年陸軍士官学校、一九一〇年陸軍大学校卒業。満州事変開始時には陸軍次官、二・二六事件時には参謀次長の職にあり、さらに教育総監を経て、一九三七（昭和一二）年二月林銑十郎内閣の陸軍大臣になり、続く第一次近衛内閣に留任した。日中戦争を経て一九四〇年一〇月から一九四四年二月にかけて参謀総長を務め、太平洋戦争の開始と遂行にあたった。このの ち小磯国昭内閣で再び陸軍大臣になり、その後第一総軍の司令官として敗戦を迎え、昭和二〇年九月一二日自決した。

杉山は日中戦争、南部仏印進駐、そして日米開戦と、一貫して拡大路線、強硬路線をとり続けていた。ただし参謀総長の職掌は戦争を遂行し、勝利を目指して活動するのは当然であり、それをもって戦犯とするのは難しいのではないであろうか。

**杉山元（すぎやま・はじめ、げん）。陸軍軍人。最終階級は陸軍大将、元帥。1924（昭和９）年５月。**

写真提供：共同通信社

盧溝橋事件の時、杉山は第一次近衛内閣の陸軍大臣であった。同事件に際して杉山は、国内からの三個師団派遣を提議し、近衛内閣の閣議決定として通している。ただし現地において休戦協定が成立したという報が入ると、派兵は凍結している。派兵の実施は、現地の戦闘が激化したのちのことであり、閣議決定から半月後のことであった。

かつ三個師団の派遣に際して昭和天皇に上奏した際、作戦は一ヶ月をもって完了させる旨を述べており、中国全土に軍事作戦を展開することなど、思いもよらぬことであったろう。

後年の太平洋戦争決断時期に昭和天皇との間で、次のようなやり取りがあったことは、よく知られている。

すなわち、昭和天皇が杉山に、米国と開戦に至った場合の目算を尋ねたのに対して、杉山はだいたい三ヶ月ほどで決着をつける旨を答えた。

これに対して昭和天皇は、杉山は日華事変（日中戦争）の時、だいたい一ヶ月ほどで解決すると明言したのに、今に至って解決しないではないか。日米戦争を三ヶ月で終わらせるとは、どのような根拠をもって言うのかと叱責している。杉山が、中国本土は何ぶん広大でもありと弁解したところ、昭和天皇から太平洋はもっと広いぞ、と詰問されたというのは有名な話である。[*6]

これらのやり取りから、杉山には日中戦争についても、また日米戦争についても相手側領土の征服といった考えが希薄であったことが推知される。盧溝橋事件については局地的紛争の解決、日米戦争については南方の石油資源の確保が、軍事的展開の理由であったことが認められる。[*7]

局地的紛争に際して軍事力を行使することは、今もあることで特には問題にはならないだろう。相手の蒋介石政権の側が一〇万人規模の大軍を動員していたという事実もある。米国側の石油全面禁輸措置に対して、実力行使で石油資源の確保に乗り出すことは自衛権の発動として正当化されるであろう。

しかし短期的軍事出動による問題解決を明言しながら、結果として目算がはずれ、長期にわたる大戦という事態と、日本及び海外諸国の人々に甚大な災厄をもたらしたという現実を前にした時、陸軍最高責任者としての責めを免れることはできないであろう。

【東条英機】［一八八四―一九四八（明治七―昭和二三）］[*8]

陸軍中将英教の子として東京市に生まれ、一九〇五年陸軍士官学校第七期卒業。一五年陸軍大学校卒業後スイス、ドイツに駐在し、陸大教官などを経て二八年陸軍省整備局の初代動員課長として総力戦の準備を推進した。ついで参謀本部第一課長、陸軍省軍事調査部長などを歴任し、永田鉄山らとともに統制派の

**東条英機元首相**

写真提供：共同通信社

中心人物となった。三五年関東軍憲兵隊司令官、三六年中将昇進、三七年関東軍参謀長、三八年陸軍次官、航空総監などを経て、四〇年第二次、四一年第三次近衛文麿両内閣の陸相として日独伊三国同盟締結と対米英開戦を主張した。

東条の略歴は右のとおりであるが、彼は石原莞爾の表舞台からの退場と入れ替わるようにして、歴史の中心に位置するようになっていく。彼は関東軍の参謀長として中国問題にかかわるようになり、特に上海事変以後の日中戦争において陸軍強硬派を代表することとなる。のち日本中央の陸軍省次官となって辣腕をふるう。彼は日中戦争の遂行に際して強硬であったが、中国本土に対する領土的野心はなかった。彼が次官の時、日本は中国本土に対して領土割譲は求めず、また賠償請求も放棄する旨の声明を出している。

そんな次第であるから、陸軍大臣となってからの東条の要求点は、中国本土に対する駐兵というところに置かれた。彼に言わせれば、これだけ日中戦争に多大の犠牲を払いながら、領土割譲要求も放棄し、賠償責任も求めないのであるから、一定年限の駐兵を要求するのは当然であろうということであった。

もっとも日中戦争の解決とともに、日本軍は中国本土から撤兵を始め、治安確立とともに二年以内に撤退を完了するが、北支、満蒙の一定地域と海南島に防共を目的として、おおむね二五年を目途として駐兵を続けるというものであった。

これが果たして不当な要求であったか否かは判断の分かれるところであろう。アメリカは認めないであろうが、日本陸軍側としては、四年余にわたる不毛の戦いに引き込まれた上に、領土割譲も賠償金も求めないのであるから安全保障のための一定地域の期限付き駐兵を要求するのは当然であろうという思いであった。

そして日米開戦である。日米交渉に行き詰まった近衛内閣は総辞職を余儀なくされたが、後継首班には近衛内閣の陸軍大臣であった東条が指名された。東条への大命降下は、これまでもたびたび述べてきたように、内大臣木戸の発案で昭和天皇も同意したことであるが、対外関係において最も強硬な意見を吐いている東条を総理大臣という最高の責任職にすえることによって、交渉打開の途を見出すという奇策であった。

そしてこの非常の策は奏功し、首相任命のおり、昭和天皇から九月六日の御前会議における日米開戦の決定を白紙還元し、交渉優先で問題を解決するようにとの意向を受けるや、東条は態度を一変させ、交渉による問題解決を承諾し、天皇の意向を忠実に履行するに至った。軍部の強硬論、即時開戦の意見を抑えて、交渉による対米問題の打開の途を粘り強く模索していく。ために軍部からは、「東条の豹変」「変節」という罵りを受けていたほどである。[*9]

これをもってしても、最後の日米交渉と日米開戦に至るプロセスにおいて、彼が「平和に対する罪」を問われる余地は存在しないということである。彼は最後の最後まで、昭和天皇の指示に忠実に従って交渉主義に徹していた。彼が開戦やむなしと判断し、その方向で行動するようになったのは、ハル・ノートを受け取った直後からである。彼はこれを天皇に奏上し、昭和天皇もまた沈黙のうちにそれを裁可した。

これによって日本は開戦を余儀なくされるのであるが、日米交渉が不調に終わったことを告げ知らされた東条は、交渉成就を命じた天皇の意向に沿うことができなかった故をもって号泣していた由であった。[*10]

日米開戦については、アメリカ側の全般的な計画的誘導と、いったんは開戦にためらいを見せたアメリカ側の態度にクレームをつけて最終的な開戦誘導へと踏み切らせた蒋介石の執拗な行動に、その責任が存することは本問題に関する第一級史料である『スチムソン日記』及び関連資料の記述によって、完璧に証明される。寸分の疑問の余地もないほどに明確である。

日米開戦のすべての犯罪的事物はハル・ノートであったということである。ハル・ノートこそが日米開戦の第一級戦犯事物であることは、かの「東京裁判」の場においてすら、その露骨な最後通牒的性格が非難の的となっていたのであるが、今日、暫定協定案の存在とそれが抹殺された経緯が明らかとなったことによって、ハル・ノートの確信的な犯罪性は白日の下にさらされたと言ってよいであろう。

【武藤 章】［一八九二―一九四八（明治二五―昭和二三）］[*11]
明治二五年、熊本県生まれ。陸軍士官学校二五期、陸軍大学校三二期卒業。陸軍大学校卒業後、ドイツ駐在を挟んで一九二九（昭和四）年まで教育総監部勤務。一九三五年より軍事課高級課員。二・二六事件後の「粛軍」過程で頭角を現し、一九三六年関東軍参謀に転出、一九三七年三月参謀本部作戦課長。一一月には中支那方面軍参謀副長になり南京攻略を指導した。一九三九年軍務局長、大戦中には近衛第二師団長、第一四方面軍参謀長。フィリピンで終戦を迎える。

**武藤章（むとう・あきら）。陸軍軍人、陸軍中将。写真は少将当時の撮影。**

写真提供：共同通信社

武藤については盧溝橋事件の前後の時期における行動に問題がある。当時、武藤は参謀本部の作戦課長の地位にあった。作戦部長石原莞爾の部下であった。

盧溝橋事件そのものは偶発事件であり、作戦部長の石原莞爾は事変不拡大、現地休戦協定の締結を見守るという姿勢をとっていたのであるが、武藤はこの事件を好機ととらえて、この際に中国側に打撃を与えて、その当時、中国全土に広がっていた反日運動を鎮圧せんと画策していた。

当時、日本の軍部内には北支分離運動があり、黄河以北の北支地域を蔣介石の南京政府から切り離して自治領域とした上で、日本軍による傀儡支配を施そうとする動きがあった。武藤たちの行動は、このような北支分離運動に連動していく性格を有していた。

盧溝橋事件が発生し、蔣介石が南京から中央軍四個師団を北支に向けて派遣したとの報告が入ると、日本国内では内地三個師団を北支へ派遣する計画が出てくる。石原莞爾はこれに反対していたが、部下の武藤作戦課長がこれを強力に推し進めて、参謀本部内部を強硬路線でまとめようと策謀をめぐらせていた。

抑制派の頭目と見なされていた石原は、武藤ら強硬派によって参謀本部を追われるようにして満州に赴き、関東軍の副参謀となる。石原が転出したのちは、武藤を中心とする強硬派が参謀本部を支配することとなる。武藤はさらに一一月になると中支那方面軍参謀副長として現地に派遣され、首都南京の攻略作戦を担当する。しかしながら蔣介石は中国奥地に後退して抗戦を叫び、日本側はいつ果てるともなき泥沼の戦争状態に引き入れられることになる。これには、講和に応じようとしない蔣介石の中国側にも責任はあるが、日本側軍部が強硬派で固められてしまったことも大きかった。

武藤については、さらに二つの点が指摘される。一つは、一九四〇年の米内光政内閣の倒閣運動を策動したとされる点である。当時、陸軍内部ではドイツ・イタリアとの三国同盟の締結を熱望していたが、親英米派の海軍出身である米内は頑としてこれに応じなかった。そこで推進派は陸軍大臣であった畑俊六を辞任させ、代わりの大臣の推薦を拒否するという非道な手段を用いて米内内閣を瓦解せしめたという経緯があったが、その謀略の中心人物が武藤であったというのである。

これは辞任した畑俊六が、武藤の策動にはめられた旨の発言をしているほか、田中隆吉の証言によっても知られる。田中は、陸軍の謀略はそのほとんどが武藤から発しているとまで極論している。[*12]

そのような武藤について今一点指摘すべきは、日米開戦についてである。彼は東条英機の部下として陸軍を率いてきたが、日米交渉時期には陸軍大臣東条の下で、陸軍省次官の要職にあった。近衛内閣が総辞職して、東条が首相に任命されるが、この時昭和天皇の特旨として、戦争ではなく交渉によって問題を解決すべきことが伝えられる。

この天皇の意向が伝えられると東条は豹変して、交渉優先主義に路線を転じるのであるが、実はこの時武藤もまた、これに同調して軍部強硬派を抑えていたことが伝えられている。[*13]東条に感化されたものか。単に東条の命令というだけなら面従腹背もありえたことであろうから、武藤なりに思うところがあったのかも知れない。昭和天皇の意向であることもさりながら、頭の切れる人物であるから、日米戦争が国を亡ぼすに至ることを直観していたのかも知れない。

武藤については、戦争責任という観点からした時、右に述べてきたように厳しく指弾されなければならないであろう。しかしながら、「平和に対する罪」という意味での戦争犯罪という観点からは、満州事変、日中戦争、太平洋戦争のいずれについても、無罪とされねばならない。日中戦争において強硬路線を主張していたが、石原莞爾や多田駿らの抑制派が上司にいる限り、それは参謀本部という組織内での議論でしかなかった。彼は政策を決定できる立場にはなかったのである。

三国同盟の締結推進のために米内内閣を瓦解せしめた策謀が、戦争犯罪に一番近い行為かと思われるが、三国同盟は直ちに戦争発動を意味するわけのものではないから、これをもって戦争犯罪とは言い難いのではないだろうか。

## 【その他】

〔板垣征四郎・土肥原賢二〕

満州では、満州事変ののち溥儀が総統、ついで皇帝として即位し、傀儡国家とはいえ満州民族の国家としての体裁を整えている。これはたとえばインドの支配と比較した時、インド皇帝の帝冠はイギリス国王が戴することとなっており、それらに比するならばはるかに穏当な支配体制であったと言わざるを得ない。フランスがヴェトナム・ラオス・カンボジアを、オランダがインドネシアを、アメリカがフィリピンを植民地とし、総督を派遣して直接支配していたのに比して、はるかにまともな支配体制ではなかったか。

欧米列強のこれら直接的な植民地支配は不問に付され、満州の間接支配だけが犯罪呼ばわりされるというのは、世界の情勢に目が届かない、近視眼と言わざるを得ないのではないか。これはある意味、アジア人の自己蔑視的心理の表白にほかならないであろう。もう少し、グローバルな視野をもってもらいたいものである。フランス人弁護士アンリ・ベルナールがいみじくも述べたように、満州事変は「ありふれた事件」の一つでしかないということである。

この事変を計画し遂行した主要人物、すなわち板垣征四郎、土肥原賢二の両名については無罪というわけにはいかないだろうが、せいぜい禁固刑一〇年といったところではないであろうか。死刑などとは言語道断。もし彼らが死刑というなら、同じくアジア諸国に対して侵略と植民地支配を行った欧米諸国の指導者たちは、等しく同罪に処せられなければならないであろう。

［松井石根］

南京事件をめぐる評価において、留意しなければならないことは、その「虐殺」なるものの数字の多寡がいつも問題となっている点である。三〇万であるとか、せいぜい五、六万人ほどにすぎない、とか。このような議論を続けている限り、南京事件なるものの実態を明らかにすることはできない。

第一部で述べたように（五〇頁）、南京の街の地下及び周辺の一帯に、仮に三〇万の他殺死体が眠っていたとしても、それが戦争の戦闘行為によって生じたものであったならば、それは単に戦死者であって虐殺でも無差別殺人でもない。正規の戦闘行為の帰結としての殺人は犯罪ではないのである。

この点を踏まえるならば、死者の数の多寡を論ずることが無意味であることが諒解されよう。南京事件の本質は、仮に三〇万の死者が眠っているとして、その死の内訳が問題となる。戦争犯罪に該当する死者がどれくらいあるのかである。詳細は第一部に述べたとおりである。

「東京裁判」では、松井石根の死刑は「ロハ類戦犯」の故として扱われているが、それは南京の軍民全体に対する無軌道な大量虐殺という認識に基づいてなされている以上、明確な事実誤認と言わなければならない。南京事件については、この点からでも充分に再審請求の根拠たりうるであろう。

## 2　連合国側の戦争犯罪

中立国出身者からなる検察陣、判事団による公平にして公正な裁判を開催するとなると、被告人には日本側のみならず、連合国側の人間も対象とならざるを得ない。「東京裁判」では日本側被告人のみが訴追されて、連合国側の人間は不問に付されていた。そこに軍事法廷なるものの詐術が表れているのであり、検事も判事もすべて連合国側の人間で占め、被告人については連合国側の人間はまったく対象しないという、誠に連合国側にとって好都合な裁判方式が採られていたのである。それは裁判ではなく裁判もどきの処刑儀式でしかなかったのである。

そこで、そのような欺瞞を取り除いて、公平にして公正な裁判を行うならば、おのずから以下の人々が訴追の対象となることであろう。

【フランクリン・ルーズベルト Franklin Delano Roosevelt】［一八八二―一九四五］[*14]

一八八二年、ニューヨーク州ハイド・パークの生まれ。父ジェームズは弁護士であり投資家。ルーズベルトはハーヴァード大学卒業後、コロンビア大学ロー・スクールで学び、父と同じく弁護士の道に進んだ。その後ニューヨーク政界に進出し州上院議員になり、ウィルソン大統領の政権下で海軍次官を務めた。

一九二〇年の大統領選挙で民主党副大統領候補になるが落選。その後、小児麻痺にかかり足が不自由になった。ニューヨーク州知事選挙に立候補して当選。そして、一九三二年の大統領選挙で現職のハーバート・フーバー大統領に大差で勝利した。

大統領に就任したルーズベルトは大恐慌による深刻な経済状況を立て直すためにニュー・ディール政策を実施した。一九四一年、日米開戦を機に、ヨーロッパ戦争にも参戦し、第二次大戦が本格化する。

一九四三年一月、アフリカ・モロッコのカサブランカにおいて英首相チャーチルと会談した時、いわゆる無条件降伏要求を戦争目的として掲げることを宣言。これによってすべての講和交渉は拒絶され、第二次大戦は終末戦争の様相を呈する。ルーズベルトは、この目的完遂のために、一方では原子爆弾の製造に取り組み、他方では日ソ中立条約のあるソ連に対日参戦を求める（ヤルタの密約）。大戦の終結を間近に控えた一九四五年四月、脳溢血で死去。

日米開戦について、日本側ではなくアメリカ側に主たる戦争責任があることは、『スチムソン日記』をはじめとする第一級の証拠によって明らかである。大統領ルーズベルト、国務長官ハル。陸軍長官スチムソンらが参加した戦略会議において、「われわれの被害を最小にとどめて、日本側に第一発をどのように撃たせるか。それが問題だ」（『スチムソン日記』一九四一年一一月二五日）と明言していたという事実。

その他、アメリカ側が、日本を開戦へと誘導していった事実については、本書第一部に詳述したとおりである。

そしてハル・ノートを日本側に提示した翌日の一一月二七日、アメリカ陸海軍はそれぞれ太平洋各地の米軍基地に対して、「日米交渉はすでに終わった。数日以内に日本軍の軍事攻撃があるであろう」旨、戦争警戒警報の電文を発信している。

これだけの証拠を前にしてなお、日本軍が事前通告もなしに真珠湾に対して奇襲開戦を仕掛けてきたとよく言えたものだ。ルーズベルトたちの名優ぶりにただ感心させられるばかりではないか。アメリカ国民は、完全に乗せられたということだ。ただし、真珠湾の被害は、「われわれの被害を最小にとどめて、日本側に第一発を」と言うには、少しく甚大であったかも知れないのであるが。

次の「平和に対する罪」は、ヤルタの密約にかかわる問題である。一九四五年ルーズベルトとチャーチルとスターリンの三者で行われたクリミア半島のヤルタで開催された会談。これは欧州問題とドイツ問題の戦後処理を話し合う会談であったが、裏会談で対日問題が話されていた。日本とソ連の間には日ソ中立条約が存在していたが、ルーズベルトはスターリンに対して日ソ中立条約を侵犯して日本に開戦をするなら日本の固有領土である千島列島をソ連に与えると約束した。これがヤルタの密約である。

国際条約を蹂躙しての武力侵攻！　それを教唆した者と実行した者。さらにはその見返りとして、日本の固有領土を取引材料としている手口。さながら、ギャング、マフィアの取り引きに異ならず、きわめつけの「イ類戦犯（A級戦犯）」ではないだろうか。これはおそらく、第二次大戦の中で行われた戦争犯罪行為の中の最大のものと言ってよいであろう。殊にソ連の日ソ中立条約の侵犯による千島・満州侵攻が、第二次大戦の勝敗決着に直接につながっているだけに、その犯罪性は際立っている。

既述のとおり、このヤルタの密約にはアメリカ自身もあきれはてて、後にアイゼンハワー大統領の時になって、密約はルーズベルトの個人的な文書であってアメリカは関知しないと無効宣言を出したほどである。ルーズベルトとスターリンはヒットラーも顔負けの「イ類戦犯（A級戦犯）」と言うべきであろう。

そして原爆問題である。これは「人道に対する罪」として「ハ類戦犯（C級戦犯）」に該当する戦争犯罪だ。「原爆は戦争を終わらせるため」と言うのは欺瞞で、「日本に対して無条件降伏という名の完全征服を貫徹するというルーズベルトの野望」を達成するための手段であったということも第一部に既述のとおりである。これは人間に対する非道、残虐性及び人種差別主義において、ナチスのホロコーストと何ら異なるところはないであろう。

**【コーデル・ハル Cordell Hull】**［一八七一－一九五五］[*15]

ハルは一八七一年、テネシー州ピケット郡で生まれた。一八九一年にテネシー州レバノンのカンバーランド大学法律学校を卒業し法曹界入りする。一八九三年からテネシー州議会の議員となり、一八九七年まで務めた。米西戦争中にハルはテネシー州義勇歩兵師団第四連隊の大尉としてキューバで戦った。その後一九〇三年からはテネシー州第五巡回裁判区の裁判官を務めた。その後、一九〇七年に下院議員に当選し、二二年間同職を務めたのち一九三〇年に上院議員に選出。そして一九三三年、ルーズベルト大統領より国務長官に任命された。

ハルは悪名高いハル・ノートを日本側に突き付けて、日本を日米開戦に踏み切らせた張本人である。ハル・ノートの危険性、最後通牒的性格については早くから指摘をされていて、かの「東京裁判」の場においてすら、「このようなものを突き付けられたら、モナコのような小国だって立ち上がらざるを得ないだろう」と評されていたほどであった。

そしてハル・ノートをめぐる指摘は、陸軍長官スチムソンの日記が公開されたことにより、そのような見方の正しさが明確に証明されることとなった。ハル・ノートを日本側に手渡した翌日の、陸軍長官スチムソンに語ったハルの言葉、「私はもうこの問題から手を引いた。あとは君と海軍長官ノックスの出番だよ」と。この記録がハル・ノートの確信的犯罪性を完璧に証明している。

この事実によって日本側を日米開戦へと誘導した罪は逃れがたく、ハルは「平和に対する罪」によって処断されなければならないであろう。

しかしながら、このハルについては同時に、日本側との融和を目指す暫定協定案を作成していたという事実がある。日本軍の南部仏印からの撤退と引き換えに、対日石油禁輸を緩和するという内容の三ヶ月の暫定協定を内容としていた。

この米側暫定協定案については、米側の軍備増強を目的とする時間稼ぎのもので日本との融和を目指すものではないとか、戦後の議会証言でハル自身が語っているとおり[*16]、これは「雛の餌」であって日本側に提出しなかったのは、それがとるに足らぬものであって、日米関係にとって意味あるものではなかったとして、暫定協定案の意義を切り捨てる向きもあるが如何であろうか。

それが真に軍備増強の時間稼ぎや、とるに足りぬ無意味なものであったなら、中国の蒋介石があれほどまで執拗にその提出に反対したことを、どのように説明できると言うのか。それが実際的意味をもたない形ばかりのものであったなら、むしろハル・ノートの最後通牒性を糊塗するためにも提出すべきものであったのである。

つまりアメリカ側は、石油輸出再開の歩み寄りの姿勢を示していたにもかかわらず、日本はそれを無視して戦闘行動に打って出たと非難することができる。ハル・ノートのような露骨な最後通牒を突き付けたことによって、日本を戦争に追いやったという非難を受けるよりも、はるかによい印象をアメリカ側にもたらすはずのものであろう。実際、米政府は議会に対しては、ハル・ノートを日本側に突き付けた事実を隠していたほどであったのだから。

ハルの作成した暫定協定案については、それに対する反対があまりに強く、それを支持してくれる勢力がなくなってしまったことによって、ハルはその提出を断念し、交渉による日米関係の解決を断念し、ハル・ノートを提出して日米開戦を誘導したというのが実際の経緯であった。

このような事情を勘案するならば、ハルには情状酌量の余地がありそうである。ハルの本意は暫定協定案に示されているとおり、日米開戦の回避にあったのであろう。しかしながら大統領ルーズベルトの向戦姿勢、中国蒋介石の執拗な反対、英蘭の難色の前に暫定協定案の提出を断念し、代わりに日米開戦への突入を目的とするハル・ノートを日本側に手渡したというのが事の真相であった。

従って、ハル・ノートはハルの本意ではなかったが、周囲の情勢から国務長官としての職責上、提出せざるを得なかったものと位置付けられよう。ハルについては、一時は暫定協定案を作成して戦争回避の姿勢を示していたという事情は考慮されるべき余地はあるだろう。

【ハリー・S・トルーマンHarry S. Truman】［一八八四―一九七二］[*17]

一八八四年、ミズーリ州ラマーで生まれる。父ジョンは農業と家畜の販売を営んでいた。トルーマンは戦後唯一の大学に進学しなかった大統領であった。職を転々とした後でジャクソン郡の判事になった。一九三四年、連邦上院議員に当選し一〇年間在職した。民主党内の政治的妥協の結果、副大統領候補としてルーズベルトとともに一九四四年の大統領選挙に臨み、当選を果たした。翌一九四五年四月一二日、フランクリン・ルーズベルト大統領の急逝によって米国大統領に就任した。

トルーマンの戦犯容疑は、言うまでもなく原爆投下問題である。広島・長崎の一般市民の大量殺戮を目的とした原爆投下が「人道に対する罪」としての「ハ類戦犯（C級戦犯）」であることは言を俟たないが、さらにいっそう問題なのは、この時、日本側はソ連を仲介とする講和交渉を行うことを決定しており、正式の外交ルートを通してソ連側に打診している最中であったということだ。そしてトルーマンは、この日本側の戦争終結の意向を知りながら、原爆投下を実行したという事実である。

「戦争を終わらせるためにやむを得なかった原爆投下」という言い訳が欺瞞であったことは明らかである

う。一般市民の虐殺を狙った原爆投下は、和平が目的ではなく、原爆の大量殺戮の脅迫をもってする無条件降伏、すなわち日本国民の完全征服を目的とした悪魔の欲求にほかならなかったということである。[18]

このようなトルーマンに対して、どのような処断が下されるべきか、言を俟《ま》たないであろう。

【蒋介石】［一八八七―一九七五］[19]

一八八七年、浙江省奉化に生まれる。一九〇七年、日本の陸軍士官学校に留学。孫文と接し中国同盟会に入り、辛亥革命に参加。一九二二年広東軍政府に加わり、翌年大本営参謀長となり、ソ連視察。一九二四年黄埔軍官学校長。孫文の死後、クーデターを起こして権力を掌握し、一九二八年南京政府主席となる。北伐を完遂したのちは、共産党の討滅に全力を注ぐ。しかし一九三六年に張学良に身柄を拘束される西安事件にあい、国共合作による抗日戦の遂行を約束させられる。

中国南京政府総統であった蒋介石については、本書においてたびたび述べた。蒋介石の戦争犯罪は主として二つである。

一つは、盧溝橋事件という小紛争を拡大させて戦争を本格化させた罪。さらに日本側から提起した講和交渉をことごとく拒否して、終わりなき泥沼の日中戦争状態をもたらした罪である。

もう一つは、日米交渉の融和的解決を妨害して日米開戦に至らしめた罪。

第一の問題から確認しておこう。盧溝橋事件に関しては、本書第一部を始めとして繰り返し述べてきたので、ここでは詳論は避ける。基本的な点は、日本側は事件翌日に日本中央から参謀総長の命令を現地に伝え、事変の不拡大を指示し、現地日本軍も、これを受けて中国側と休戦協定を取り結ぶ方向で動いていたことから明らかなとおり、本事件は日本側の謀略でもなければ、この事件を奇貨として日中戦争を始める意図もなかったということである。

これに対して蒋介石の側は、盧溝橋事件を満州事変の発端をなした柳条湖事件と同様の、日本軍による謀略と見なし、満州事変の轍を踏まぬとばかりに一〇万規模の軍隊を北支へ送り込んできた。

この間、現地では日中双方とも自制の姿勢をとっていて、目立った戦闘は行われていなかった。それにもかかわらず、戦闘を扇動する蒋介石の演説が続くという不穏な情勢の中で、七月二五日の廊坊事件、同二六日の広安門事件が相次いで発生し、それらを機に日中の本格的な軍事衝突に至るという経緯であった。

その後の蒋介石の行動については第一部に詳述したとおりであり、トラウトマン工作をはじめとする日本側からの和平提案に対して、ことごとくこれらを拒否し、講和のテーブルにつくこともなく、政府と首都を相次いで奥地へと引き移すという愚を重ねながら、いつ果てるともなき泥沼の戦争状態に陥ってしまったのである。

そして蒋介石については、もう一つの戦争犯罪が存する。日米交渉を妨害して日米開戦に至らしめたという、より重大な戦争犯罪である。これも証拠が充分すぎるほどに確認されている。詳細は本書第一部に述べたとおりである。

蒋介石が日米交渉の妥結を妨害したのは、日米融和に落ち着くことによって中国問題が棚上げにされることを恐れたからにほかならない。しかし事情はともあれ、日米交渉を破壊して世界大戦に至らしめた事実は紛れもないことである。これほど「平和に対する罪」の戦争犯罪に該当するものもないであろう。

【ヨシフ・スターリン】［一八七九―一九五三］[*20]

一八七九年、ジョージア生まれ。若くして革命運動に参加。一九二一年党中央委員、一九二二年党書記長。レーニンの死後、一国社会主義論を主唱し、トロツキー、ジノビエフ、カーメネフ、ブハーリンらを退けて一九二〇年代末には党と政府を完全に掌握。三〇年代半ばから彼に対する個人崇拝の風潮が生まれ、大粛清によって多くの古参党員を処刑。一九四一年首相（人民委員会議長）となり、第二次大戦では国家防衛委員会議長、赤軍最高司令官を兼ね、一九四五年大元帥の地位に就いている。

一九四五年二月、黒海のクリミア半島ヤルタにおいてルーズベルト、チャーチルと会談をもち、ドイツ降伏後のヨーロッパ勢力図の設定について話し合うが、この時、ルーズベルトとスターリンとの間で裏会談がもたれ、いわゆるヤルタの密約が成立する。

ソ連が、日ソ中立条約の有効期限内にもかかわらず、これを蹂躙して日本へ侵攻するならば、日本の固有領土である千島列島（「北方四島」ではない。全千島列島！）をソ連に引き渡すという内容である。この密約に則って、ソ連は一九四五年八月、満州及び樺太・千島方面において一斉に侵攻を開始し、これによって日本は「敗戦」に追い込まれる。

日本は、確かにボクシング・リングのマットに沈んだ。しかしそれはこのような反則攻撃の連続（「人道に対する罪」としての原爆使用もある）の結果である。どうして、このような恥知らずな犯罪者たちが「勝利者」の名に値するだろうか。連合国側に戦勝国を語る資格などないということである。

スターリンは、さらにシベリア抑留という、より深刻な戦争犯罪を行っている。戦後、武装解除された日本軍兵士五七万余がソ連・シベリアに移送され、そこでシベリア開拓のための奴隷労働を強いられた。酷寒の中、食事も満足に与えられず奴隷労働が強制され、約五万の人々が同地で死没した（一説には一〇万人とも）。戦時捕虜の労務使役は、人道に反しない限りにおいてという条件の下、ハーグ陸戦法規において認められているが、シベリア抑留は戦争終結後の連行であって違法であり、その劣悪というもおぞましい悲惨な奴隷労働の強制は、かのユダヤ人の収容所におけるそれにも等しい獣行であり、原爆投下と並ぶ「人道に対する罪」に相当する。

これら諸点においてスターリンは、ルーズベルトと並ぶ、第二次大戦における最大の戦争犯罪者として弾劾され続けなければならないだろう。逆に言うならば、なぜ「東京裁判」においては、「人道に対する罪（ハ類戦犯、C級戦犯）」が独自に設けられることなく、「ロハ類戦犯（BC級戦犯）」という曖昧な形にまとめられたかの理由は歴然としている。「人道に対する罪（ハ類戦犯、C級戦犯）」をもし独自に設定するならば、それに該当する第一番目がルーズベルト・トルーマンによる原爆投下による広島・長崎市民三〇万人の虐殺であり、第二がスターリンによる元日本兵士五七万人のシベリア抑留と奴隷労働の使役であることは、何人の目にも明らかであったからである。

# 終章

以上、いわゆる「東京裁判」をめぐる問題を二部一三章をもって検討してきた。その結論を以下に、まとめておこう。

本書における「東京裁判」批判は、アジア・太平洋十五年戦争の歴史実態をめぐる従来の歴史認識に対する批判と、それを踏まえた「東京裁判」そのものに対する裁判論的批判の二重過程としてある。第一部で前者を扱い、第二部で後者を論じた。

## 1 歴史の実態認識上の問題

歴史実態に関する認識の問題としても、このアジア・太平洋戦争は、数多くの再検討を要する点をはらんでいることは第一部の各所において指摘したとおりである。ただ本書は、いわゆる「東京裁判」の誤謬を明らかにすることを課題とするものであるところから、ここでは、第一部に関しては第二部に直接関係する部分に焦点を合わせて要目のみ記すこととする。

## 1　満州事変をめぐる事実関係

満州事変が関東軍の謀略に出たものであることは明らかで、この点について疑いをさし挿む余地はない。そしてその首謀者が板垣征四郎と石原莞爾の両名であることも。

本事件について着目すべき点は、これがそれに先行した同型の謀略である張作霖爆殺事件との相違にある。ともに事件を機として軍事動員を行い、満州全域を制圧することを目的としたプランであった。相違は満州事変における軍事展開の特徴にある。この軍事動員は、緊急出動という形をとっている点が重要である。緊急出動とは、緊急事態に対応すべく出先の軍隊の司令官に付与されている権限に基づく軍事動員を指しており、中央の参謀総長の発する奉勅命令を待たずして出先の判断でなされるものである。

関東軍は満鉄の沿線警備を担当するところから、南満州鉄道の沿線区域、すなわち大連から長春に至る区域に対しては、関東軍司令官（本庄繁）の判断で軍事出動を命ずることは軍規に明記されていて合法であった。

この時は、満鉄の線路が何者かによって爆破されたという虚報を流して軍事出動を行ったのであるが、それでも本庄司令官は命令発出をかなり逡巡していた由である。軍隊の動員は天皇の統帥権に属する重要事項であるので、緊急事態という条件の下に許されているとはいえ、日本中央からの指示なくして軍事動員の命令を発することに迷いがあったようである。それを石原が強く申し立てて、本庄司令官に緊急出動を下令させた。

石原たちがこのような手法を用いたのは、張作霖爆殺事件を反面教師としていたからである。その時は、日本中央の指示や奉勅命令を受けて軍事展開をなすべく待機していた。しかるに、中央の態度はむしろ同事件を関東軍の謀略に出たものではないかとする疑義が支配的であり、現場への調査官の派遣と調査が厳格に執り行われた。

この状況こそ、満州事変において関東軍が緊急出動という形をとらざるを得なかった理由であった。関東軍の司令官本庄は、奉勅命令なしの出動に逡巡していたが、謀略の中心人物である石原莞爾が本庄に迫って、緊急事態における緊急出動は現地司令官に授けられた権限である旨を説いて実現せしめた。日本中央には事後報告がなされるのみであった。

しかしその現地司令官の権限も、南満州鉄道の終点である長春までであった。日本中央の政府も参謀本部も、長春に至るまでのエリアについては、現地司令官の裁量の内なので、当面、事態の推移を見守るという態度をとることとしていた。

昭和天皇については、一つには張作霖爆殺事件の際に明確な阻止の断を下したが、結果としてそれが首相田中の辞職と急死をもたらしたことが大きなトラウマとなっていたであろうこと、二つ目として、現地関東軍が巧妙に緊急出動の態勢をとり、天皇の裁可を必要とする奉勅命令を回避して行動を起こしたことから、なすすべがなかったというのが実情であった。

その後の満州事変をめぐる軍事行動と満州国設立の経緯については、本書第一部を始め本書の随所において論じてきたので、ここでは繰り返さない。満州事変が、柳条湖における鉄道爆破から始まって、それらが謀略であり、事変の全体が侵略的行動であることは否定しうべくもない。

## 満州国の現実

満州国の現実を直視するならば、満州国が成立した頃になると、各国の満州国承認が相次ぎ、国家承認ではないにしても国交と通商は世界の大半に及び、アメリカすらも日米諒解案の中で満州国の事実上の承認の立場をとっており、日中戦争問題の解決という条件つきではあるが、中国（重慶の蒋介石政権）に対して満州国を承認するようにアメリカは斡旋するという条項が明記されている程であった。

日米諒解案はアメリカの正式提案ではないから、アメリカが満州国を承認するような方向性をもっていたわけではないと主張する向きもあるが、正しくない。日米諒解案そのものは日米の民間人の間で作成された私案でしかないけれども、その成案の作成には日米両政府の高いレベルの人物たちが深く関与していたのである。

アメリカ側について見るならば、そもそもアメリカ人牧師のドラウトらの行動の背後には、ルーズベルト大統領の腹心と言われたウォーカー郵政長官がおり、成案作りが行き詰まっていると見るや国務長官ハルが関与してきて、成立にこぎつけたという事情がある。アメリカ政府はかかわりないというのは、とおらぬことであろう。

日米開戦の引き金をなすことになったハル・ノートですら、草稿段階の文章では日本軍の中国からの撤兵条件として、「満州を除く（without Manchuria）全中国からの撤兵」となっていた。日本に開戦を決意せしめるための最後通牒であるハル・ノートですら、満州国の存在は不動の地位を確立していたということが分かる。

ただ満州国の存在を認めると、受け入れ難い過酷な内容のハル・メートですら日本側は呑んでしまう恐れがあったので、ハルは「満州を除く」の語句を削り、ただ「全中国からの撤兵」とする最終文面のハル・ノートを日本側に突き付けたのであった。

以上により、満州事変の遂行と満州全土にわたる支配とは、今日の価値観では許されることではないが、事変発生時の国際的価値観に則って考えた場合には、必ずしも突出した犯罪行為とも言い難かった。万里の長城外に広がる満州の地は、無主空白の地、軍閥の割拠するアナーキーに近い状態であった。基本的には満州族の居住区域であって、歴代の中国王朝は中国領土から排除していたのである。満州族が中国本土を征服して清王朝を建国したことによって中国領土となったもので、漢民族の南京政府（中華民国）にはこの広大な満州の地に対する本来的な領有権もなければ実効支配の実績もなかった。

そもそも伝統的な漢民族の中国が、この地域に対して万里の長城を築いて、中国外の蛮族の居住する区域として扱ってきたという事実は歴然としている。それ故、ここに満州人である溥儀が皇帝となって満州人のための国家としての満州国を建設するというのは、充分に理由のあることである。それが、いかに日本の傀儡国家であるにしても、この計画を提示された時、溥儀はこれに同意し受諾したのである。

これらは日本側の謀略には違いないが、これをイギリス、フランスら欧米列強による侵略と植民地支配と比較した場合、はるかに穏当な方式と言わざるを得ないであろう。イギリスのインド支配に至っては、イギリス国王がインド皇帝となって全インド領を支配下に収めていたのである。

欧米列強の侵略活動が植民地化へと直結していたのに対して、満州の場合には、傀儡政権ながらも満州皇帝の統治する満州国という形づくりをしている。しかも五族協和という開放方針をとっている。これらは欧米列強がアジアを含む全世界で展開してきた、「侵略―植民地化―総督統治」という剝奪むき出しの支配に比して、はるかに控え目かつ良心的なものであったと評価されるのではないであろうか。

石原らが満蒙地域は日本の生命線と見なして満州支配を目論んだのは、あくまでソ連コミンテルンに対する防波堤としての役割を求めてのことであって、中国本土に対する領土的野心からのものではなかったということである。

## 2 「共同謀議」論の虚妄

「東京裁判」においてファシズム運動と認識された一連の事件と、段階発展的なアジア、太平洋地域の侵略に関する共同謀議なる容疑との関係について。彼らの間にいくらかの人的なつながりのあることは事実であるが、この時期の日本社会の中においてさまざまに計画されていたクーデターの内容も思想的な性格も、相互に大きく異なっており、これを「自己同一性をもった持続的な組織」に属する「共同謀議」と認定することはまったく歴史的事実に反する。

「東京裁判」で導入された「共同謀議（コンスピラシー）」の犯罪概念については、純粋に法的観点からも厳しくその違法性が指摘されなければならないが、被告人たちが同一組織ないしグループに属して、アジア・太平洋の征服計画を「共同謀議」したような事実は存しない。歴史の歪曲である。

## 3　日中戦争の真実

盧溝橋事件から始まる日中戦争については、これを日本側の侵略戦争と見なしてきた従来の歴史認識は、根本的に改められなければならない。旧来は、盧溝橋事件を満州事変と同様の、日本軍の謀略的行動と見なしてきたが、近年の実証精度の高い研究成果によるならば、そのような事実はまったく認められず、偶発的であれ計画的であれ、事件の発端をなす銃撃事件が中国側からなされた点については疑いない。もし、なおこれを日本側の謀略的行動と主張するのであれば、その根拠となる証拠資料が提示される必要がある。

次に、盧溝橋事件そのものは偶発的な事件であったにしても、それを奇貨として侵略戦争を始めたという展開はありうることであるが、その実否はどうであろうか。

これも本書第一部で検討したように、日本側の態度は抑制的であった。事件の発生した翌七月八日には、日本中央から現地司令官に宛てて、事変不拡大を命じる参謀総長命令が出されている。これにともない、現地の支那駐屯軍は休戦協定の締結に向けて動いている。

これに対して、中国南京政府は蒋介石が七月九日に、中央軍四個師団の北支への派遣を発令している。日本側は同一一日になって、近衛内閣の閣議で国内三個師団の派兵を決定するが、派兵の準備にとどめて派兵自体は凍結している。現地においても、中国側の第二九軍が停戦協定に応じたために、これで事件は終息するかに見えた。

しかるに、その後も小競り合いが北京各地で散発し、廊坊、応安門の両事件において組織的な攻撃が日本軍側になされた。この両事件については、状況的に見て、日本軍側に対する中国側からの一方的攻撃であることは明らかである。殊に廊坊事件については、日本軍は鉄道駅で架線の修復工事をしている時に包囲攻撃を受けているのであるから。

結局、この両事件とそれに続いて中国軍総数一五万強が迫りくるという不穏な情勢に対して、日本側も本格的な応戦に踏み切り、現地休戦成立を見守って半月にわたり凍結されていた国内三個師団の派兵を実施する。ただしこの場合も派兵の目的は、現地駐屯軍（約五〇〇〇名）と民間人の収容・撤退にあり、野放図な戦闘の拡大を禁じ、作戦限界線を北京南方の保定の地に設定して、その域内にとどめることを命じている。

これらの動きは、満州事変のケースと大いに様相を異にしており、盧溝橋事件から始まる一連の紛争を、日本の中国領土に対する侵略戦争とする認識は誤りであり、改められなければならない。歴史の皮肉と言うほかはないが、満州事変を画策し主導した石原莞爾が、この盧溝橋事件に際しては参謀本部作戦部長の要職にあって、事変不拡大、現地休戦協定の締結を強力に推し進めるという行動をとっていたのである。

盧溝橋事件の前に、現地の日本軍が北支方面の中国側司令官たちと協定をもって、北支を南京の中央政府から切り離す、いわゆる北支分離活動なるものを行っていたことから、その延長線上に本事件を位置付けて、一連の侵略的行動とする説明がなされてきた向きもあるが、盧溝橋事件では日本側の抑制的態度、事変不拡大の方針は明確であり、右の北支分離運動の動向とは明らかに矛盾している。

盧溝橋事件以後の日中戦争では、日本側は中国側に対して領土割譲要求はいっさい行っていない。これからしても、これらを同一視することが誤りであることが分かる。確かに、日本の軍部内にはこの事件を好機として領土的野心をあらわにする人間もいたことは事実であるが、しかしながら、それらは個々人の発言や思惑のレベルのことであり、日本国としての態度は事変不拡大で揺るぎはなかった。現地休戦協定も成立していたことであるし、そのまま収束していくはずの問題であった。満州事変とは、この点において根本的に異なっている。日本側に領土的野心があったのなら、現地休戦協定などまったく不要なことであったろう。

その後、事変は拡大して上海事変、南京攻略戦そして泥沼の全面戦争へと展開していく。その間に、日本側は中国側に対して講和提案や声明をたびたび発しているが、中国本土に対する領土割譲要求は、まったく見られない。日本側の要求事項としては、満州国の承認と中国における反日活動の取り締まりのみである。満州国の承認が得られるならば、講和に応じ日本軍は山海関の外、すなわち万里の長城外へ撤兵することが明言されていた。領土の割譲は要求せず、賠償も求めないとする立場をとっていた。南京が陥落した時、一時的に賠償要求が出されたことがあるが、後にはこれも撤回されている。

日中間の講和交渉で有名なのは、駐中国ドイツ大使トラウトマンを仲介者とするトラウトマン工作で、これは上海事変から南京攻略戦の間になされた本格的な和平交渉であった。この交渉案では、日本側がこだわっていた満州国承認の条項すら取り下げられている。満州国にこだわると中国側が逡巡してしまうことを配慮しての、日本側の大きな譲歩であった。もちろん賠償要求も領土割譲要求もない。戦争状態を速やかに収束させたいという思いからの譲歩であった。

ここまで譲歩したにもかかわらず、蔣介石はこの和平提案を流してしまったのである。トラウトマンらは蔣介石に対して、この和平案は中国側にとって過酷でもないし、また面子を潰すものではない、この機会を逸するべきではないと説得を重ねたけれども、蔣介石はこれらの和平努力をすべて無にしてしまった。当時、蔣介石の中国側は国際連盟にこの日中戦争を提訴しており、連盟において日本に対する懲罰動議の可決されることを期待していたが故の逡巡であった由であるが、まったく愚かしいことと言わねばならない。

国際連盟への期待というのは分からないことでもないが、トラウトマン提案との両面対応で臨めばよいだけのことである。国際連盟において日本懲罰の決定がなされるか否かは不明のことなのであるから。ところが無思慮にも、そしてつまらぬ面子にこだわって、蔣介石は引き延ばし戦術に終始する中でトラウトマン提案を無為に流してしまった。そしてまた、国際連盟の日本懲罰なども空無に終わってしまったのである。あとに何が残ったか。カオスのみである、もはや収拾不能の泥沼、底なし沼の悲劇が待つのみであった。

日本が侵略者呼ばわりされる余地など、いったいどこに存在すると言うのか。日中泥沼戦争の責任について、その大半の部分を蒋介石が負わなくてならないことは火を見るよりも明らかではないであろうか。

以上の経緯を眺めるならば、この盧溝橋事件から始まる日中戦争を、日本の侵略戦争と決めつけてきた従来の歴史認識がいかに誤っていたかということであり、そのような誤った認識を作り上げたものこそ、この「東京裁判」にほかならなかった。盧溝橋事件は日本軍の謀略に出たものとされ、それ以後の中国全土に拡大した日中戦争は、「共同謀議」によってあらかじめ策定されていた、満州征服に続く中国侵略の発展的第二段階として位置付けられてきたのである。いかに虚妄の図式であったかということである。

## 4　日米開戦

日米開戦については、今日ようやく、その開戦経緯が明らかとなってきた。テレビ、新聞などのマスコミにおいても、近代史の研究書や小説・読み物においても、その詳細が明らかとなってきた。その内容は第一部において詳述したとおりである。

実はそのような正しい認識は、近年になってようやく解明されたものではなくして、今から二〇年前、いやそれ以上も前から明らかにされていたのである。問題の要点は、本書第一部に記したように、一九四一年一一月、日米交渉の最終段階で日本側が提示した乙案（日本軍の南部仏印からの撤退と米国の石油禁輸措置の解除）をめぐる米国側の対応にあった。従来の研究では、この段階での乙案の提示は無意味なものとなってしまっており、日米関係を対日石油禁輸措置のなされた同年八月以前の状態に引き戻そうなどという脳天気な発想をしているから、日米戦争に突入するはめになったのだという形で切り捨てられていた。

しかし実際には、米国側は交渉の瀬戸際になって日本側乙案の受諾を決定していたのである。それが米側作成の暫定協定案であった。「南部仏印進駐の日本軍の北部への撤退と米国側の石油禁輸を解除する三ヶ月の暫定協定」という内容であった。

これについては、米国の戦争準備のための時間稼ぎであろうという議論もあるが、それならば中国・蒋介石がこれに猛烈に反対するということにはならないであろう。イギリスやオランダも強く難色を示していたのであるから。

それ故に、これは単なる時間稼ぎだけのものではなくて、現実に世界大戦が勃発するという瀬戸際に追い込まれた時、やはりアメリカ側にも自制、ためらいが生じたものと見るのが妥当であろう。この暫定協定案については連合国陣営内部に難色を示す向きも多く、大統領ルーズベルトも政府会議の場で日本はすでに戦争行動に入っていると言い立てていた（これは単なる日本の輸送船の航行を誤解したものであったが）。そして何よりも蒋介石の反対が強硬であった。ハルは、そこで対日輸出の石油を民生用に限定するという修正案に切り替えたのであるが、それでも蒋介石の反対は執拗であった。

ここに至ってハルは暫定協定案の提出を断念し、一一月二六日（米国時間）運命のハル・ノートを日本側に突き付けることになるのである。翌二七日、陸軍長官スチムソンからの問い合わせに対してハルは回答した。「私はもうこの問題から手を引いた。あとは、あなた（陸軍長官スチムソン）とノックス（海軍長官）の役割だよ」と。

このハルの言を受けて、米軍は同日、陸軍、海軍ともに太平洋地域に展開する米軍基地に対して、数日内（within the next few days）に日本軍の攻撃のある旨の戦争警戒警報を発していたことについては、本書第一部に詳述したとおりである。これが日米開戦の紛れもない実相である。日米開戦の戦争犯罪者を問うならば、それが誰になるかはおのずから明らかではないか。

『スチムソン日記』を中心としてこれだけ明確な証拠が残された以上、かの「東京裁判」なるものの欺瞞であることは動かしようもない。しかも、その「東京裁判」を軍事法廷方式として構想し、日本側首脳を戦争犯罪人として裁判にかけ、「戦争を始めた平和に対する罪」で処刑すべきであると提起したのが、ほかならぬ米陸軍長官スチムソンその人であったというのだから、これはもう絶句するほかはないであろう。

## 2　「東京裁判」の法律論上の問題

### 1　「東京裁判」の裁判としての欠格性［総論］

本書において紙幅を費やして、いわゆる「東京裁判」なるものの問題点を洗い出してきた。その結果として見えてくるものは、「東京裁判」がそもそも裁判の名に値するのかという根本的な疑問である。具体的に挙げるならば、「裁判所条例」の国際法上の無根拠性、証拠採用手続きの恣意性と杜撰さ、「A級戦犯」という用語の誤謬及び「A級戦犯」＝死刑判決の欺瞞、「共同謀議《コンスピラシー》」概念の違法性、裁判官構成の不当性、事後法（罪刑法定主義逸脱）の横溢、連合国側の戦争犯罪の不訴追、等々。

「東京裁判」なるものは、そのどこを見ても、このような、あからさまな不正、不当性によって彩られている。裁判とは公平原則の下、偏見・先入観なしに当事者双方の正否を判定するものであることを固く信ずる立場からするならば、これが到底、裁判の名に値しえないもの、裁判の外皮をまとった野蛮な処刑、私刑にすぎないものであることを断言するのに躊躇する必要を覚えない。

「勝者の裁き」という言説がある。「東京裁判」を「勝者の裁判」だから不当とする議論であるが、この種のタイプの議論もまた、実は「東京裁判」史観の強化につながっているように思われる。すなわち、この問題については、以下のような実際上の帰結をもたらしているからである。

一つのタイプの帰結は、確かに「勝者の裁き」という不当さはいなめないが、実態の認識としては日本が侵略戦争を行った事実はそうなのだから、手続き的にはおかしいかも知れないけれども、侵略戦争と「イ類戦犯」(「A級戦犯」)が裁かれた「東京裁判」は実質的には仕方ないのではないか、という想念に絡め取られてしまうということ。だいたい、日本人自身の手で、あのような厳格で系統立った裁判はできそうもないから、という思いもありそうである。

第二のタイプの帰結は、「負けたんだから、どのように扱われても仕方ないだろう」「その中では、比較的ましな裁判だったのではないか」といった感想の瀰漫《びまん》。

このように「勝者による裁き」という批判的言説は、実際には「東京裁判」の不当性の剔抉よりも、実質的な肯定作用の方を発揮しているのである。そして何よりもこの言説は、「東京裁判」が裁判であることを是認してしまっており、その面からも「東京裁判」を実質的に肯定する効果をもたらしてしまっている。

「勝者による」が問題であるのではなく、「裁判」を語ることが虚妄であり無効であることを明確にしなければならない。「東京裁判」の根本的な問題は、「勝者による裁判」、「事後法」による裁判だから不当であることではなく、これがそもそも裁判の名に値しないものというところにある。

「勝者による裁判」論も「事後法による裁判」論も、もちろん取り上げなくてはならないが、これらの議論は「東京裁判」が曲がりなりにも裁判なのだということを受け入れてしまっている点において、実質的には「東京裁判」と「東京裁判」史観を強化する作用を果たしていることに留意されなければならない。

「東京裁判」なるものは、戦争時の日本の指導者たちを「裁判と正義の名による処断」という形をとって処刑することで、日本国民に対する犯罪者意識の刷り込みと、完全なる服従、その精神的支配を目的とした占領政治の一つにほかならなかった。その呪縛は、実に七〇年後の今に至るまで強く作用している。その意味では、「東京裁判」なるものは見事にここまで、その使命を果たしえてきたと言ってよいかも知れない。

## 2　裁判所条例の恣意性

裁判所条例は「東京裁判」の構成と運営に関する規定である。これから「公正な裁判」を行い、戦争責任がどこにあるかを明らかにすべき裁判を行うというのに、その裁判のルールを交戦当事国の一方の側の軍事司令官が制定しているという事実。これで「公正な裁判」が実現しうると考える感覚が、すでにして狂っているとしか言いようがない。今日のわれわれの感覚からすれば、ありえないことである。しかしそれは、マッカーサーの名で制定され、公布されている。

第二次大戦終結時の異常な興奮状況、報復感情につつまれていた当時の世界では、このような異常なことも異常なこととも思われず、当たり前のように横行していたということなのであろう。

裁判所条例は、その制定・発布があからさまに連合国側の手によってなされている点において、公正な裁判を運営する規則としては失格なのであるが、さらにその条例の内容に至っては恣意と杜撰のきわみをなしていると断ぜざるを得ない。

殊にその第十三条、証拠の認定に関する条項は、本条例の性格を如実に示している。曰く、「証拠能力 本裁判所ハ証拠ニ関スル専門技術的規則ニ拘束セラルルコトナシ。本裁判所ハ迅速且ツ適宜ノ手続ヲ最大限度ニ採用且ツ適用スベク、本裁判所ニ於テ証明力アリト認ムル如何ナル証拠ヲモ受理スルモノトス。」

一見、目を疑うような文面である。死刑裁判を行おうというのに、証拠の効力をめぐっては、文明諸国の刑事訴訟法で厳格に定められているような基準にとらわれる必要はない。迅速にして合目的な裁判を遂行することを目指すべきであり、裁判官（全員が連合国側出身者によって構成されている）が証明力ありと認めたものはすべて証拠として採用する。

被告人が命令したり、単に容認したと言われていることでも、それを証言するものがあればすべて証拠として採用する、等々。証言の裏付けとなる物証の確認作業も、伝聞情報か否かの吟味もなく、証人の適格性についての検討も不十分なままに、被告人を死刑に追い込むのに有効な「証拠」「証言」が、このようなやり方で掻き集められていったのである。

## 3　裁判官構成の不当性

「東京裁判」なるものが、裁判の名に値しない不公平なものであることは、中学生程度の頭脳をもってしても一目瞭然である。裁判官構成の偏頗、不公正は、その最たるものであろう。本書の中で述べたことであるが、それはヤンキースとドジャースの試合に際して、審判団を全員、ヤンキースの関係者から出すというに等しいことをやっているわけなのだから（ついでに言えば、その試合のルールもヤンキースの剛腕オーナーが決めているということであろう）。これほどに、あからさまな不公正、不当もないものだろう。

「東京裁判」の裁判官全員は、事前に不偏公正を厳守する誓約を行っていたから問題ないということであるが、しかしヤンキース関係者の審判団が同様の誓約を行っていたからといって、ドジャースとの試合が公平に実行されると考える人間がどこにいるだろうか。

「東京裁判」はベースボール・ゲームとは違う！という声が直ちに聞こえてきそうである。しかり、確かに違う。一方はボールを投げて、バットで打って得点の多寡を競うのみ。しかし、こちらは人に犯罪者の烙印を押し付け、投獄し、絞首刑に処するという人間の尊厳と生命にかかわる重大問題を取り扱っている。判定をめぐる公正さの厳密が求められる程度は、ベースボールの比ではないはずである。

不偏公正の厳密さを唱えるのであれば、中立国出身の裁判官を入れればよいことである。しかし「東京裁判」は、ただの一人たりとも中立国の裁判官を入れることはなかった。日本側弁護人ジョージ・ファーネスはこの点を事前動議で指摘し、中立国の裁判官を入れることを求めたのであるが、何らの理由説明もないままに却下されてしまっている。

ここにおいて「東京裁判」は、その裁判としての公平性と正当性を自ら放擲したと言わなければならない。それは中立国の人間を判事に入れることのできない裁判であった。それにしても、人ぐらい中立国の裁判官を入れておいた方が、裁判の公平原則の外観が保たれることから適切に感ぜられるはずであるが、いっさい入れていない。

これは、この裁判なるものの成立がかなりきわどいものであることを物語っているわけである。すなわち本書に見たように、「イ類戦犯」＝「平和に対する罪」の被告人たちを死刑にもっていくためには、訴因五四、五五を駆使した、かなり手の込んだ手法、ほとんどこじつけ同然のストーリーを作り上げていかねばならなかったという事情から、検察陣と多数派判事団との間で綿密な打ち合わせの下に、その「立証」手続きを進めなければならなかったからである。

公平で正論を述べるであろう中立国出身の裁判官を交えることは甚だ不都合であり、被告人たちを裁判で死刑に処するという形がとれなくなるリスクがある。場合によっては連合国側の同種の行為が訴追の対象となり、戦犯処罰される恐れがあったが故にほかならないであろう。

特に世界中に植民地を形成し、住民抑圧を長きにわたって続けてきたイギリスは、戦犯裁判という構想に危惧の念を覚えていた。チャーチルは、戦犯裁判に強く難色を示しており、裁判ではなく日独首脳たちの即決処刑を主張していたのも、ここにかかわることであろう。事情はフランス、オランダも同様であった。

アメリカも、フィリピンなどを植民地としていたが、対日戦争協力を求めるために、戦争終期にフィリピンを独立させる方向性を表明していたので問題はなかった。

アメリカは英仏蘭らを説得する必要からも、この戦犯裁判が連合国側に決して跳ね返ってこないように構成しなければならなかった。それ故に、公平かつ公正な審理を求めるであろう中立国の裁判官は決して入れてはならなかった。ただの一人たりとも入れてはならなかったのである。

かの大戦が侵略戦争か自衛の戦争かの認定は、その本質にかかわる最重要の問題であり、その認定如何によって戦争犯罪を中心とする自余の諸問題の評価はいわば自動的に決定されていくといってよいほどに枢要のものである。

それ故に、それを決定した「東京裁判」のあり方が決定的に重要になってくる。「東京裁判」の判事団がすべて連合国側の人間によって占められていることの意味が、そこで明らかとなる。ただ一人ですら中立国の裁判官を交えたならば、直ちに行き詰まってしまうという事態の意味するものは何か。それは、そのような裁判官を排除することによって辛うじて到達しえた結論、それはとりもなおさず「東京裁判」の現実の判決なのであるが、それは薄氷を踏むことによってようやくにしてたどりついた結論であるということ。すなわち、ただの一人であっても中立的裁判官が交っていたならば到達しえなかった帰結であることを物語っている。

ただの一人ですら中立国出身の裁判官を受け入れなかったことのもつ意味は非常に重い。それは「東京裁判」が下した判決なるものは、正常で公平な裁判が行われていたならば、到底、到達しえないような判

決であることを逆証することになっているからである

## 【補注】裁判官構成不当問題はなぜ取り上げられなかったか

ところが不思議なことに、この「東京裁判」の存在根拠を危うくする裁判官構成の不当問題について、これを正面から取り上げて論ずる論著があまり見当たらないというのが現状である。これを本格的に論ずるのは、『東京裁判—勝者の裁き—』を著したリチャード・マイニアぐらいのものである。それ以外の論者は、「裁判官の構成には問題もあるかも知れないが…」という一文だけ入れて、そのまま素通りといった状態である。これに深入りしたら、「東京裁判」研究はそこで幕を下ろさねばならなくなってしまうからなのであろうか。

一般的に言って、「東京裁判」に否定的な論者は、そのほとんどがパール判決の事後法論を持ち上げることに終始して、裁判官構成に対する言及は甚だお座なりである。「そのような「枝葉末節」な議論をやらずとも、パール事後法論という堂々たる議論があるのだから、それで充分であろう。余計な議論にかかわって、事後法論の有効性を妨げては有害である」とでも感じているのであろうか。

裁判官構成の不公正問題は中学生レベルの頭脳でもって充分に理解可能な議論であるが、それでも真実は真実、真理は真理である。「東京裁判」問題の核心は、この裁判官構成の不公正、不当性にある。これを決して副次的な問題として取り落としてはならない。

「東京裁判」における裁判官構成不当問題は、これまでパール事後法論議の脇に追いやられ、さらに事後法論議のもたらすパラドックス効果によって、日本＝侵略者論は不動の姿を呈するに至り、裁判官構成の不当性などは取り上げるにもあたらない「些細な法律論議」として押し流されるという歴史をたどってきたのである。

## 4　軍事法廷としての「東京裁判」

裁判官構成の問題を検討してくるならば、「東京裁判」に見られるさまざまな致命的な歪み―裁判官構成の不公正さ、裁判所条例の恣意性、証拠確認や立証過程の杜撰さ、上訴権の不在、連合国側の戦争犯罪の不問、等々―といった性格は、この「東京裁判」なるものが、軍事法廷military tribunalとして位置付けられていたという点に帰着することが分かる。

「東京裁判」は正式には、極東国際軍事裁判所 The International Military Tribunal for the Far East と呼ばれ、それは military tribunal すなわち軍事法廷としてある。一般的な通念としては、戦争犯罪を扱うのだから軍事法廷であるのは当然と受け止められているようである。受け止められているから、その方式に異議を申し立てる向きがほとんどなかったのであろう。

実は、軍事法廷というのは裁判の類別の一つであり、通常われわれがイメージしている公平、公正な審理運営と判決が下されることが期待されている一般の裁判とは異なり、戦時下での戦場において、敵軍捕虜のうち交戦法規違反などの戦争犯罪を行った者を処刑し、重罰に服させることを目的とする裁判様式の外観をもった刑罰決定のための会合を指している。戦前の日本では「軍律法廷」と呼ばれ、アメリカでは「軍事委員会《ミリタリー・コミッション》」と称していた。

軍事法廷はまた、軍法会議と混同されて誤解されてもいるけれども、両者は別物である。軍法会議は、自国の将兵の規律違反を問い、処罰するための法廷であるが、軍事法廷は戦時下の戦場において敵軍捕虜を処罰し、処刑することを目的とする。戦場において、禁止されている残虐兵器を用いたり、一般人を戦闘に動員してゲリラ活動などを指揮している者が捕虜となった時に催される特殊な法廷である。

右のような者は即決処刑されても致し方ないところであるが、他方、ハーグ陸戦条規やジュネーブ条約などで捕虜の殺害は禁止されていることから、直接の処刑はできない。そこで名目だけの法廷を開催して、裁判をした結果、死刑判決が出たので処刑するという形づくりをしているのである。要は処刑目的のための擬似裁判である。このようなことは好ましくないし、国際法上の根拠も存在しないが、戦場における必要悪として慣例的に認められていた。敵軍に対して、正しい戦闘ルールを守らせるための強制措置ということである。

そのようなことであるので、検事も裁判官も、すべて捕虜を捕獲した側の軍の人間。そして当該捕虜を処刑するのが目的の外面裁判なのだから（処刑しないのであれば、単に捕虜収容所に入れておけばよいだけのことである）、証拠調べも厳密である必要なし、使える材料は何でも使い、審理はできるだけ早く、裁判官の心づもりだけで運営できる、というのが軍事法廷の姿である。

要は、捕虜の即決処刑と変わりなく、ハーグ、ジュネーブ両条約に抵触しないように捕虜処刑を行うための方便といったところであろうか。そしてまた捕虜に対する訴追事由は本来の戦争犯罪の容疑、すなわち交戦法規の違反、捕虜虐待・処刑、占領地人民に対する虐待、スパイ行為などの事案である。

このような戦場における例外的な法廷、捕虜処刑を目的とした外面裁判が軍事法廷なのである。「東京裁判」では、このような戦場における例外的な法廷方式が用いられていた。「東京裁判」開催の時期は戦争はすでに終結している。交戦法規に則った正しい戦闘ルールの遵守を敵軍に強要しなければならないような状況は、すでに消失しているのである。そして公正で公平な裁判を開催できる条件も環境も整っている。それにもかかわらず、この場違いな戦場の法廷方式が強行されたのである。

「東京裁判」に歪みが生じないはずがなかろう。それは軍事法廷が備えている違法性をことごとく引き入れているのみならず、さらに恐るべきことに、「平和に対する罪」という戦争を開始したことを戦争犯罪とするという逸脱規定まで持ち込むというのであるから、ただただ言葉を失うのみである。軍事法廷というのは、すでに戦争状態に入っているという状況を前提にして成り立つものである。それは、そもそも戦争を開始した罪を裁定する立場にない。別言するならば、「平和に対する罪」が事後法であるか否かにかかわりなく、そもそも軍事法廷にとって「平和に対する罪」＝戦争を開始した罪は管轄外のことだということである。

軍事法廷という違法性に満ちた裁判方式がとにもかくにも国際的に許容されているのは、戦場における交戦ルールを無視した無軌道な戦いを防止するという必要性からのものであり、かつ戦時下の戦場という事情から中立的で公正な裁判官構成もとれず、証拠資料の調達もままならないことから刑事訴訟法が求めるような厳密な立証は不要とされているのである。

かの「東京裁判」というのは、このような意味での軍事法廷であったということである。「東京裁判」の絶望的なまでに歪んだ性格は、すべてこの軍事法廷という、連合国側に都合のよい裁判もどきの催しに由来していたのである。「東京裁判」の裁判所条例が杜撰のきわみであり、その証拠取り扱い規定の、あからさまな恣意性の明文化に驚かされたのであるが、これらは戦時中に各地で米軍が行ってきた軍事法廷の運営マニュアルを持ち込んできたことによっているのであろう。

　このように軍事法廷なるものは実質的には即決処刑にほかならず、ただ裁判の外面を糊塗することによって、辛うじてその存在が許されているものであるが、そのような違法すれすれの存在が許容されているのは、ただ以下の条件の下においてのことだということである。すなわち、第一に戦時下の例外的状況にあって、正規の裁判を開催する環境が備わっていないこと。第二に、そこでの訴追事案は語の厳密な意味での戦争犯罪、すなわち交戦法規違反、捕虜虐待、住民虐待、スパイ行為などに限られるということ、このような限定条件の下でやむを得ず許容されているのが軍事法廷である。

　このような軍事法廷は、ハーグ陸戦法規第三款「占領」の条項によって根拠付けられていると主張されているが、ハーグ法規にそのような軍事法廷についての是認規定など存在しない。むしろハーグ法規は、敵地の占領にあたっては占領地の従来からの法と慣行を、できるかぎり尊重しなければならないことを規定している。

　すなわち、この司法的正義にもとるような軍事法廷方式を合法化する法規定も取り決めも存在していないのであって、ただ旧来の慣例として行われていただけのものである。戦時下での必要悪として。

　以上の点を確認するならば、「東京裁判」において軍事法廷方式が採用されたことが、いかに犯罪的であり、詐術に満ちたものであるかを理解することができるであろう。「東京裁判」の行われたのは、戦争終結後であって中立的裁判がまったく問題なく開催される時期であったこと。次に、このような軍事法廷における訴追事由として、戦争を開始したことを戦争犯罪として取り上げるなど完全な管轄外の逸脱であり、犯罪的な逸脱と言わなくてはならない。

これは軍事法廷なるものの、戦時下という限定された状況ゆえに容認されている例外特性を悪用した犯罪だということである。この戦時下での特例として慣習的に認められている軍事法廷は、ただ戦場における交戦法規違反など正規の戦闘行動にとって障害となる事案を裁くものであって、戦争を開始した行為そのものを裁定しうる権限も資格もないのである。

戦争を開始した罪、すなわち「平和に対する罪」は犯罪類型として定立することはできるが、それを管轄しうるのは、交戦双方の当事者から独立した中立裁判のみである。交戦双方の一方の側がこの種の裁判を担当したならば、その判決が誤ったものになることは火を見るよりも明らかなことではないか。「東京裁判」が誤れる裁判であり、その判決が誤れる判決となることは必然であったと言わなくてはならない。

戦争犯罪問題を「平和に対する罪」まで含めた上で、これに対して真に公平で公正な裁判を実現しようとするならば、以下の三条件は不可欠と考える。すなわち第一に、判事団が交戦国双方から中立的な諸国の出身者によって構成されること、第二に、死刑判決までを包含する以上は、証拠認定を中心とする訴訟手続きを刑事裁判並みに厳格に規定すること、第三として、上訴の権利を設けておくこと、である。

これら三条件は、公正にして公平な裁判運営にとって必須不可欠のものであることは言を俟たないであろう。しかしながら、かの「東京裁判」なるものは裁判を名乗りながら、一般の裁判を構成する最低必要事項である、これら三条件の一つたりとも満たしていない。

「東京裁判」は何ゆえに、この基本三条件の一つも充たすことができないのであろうか。それはこれら三条件の一つでも充たしてしまうならば、被告人たちを思い通りに死刑、重罪に処することができなくなるということを示唆している。

そしてそれのみならず、成り行き次第では連合国側の戦争犯罪が次々に明るみに出されてしまい、果ては日米開戦時における戦争誘導の謀略やヤルタの密約まで暴露されて、「戦勝」という事実認定すら揺らぎかねないという事態に追い込まれるかも知れない恐れがあったが故にほかならない。

しかし、ここに誠におあつらえ向きで便利な裁判類似の方式があった。「軍事法廷」という方式である。この「軍事法廷」方式では、交戦相手国の捕虜に対し一方的に訴追することができる。検事役のみならず、裁判官全員も占領軍によって構成される。証拠確認手続きも裁判運営も適当で構わない。上訴の必要など問題にもならない。もちろん、自分の側の犯した戦争犯罪はいっさい不問で押し通すことができる。それが軍事法廷なるものの本性であった。

連合国側は、彼らにとって誠に好都合なこの軍事法廷という方式を、「ニュルンベルク裁判」及び「東京裁判」に際して導入したのであった。それは戦時下の例外的状況においてではなく、平和が回復されて正式の裁判開催が可能な状態であるにもかかわらず、そして管轄対象も、通例の交戦法規違反だけでなく、軍事法廷がそもそも対象とはしない、戦争を開始した行為を犯罪と断定して、これを遡って満州事変の昔にまで適用するという枉法のきわみのようなことを強行したのであった。

このような狡知を働かせた人物こそ、アメリカの陸軍長官のスチムソンであった。彼は枢軸国側指導者の処刑に際して、イギリスのチャーチルなどの要求する即決処刑ではなく、裁判方式による処刑を強く唱えており、そしてその裁判方式の実行に際しては軍事法廷方式を採用すべきことを主張していた。結局、このスチムソン提案が「ニュルンベルク裁判」「東京裁判」においても採用されたということである。

チャーチルたちが裁判方式を嫌ったのは、裁判方式では時間がかかるという事情のほかに、より深刻なことには、ドイツや日本の行為を裁判にかけた場合には、連合国側の類似の行為、欧米列強が過去に行ってきた植民地形成にともなう侵略戦争も、弁護側の反論の中で暴かれる恐れのあること、また第二次大戦中だけに限ったとしても、連合国側の犯した数々の戦争犯罪―英仏のなした対ドイツ宣戦布告（第二次大戦を開始した罪）、ドレスデン空襲をはじめとする無防備都市に対する無差別の大量虐殺、広島・長崎への原爆投下、ヤルタの密約による国際条約の蹂躙と侵略戦争の開始、ソ連軍による日本兵のシベリア抑留と奴隷使役、ソ連兵士たちの日本人・ドイツ人女性に対する常軌を逸する大規模なレイプ、等々。

ところが、軍事法廷の方式では、便利なことにそのような危険から連合国側はすべて解放されることとなる。チャーチルたちも、この軍事法廷なるものの秘儀を聞かされ安堵して叫んだことであろう。「ならば、裁判方式で行こう！」と。

「東京裁判」の欺瞞性とは、このようなものである。それはつまるところ被告人とされた人々に対する即決処刑と変わりのないものであった。しかし、ただ即決処刑したのでは、戦勝国はただ力ずくで勝ったにすぎないことになり、また敗戦国側に復讐感情を植え付けることになってしまう。

そこで裁判の外観をとって、処刑予定の人間を戦争犯罪の被告人として位置付ける。彼らを公開法廷の場において、犯罪者として指弾し、その犯罪性の故に死刑、重罪に処せられるというストーリーを作り上げ、マスメディア等を通して広く敗戦国及び世界の人々の脳裏にそのストーリーを深く刻み込み、被告人たちが行ってきたことは犯罪行為であり、それ故に死刑、重罪に処せられるのは当然のことなのだという思いを浸透させていった。

敗戦国の国民は、それら犯罪者たちの加担者であり、戦争中に相手国側からこうむった甚大な被害も罪の報いとして諦めるほかはないという感情が支配することになる。翻って、これら犯罪者たちを究明し、刑罰を執行する連合国の関係者は正義の実現者であり、従って彼らが戦争中に犯したさまざまな逸脱行為や交戦法規に違反する戦争犯罪行為はすべて「必要悪」として罪が阻却され、裁判の対象から除外されるという次第である。

「東京裁判」は、通例の軍事法廷ならば戦時国際法への違反のみを管轄とする限定された裁判類似行為であるはずなのに、その限定を無視して、戦争にかかわるあらゆる問題分野を野放図に対象とし、しかも事後法を乱発して顧みないことによって司法制度そのものを破壊し、裁判を政治化してしまったのである。「東京裁判」なるものは、この面からの批判をも受けなくてはならないであろう。

## 5　「A級戦犯＝死刑」論の虚構

「平和に対する罪」をもって死刑に処することの是非は、ニュルンベルクよりも「東京裁判」において、その問題性を鮮明にしていたということができる。日独の首脳を処刑するにあたって、「平和に対する罪」をもってするという結論は決まっており、そのために「ニュルンベルク裁判」及び「東京裁判」が催されたのであるが、ただその結論にもっていくための手順がなかなか難しかった。

当時の国際法の通念からするならば、戦争犯罪として処罰の対象となるのは交戦法規違反や捕虜虐待などに限られていて、侵略戦争であれ自衛戦争であれ、戦争を発動することそれ自体は戦争犯罪とは見なされていなかった。一九二八年のパリ不戦条約が、紛争の解決に戦争という手段を用いることを禁じていたが、これに違反したからとて、それが戦争犯罪になるとは世界の国際法学者たちは（コミンズ・カー検事が執拗に引用していたイギリスのストウェル一人を除いて）、誰も見なしていないし、まして死刑で処断するなどとは言語道断であった。

そもそもそんな論理がまかり通るのであれば、一九三九年九月にドイツに宣戦布告して第二次大戦を始めた英仏両首脳は死刑に処せられなければならないということになってしまう。日本の宣戦布告は犯罪だが、英仏の宣戦布告は正義の戦いだというのは、あまりに恥知らずな二重基準《ダブルスタンダード》でしかないであろう。下手をすれば、元首相のチェンバレンのみならず、宣戦布告を裁可した国王ジョージ六世までもが戦争犯罪人として訴追されかねないということである。「東京裁判」が標榜していた「公正なる裁判」の観点からするならば、それは不可避なのではないであろうか。

そして他方では、「平和に対する罪」を死刑相当の戦争犯罪と措定することは罪刑法定主義に反する事後法であり、無効であることは一目瞭然という難問が存在している。

これらのアポリアをいかに抜け切るか、これが連合軍側が頭を悩ませたところである。イギリスのチャーチルは裁判方式は無用であり、日独首脳の即決処刑で片付けるべきだと主張していた。アメリカ政府内でも財務長官モーゲンソーらのグループも即決処刑論であった。それを裁判処刑論へと強引にもっていったのが陸軍長官のスチムソンらの勢力であった。スチムソンは、前述の軍事法廷という手法を用いるならば、いっさいの面倒な問題は力でねじふせた上で、しかも外観的には裁判の結果として、正義の名の下に日独首脳を処刑できることに自信をもっていたようである。

しかし、それであっても「平和に対する罪」で被告人たちを死刑にすることには、なおためらいがあった。パリ不戦条約に違反すると言っても、一方では不戦条約違反は死刑をもってする戦争犯罪と見なしうるかという問題があり、他方では同様の違反は対独宣戦布告を行った英仏首脳にも認められるのであるから、それだけで日独の首脳を死刑にするには大いなる無理があった。

そこで複合訴因というアイディアがおのずから生じてくる。そしてドイツの場合は考えるまでもないことであり、「平和に対する罪」以前に、ユダヤ人の大量虐殺というより重大な事案が現実に横たわっていた。

つまり「平和に対する罪」が戦争犯罪か事後法か、死刑相当か否か、などという問題を考えるまでもなく、数百万と言われるユダヤ人大量虐殺の故をもって、ドイツ首脳が死刑に処せられるのは当然だという常識が、戦後世界においては圧倒的であった。ユダヤ人収容所の惨状が次々に明らかにされる中では、議論はほとんど無意味にすら思えた。

その罪案「人道に対する罪」（C級戦犯）については、それが事後法にあたるか否かを論ずるのは一部の法実証主義者のたわごとにしか聞こえなかったであろう。それだけの大量殺戮を前にして、民族消滅を禁ずる法律がそれ以前に制定されていなかったから無罪だという議論に同意する人間は、いったいどこにいただろうか。

すなわち、ユダヤ人抹殺を目標に掲げていたナチ党の幹部たちが、死刑に処せられることに疑いをさし挿む人間は皆無であったろう。いわば当然の報いという感覚が支配していた。そしてこのような状況こそが「ニュルンベルク裁判」を開催した者たちにとっては、望むところであったろう。すなわち、そこへ「平和に対する罪」（A級戦犯）を複合訴因として併合しておく。そうすると被告人たちは「平和に対する罪」でもって有罪とされ、そして死刑に処せられたという実績と判例が形成されることになる。こうして「ニュルンベルク・ドクトリン」なるものが形成されていくのである。

さて「東京裁判」である。ここでは「ニュルンベルク・ドクトリン」によって「平和に対する罪」＝死刑という原則が所与のものとされている。しかしここには、ナチ党の行った系統的なユダヤ人虐殺のようなものは存在しない。戦争の敗北の責任をとって日本人首脳たちが死刑にされるのは当然といった感覚は、当時の日本国民も含めてあったろうが、その根拠は日本及び諸外国に大災厄をもたらした戦争を引き起こしたという点に集中していく。捕虜の虐待、虐殺の報告は多数なされたが、これはそれぞれ海外の現地で行われたことであり、しかもそれらの現地責任者たちは現地裁判で、次々に処刑されていた。中央にいた日本首脳が、大量殺戮を系統的に指令したというような事実は存在していない。

こうして問題は、大戦争を引き起こしたという事実そのものに集中していくこととなる。「平和に対する罪」＝死刑論の問題は、実はドイツではなく「東京裁判」で真正面から取り組まれることとなる。「ニュルンベルク裁判」では陰に隠れていた重大問題が正面に立ち現れてくる。

この意味において、「東京裁判」は「ニュルンベルク裁判」の地方版でも二番煎じでもないということである。ドイツでは、どさくさに紛れてほとんど軋轢もなく通過した問題であったが、ここ日本では逃げも隠れもできず、この問題と正面から取り組まざるを得なかったということである。

「平和に対する罪」だけであるならば、当時の世界の観念では終身禁固が限度となる。すなわちセント・ヘレナ島に生涯島流しとなったナポレオンの先例を踏襲することとなる（実際、「ニュルンベルク裁判」「東京裁判」は、ナポレオン裁判を先例裁判の一つと明示している）。それを超えて死刑に処するというのは、明確な事後法となってしまう。

だが死刑にしなければならないのだ。「ニュルンベルク裁判」で〝「平和に対する罪」＝死刑〟という「ニュルンベルク・ドクトリン」は確立されているはずなのだ。しかるに「東京裁判」において死刑判決が下せないとなると、この「ニュルンベルク・ドクトリン」に重大な障害が認められることとなり、「ニュルンベルク裁判」の被告人たちが死刑に処せられた根拠は、「平和に対する罪」ではなくて、ユダヤ人大量虐殺にあったことが明るみにさらされてしまう。

他面、「ニュルンベルク裁判」の判例を「東京裁判」に適用するという論法で解決できそうなものだが、それも不可である。日本の戦犯裁判開催の根拠は、四五年七月に発せられたポツダム宣言を日本側が受諾したことにあるのであるから、「東京裁判」では「ニュルンベルク裁判」の判例は適用されない。そして「東京裁判」には、被告人たちを死刑を追い込む根拠として、ユダヤ人問題という問答無用の絶対根拠というものが存在していない。

そこで〝「平和に対する罪」＝死刑〟論が、余計な夾雑物なしに正面から取り扱われざるを得なくなるのである。検事陣及び多数派判事団が緊張し、苦慮せざるを得なくなった所以である。

いかにして事後法の非難をかいくぐり、そして「C級戦犯（人道に対する罪）」の助けなくして「平和に対する罪」で被告人たちを死刑にもっていくか。「ニュルンベルク裁判」では、ユダヤ人収容所の惨状を次々と写真で公開すれば、ナチスの「戦争犯罪」にかかわるすべての問題が簡単に解決したものが、ここ「東京裁判」ではそうはいかなかった。「平和に対する罪」は戦争犯罪として定立しうるのか、さらにそれを死刑をもって処することは許されるのかという、本質的な問題と正面から取り組まなくてはならなかった。「東京裁判」が二年四ヶ月という「ニュルンベルク裁判」の期間を大幅にこえる時間を要したのは、この本質的な問題をめぐって検事・判事と弁護団とが、その攻防に鎬を削ったが故であった。

しかしながら、「平和に対する罪」で死刑を宣告することが無理であることを悟った検事・判事団は、迂回作戦に出る。ここでは、ユダヤ人虐殺のようなものではなく、通常の戦争犯罪である捕虜虐待、住民虐待（ロ類戦犯、ハ類戦犯。いわゆる「ＢＣ級戦犯」）を複合訴因として導入し、この通常の戦争犯罪の故をもって死刑に処するという手法であった。

その狡知、狡猾さに舌を巻くばかりであるが、日本中央にいた被告人を、はるか遠方の東南アジア方面で発生していたとされる捕虜虐待や住民殺害などの案件と結び付けるべく、「国家高官責任」及び「不作為責任」という新たな法理を案出してきて、それでもって死刑の法的根拠を形成するという手の込んだやり方であった。死刑になった被告人の訴因には、必ず訴因五四（国家高官としての命令責任）ないし同五五（不作為責任）が含まれていることが、そのことを表している。

ただし、この作業は困難をきわめることとなる。ナチ党首脳たちの行ったユダヤ人抹殺行為は、ナチ党の基本政策として掲げられ、系統的・統一的に実行されているから、いわゆる「共同謀議」論によってナチ党の党員や関係者は自動的に「人道に対する罪」に問われることになり、疑問の余地なく死刑や重罪に処せられる。量刑ぐらいが問題なるくらいであろう。

だが日本人被告人の場合には、そのような系統的で統一的な民族抹殺政策はないのであるから、被告人の一人一人に即して「ロハ類戦犯」を押し付けていかなければならない。特に死刑に処すべくあらかじめ予定されている被告人については、それに結び付ける事案を必ず探し出してこなくてはならない。東南アジアや中国という遠隔地で起こっていたと言われている捕虜虐待事件などを、日本国内にいた被告人たちの命令によるものとして関連付けなければならない。その作業たるや艱難をきわめ、涙ぐましくもある営みであったことが理解されるであろう。

「ニュルンベルク裁判」に比して「東京裁判」が異常に長い年月を要し、弛緩の日々であったと伝えられるのもムベなるかなである。被告人たちを死刑に導くための不可欠の営為であった。悪辣であり無理筋ではあるが、検察陣はそれなりに合法性の筋目は通そうとしていたということである。

ただし、合法性の論理的整合性ないし方程式はよく構成されていたと評されるであろうが、その運用と適用の実際は杜撰のきわみであった。本文でも提示した武藤章のケースは、その最たるものであろう。彼に対する訴追には、マニラ虐殺事件への関与が訴因として含まれていた。同事件は現地の軍事法廷において、日本軍司令官山下奉文が責任者として死刑に処せられたものであるが、武藤は同法廷において山下の弁護側証人として出廷したのみであって、何ら訴追を受けてはいない。それが「東京裁判」では一転、同事件の責任者として訴追を受けるという大疑惑を生じている。

これは武藤＝死刑の結論がまずありきで（武藤の対中国強硬策の故に中国が死刑を求めたのであろう）、この死刑にもっていく手段としてマニラ事件が利用されたということが歴然としている。検事団と多数派判事団の共同謀議によって構成される「A級戦犯」＝死刑の方程式とは、このようなものであった。

多数派の英米系判事五名が企てていた、このような判決構成に対してはインド人パールやオランダ人レーリンク、フランス人ベルナールのみならず、裁判長であるオーストラリア人ウェッブまでもが嫌悪の情を示して、離脱をして、それぞれ独自の見解を発表するのは当然のことであったと言わなくてはならないであろう。

これが「ニュルンベルク裁判」と異なる「東京裁判」の大きな特徴であり、またこのような手の込んだ複雑な法的構成を整えなければならないために、前者に比して非常に長期にわたる審理日数を要したわけである。しかし苦労の甲斐あってこのトリックは見事に糊塗され通してきたわけだし、日本人も七〇年にわたって被告人たちは「A級戦犯」として死刑に処せられたのだと信じ込まされてきたという次第である。

スチムソンのシナリオによる「東京裁判」は、その巧妙、狡猾なトリックとともに実に七〇年にわたってまったく疑われることもなく有効に働いてきたということだ。完全犯罪にも近い見事さと言わなくてはならないであろう。

## 6　事後法論の諸相

「東京裁判」の冒頭、日本側弁護士の清瀬一郎は、既述のとおり裁判長ウェッブに対する忌避動議を提出した。それは当然のごとくに却下されたが、清瀬にとってそれは織り込み済みと言わんばかりに、矢継ぎ早に次の動議を提出する。それは裁判管轄権をめぐる動議であり、「イ類戦犯」＝「平和に対する罪」、「ハ類戦犯」＝「人道に対する罪」の二つはポツダム宣言受諾の段階には存在しなかった法、すなわち事後法にあたるので、この両者を訴因とする戦争犯罪は「東京裁判」の管轄権に含まれず、従って公訴棄却に処するべきであるとの申し立てであった。

これこそ後にパール判決文として有名になる事後法問題にほかならない。清瀬は実に裁判冒頭に鋭くも、この急所となる問題を提起していたのである。

清瀬はこの問題を十全に研究した上で提起しており、世界の法学者の意見や判例から、「戦争犯罪」とは、ハーグ陸戦法規に規定されている交戦上の違反行為を指すのであって、戦争を開始する行為を戦争犯罪とする事実は一つも存在しないことを指摘し、特にイギリスの「戦争法規提要」第四四二条に「戦争犯罪」を定義している点を指摘する。

すなわち同提要において「戦争犯罪」とは、一、交戦者の戦争法規の違反　二、非交戦者の戦争行為　三、略奪　四、スパイ及び戦時反逆、の四種類であると明記されていることを提示している（清瀬『秘録東京裁判』四八頁）。裁判を執行している当事国の政府の公式見解を用いて、その裁判管轄違反を衝くという鋭い指摘である。

この裁判管轄をめぐる動議、公訴棄却の申し立てに対して、裁判長ウェッブは、その説明は裁判進行の中で明らかにすると言明して裁判開始を強行した。この清瀬の鋭い指摘の前には、反論は不可能であったろう。故に、判事団は沈黙するしかなく、そこで暴力的に裁判開始を強行するしかなかった。その約束された説明は、被告人たちが処刑されるに至っても、そしてその後もなされることはなかった。

こののち、ウェッブらがいかに個々の審理において公平な裁判を執り行っているかのような姿を示そうとも、それらは根本的な公正性を蹂躙したことへの埋め合わせか、あるいは根本的公正性の欠格に対する隠蔽にしかならないであろう。ウェッブその人について言うならば、彼は最終判決では、英米出身者中心の六人からなる多数派判決に加わらず独自判決を提出し、被告人を「平和に対する罪」でもって死刑にすべきではないという立場を表明していた。

彼もまた、多数派判事たちの陰謀じみた死刑判決構成に対して嫌悪感を覚えていたのであろう。個々の裁判指揮、運営においても裁判長でありながら、多数派判事たちから孤立していたと言われている。その意味で彼なりに、「東京裁判」の謀略的性格に嫌悪を覚え、死刑に追い込まれることが分かっている被告人たちに同情を禁じ得なかったのであろう。

それはともあれ、法廷では事後法無効論が飛び交っており、それ故に、検事陣及びこれと共同歩調をとる多数派判事団（米・英・加・ニュージーランド・フィリピンの五ヶ国出身判事団）の間では、この問題が大きな障害となって立ちはだかっていた。殊に判事の一人、インド人パール判事がこの問題を執拗に論じているという状態の下では焦慮を深くしていたことであろう。

「ニュルンベルク裁判」では、「平和に対する罪」の事後法性は問題とはされたけれども、しかしそこではユダヤ人虐殺問題という圧倒的な打撃を与える問題の前には霞んでしまい、被告人たちが死刑に処せられるのは当然という雰囲気の中で、問題は熟議されぬままに素通りしていたというのが実情であったろう。そこでは「人道に対する罪」の方が、圧倒的比重をもって死刑判決を支配していたのである。

英米側もドイツの「平和に対する罪」に深入りすると、英仏が一九三九年に対独宣戦布告を発して第二次大戦が始まったという問題の是非が取り上げられざるを得ず、その面からもこの問題の追及は及び腰にならざるを得なかったことであろう。

しかし「東京裁判」においては、この問題に正面から取り組まざるを得なくなる。そして事後法無効論に対して、いかに対応するか。その手法については先述したように、死刑判決の被告人に対しては、「イ類戦犯」の訴因のほかに、「ロハ類戦犯」の訴因を複合させておき、死刑判決の根拠を曖昧にしたまま、対外的には「イ類戦犯」で死刑に処したように見せかけておく。そして将来、事後法批判から再審見直しの機運が生じてきた時には、被告人を死刑にした法的根拠は、複合訴因である捕虜虐待などの本来の戦争犯罪にあるのだから問題ない、事後法批判はあたらないとして退けるというアイディアをとっていたということである。

この点について、日本の識者は「東京裁判」を批判するに際して、「平和に対する罪」（いわゆる「A級戦犯」）は事後法であるから、それでもって被告人たちを死刑にした「東京裁判」は無効とする議論をもっぱらとしているが、この点、大いに留意されなければならない。右の議論は、かのパール判事の被告人無罪論にほかならず、日本の識者は、このパール事後法論に則って「東京裁判」批判を行ってきたのであるが、実は検事陣及び多数派判事団は、この事後法無効論を切り抜ける巧妙な法的構成をとっていたということである。

従って議論の主論点は、「平和に対する罪（イ類戦犯）」が事後法であるか否かではなくて、巧妙に仕組まれた事後法無効論を回避するための複合訴因論の構成にあることになる。

「東京裁判」を肯定する立場から言うならば、トリックであろうが狡猾であろうが、そのような事後法無効論を回避する手立てが採られているならば、「イ類戦犯」の被告人たちが死刑にされたのは合法であって、何ら問題とならないではないかという主張になるかと思うが、この種の議論に対しては以下の点を指摘したい。

「イ類戦犯」問題は巧妙にすり抜けたかも知れないが、被告人たちを死刑に処するために構成した、捕虜虐待などの「ロハ類戦犯」を彼らに結び付けるために持ち出されてきた「国家高官責任」及び「無作為責任」というペアの法理が、やはり事後法なのである。

なぜこの二つの法理が事後法であると断言できるかについて。実はこの二つの法理は、現在は国際法上の実定法として登録されている。それは一九六八年の国際会議で採択された「戦争犯罪及び人道に反する罪についての時効不適用に関する一九六八年の条約」でこの二つの法理が正式に採用されることになったのであるが、その時の公式文書の文言によるならば、この二つの法理の国際法上の正当性は、「ニュルンベルク及び東京における国際軍事法廷の判例に基づき」と明記されている。

すなわち、これによってこの二つの法理は、「ニュルンベルク裁判」及び「東京裁判」の以前には存在しないか、確立されていなかった法理であることが明らかとなる。この両「裁判」は事後法を用いて被告人たちを死刑に処していたことが立証されることになる。まさにそれが故に、「東京裁判」は無効、否定されなければならないのである。

「東京裁判」は事後法で満ち溢れている。「平和に対する罪」、そして「国家高官責任」と「不作為責任」もまた事後法である。さらに被告人たちを一網打尽に有罪にもっていく「共同謀議（コンスピラシー）」という法理は英米法としては存在していても、国際法としては通用していない。まったくのローカルな法であるのにもかかわらず、それで被告人の全員を有罪としてしまうという安直このうえないやり方である。

「裁判所条例」の諸規則もまた根拠をもたない恣意的制定であるという意味で事後法であり、特に証拠取り扱い規定は杜撰のきわみと言ってよいであろう。軍事法廷に特有の恣意性と杜撰さにほかならない。このような恣意的で杜撰きわまるやり方で、被告人たちが死刑に処せられていったことに強い憤りを覚える。

## パール事後法論のパラドックス

事後法問題はそれだけにとどまらない。本書本文で指摘したとおり、パール事後法論そのものにも問題がある。

パールは事後法無効論を展開し、「イ類戦犯」として問われた「平和に対する罪」を無効と論定し、もって被告人の全員を無罪とした。それ故に、日本人の識者のほとんどが、パールの事後法論を金科玉条として「東京裁判」批判を展開することとなっている。しかしながら、これが大きな問題となる。

パールの事後法論のロジックを考えてみよう。パールの見解では、純粋に法律的観点からした時、日本が軍事行動に踏み切った時点において、「平和に対する罪」という国際法上の犯罪規定は存在していなかった。それ故に、「東京裁判」においてこの罪をもって被告人たちを裁くことは、罪刑法定主義の根本原則に背反する。故に「東京裁判」で用いられた法律は無効であり、被告人は全員無罪である、というものである。

パールは法律家の信条に基づいて、ルール違反の法律を適用することは法の正義に反するから、「東京裁判」で適用された法律を無効として、被告人の全員を無罪と断定した。しかしながら、それは純法理論的な帰結であり、歴史の実態認識の観点では、日本が侵略戦争を行ったとする認定を否定しているわけではない。

法律の設定が当該事件より遅れたから無罪になるということは、もう少し早くそれが設定されておれば有罪だったと言っているにほかならない。つまりそれは、事件を実態面から眺めれば、「日本軍の行動は悪逆行為に違いないが」、と言っているに等しいことではないか。すなわち、パール判決において日本人被告人たちが無罪であるというのは法律論上の話にすぎないことで、歴史実態の面では、彼らが侵略戦争をしたことが否定されているわけではない。むしろ肯定してしまっていると言ってよいであろう。

すなわち「東京裁判」に否定的な日本の識者のほとんどは、パール判決に乗って否定論を行っているけれども、パール判決を強調すればするほど、歴史の実態面においては、日本は侵略戦争を行ったのだという認識をいっそう深める結果になっているのである。

つまり反対陣営からは、「法律論議をうるさく言うとパール判決のようになるかも知れないけれども、日本が侵略戦争をした事実は疑いのないことなのだから、「A級戦犯」として処刑されても仕方がないではないか」という感想が述べられ、このやり取りをテレビなどで見ている国民の多くは、まあそんなところかなと納得してしまうという構図である。

国民の多くは、パールの議論は正論かも知れないが、いかにも法律的な形式論議に感ぜられ、歴史実態の面を指摘する侵略論の方がはるかに説得的に聞こえてしまうという流れである。つまりパールの事後法論に乗って「東京裁判」批判をやればやるほど、「東京裁判」史観を強固なものにしていくというパラドックスに陥っているわけである。今日に至るまで「東京裁判」の侵略史観というものが強固に日本人の心をしばりつけ、それを克服しえなかった一番大きな理由と事情は、このパラドックスの心理構造にあったように思われるのである。

## 7 「共同謀議」論の虚構性

コンスピラシー conspiracy の訳語を「共同謀議」と翻訳したことから、被告人相互で共同謀議があったかなかったかという無用の議論に流れていった。この訳語が大きな誤解を生むと同時に、英米法に特有なローカルな法であるコンスピラシーという法概念を持ち込むこと自体がそもそも違法行為であった。「conspiracy」の意味での「共同謀議」概念は、事実としての共同謀議の有無を問わない。犯罪計画を企てる持続的な組織の成員であれば、当該組織のなした犯罪行為について責任を負い、訴追対象となりうるという考えである。この英米法に固有な法理をこの国際法廷に持ち込んで、侵略戦争を計画した組織―政府・軍部に属したという理由で犯罪者と断定していく手法。

これは事後法であり、それ以上に、アメリカ・ローカルな国内法の論理を、断りも限定もなしに国際法廷に持ち込んでいるという点で、アメリカによる国際法廷の私物化という非難を免れえないということにもなろう。「東京裁判」はこの方面からも無効の疑いを醸し出している。オランダのレーリンク判事は、このアメリカ流のコンスピラシーの法概念と安直な訴追手法を醜いやり方とこき下ろしている。

コンスピラシーはナチ党のような、明確で持続的な目的、目標をもった組織体の場合には、それなりに有効性をもつとも言えようが、日本にはそのような持続的組織は存在しておらず、コンスピラシーの適用は初めから無理をはらんでいた。

満州事変と十月事件の頃には陸軍に桜会があり、橋本欣五郎らを中心とする人脈にまとまりが見られたが、二・二六事件の頃からこの派のグループは、若手将校を中心に皇道派として急進化していく。しかし二・二六クーデターの失敗ののち、陸軍の主流は東条らの統制派に移っていく。両者は思想や政策、人事で反目、対立しており、ナチ党のような首尾一貫した目標を掲げて行動していた組織とは様相を異にしていた。

ところが連合国側は「ニュルンベルク裁判」で適用された諸原則、いわゆる「ニュルンベルク・ドクトリン」を国際裁判の標準として打ち出したいものだから、「東京裁判」をその適用第一号と位置付け、すべてその審理を「ニュルンベルク・ドクトリン」に相即するように構成し、運営しようとしたのである。

その一つが、このコンスピラシーの問題である。ナチ党員の訴追には、甚だ便利な法理であったが、日本の場合には、そんな首尾一貫した組織などは存在していない。しかし「ニュルンベルク原則」を貫徹しなければならないという要請から、日本の場合にはありもしない、世界征服を目的・目標とする持続的な組織があることとされ、そこで満州事変を第一段階、日中戦争を第二段階、日米戦争からを第三段階とする段階発展的なアジア・太平洋全域にわたる征服計画があり、その実現を目指して被告人たちが参画行動してきたとする構図を押し付けてきたという次第である。

「東京裁判」で「全般的共同謀議」という訴因とは、右に述べた三つの段階を踏まえた段階発展的なアジア・太平洋全域にわたる征服計画にかかわったとされる「平和に対する罪」を問うものである。

しかしながら、満州事変段階で重要な役割を演じていた荒木貞夫、板垣征四郎、土肥原賢二らは、日米戦争段階では日本の軍部・政府の中枢からはずされていた。そして前述のとおり満州事変と盧溝橋事件から始まる日中戦争とでは性格を異にしており、この二つをともに日本による領土征服的行動と位置付けることは事実に反することである。何よりも、満州事変の主導者である石原莞爾が、日中戦争では事変不拡大のスタンスで行動していることが、両者が正反対のものであることを最も雄弁に証言している。

段階発展的なアジア征服計画という全般的共同謀議なるものが虚妄の構図でしかないことを如実に示しているると言えよう。「東京裁判」の主軸をなす全般的共同謀議という構図の破綻はどうしようもなかったであろう。このことが、石原訴追を断念せざるを得なかった根本事情として理解することができる。

石原が出廷して三段階発展的征服計画という「共同謀議」の構図が虚妄のものであることを弁じたてられたら、連合国側は公判を維持することが、ほとんど不可能となってしまう。そのリスクを考えた時、石原除外という選択をとらざるを得なかったということであろう。検察陣とすれば賢明な選択であったと言うべきか。

石原不訴追は、段階発展的なアジア・太平洋全域の征服構想と、それを目的とする共同謀議という「東京裁判」が全面に打ち出していた訴追構図が虚妄のものであり、その根本的破綻を証示するにほかならないということである。

## 「三段階征服論」の虚妄性

連合国側が三段階征服論にこだわる根本的事情については本書で詳述したとおりである。すなわち、満州事変を個別的な戦争犯罪として取り扱うことが不都合であるという事情によると考えられる。日本の満州に対する征服と満州国に対する間接支配を犯罪扱いするとすれば、欧米列強たちにとって、自分たちがそれまで世界中で展開してきた侵略行為と植民地支配をすべて犯罪的行為として認定せざるを得なくなってしまうという事情である。少なくとも、現在支配下に置いている植民地を、ことごとく放棄しなければならなくなるという事情である。

アジア地域に限っても、イギリスはインド・ビルマ・マレー・シンガポールを、オランダはインドネシアを、フランスはヴェトナム・ラオス・カンボジアを、アメリカはフィリピンを、それぞれ植民地として支配していた。

このような事態を目の当たりにするならば、当時の帝国主義的な力の支配が優先する国際秩序の下では、満州事変は「ごくありふれた事件の一つ」（フランス人判事ベルナール）でしかなかったのである。つまり満州事変を犯罪的行為として訴追するとなれば、欧米諸国にとって自らの植民地形成の侵略行為がことごとく否定されてしまうこととなる。

そこからして。日本の満州事変は単なる植民地支配なのではなく、狂信的思想にかられたアジア征服計画の一環としてあり、征服の第一段階として位置付けられていたという構図を設けることによって、日本による満州支配は、欧米列強たちの植民地支配とは一線を画した犯罪行為、すなわち「平和に対する罪」

＝「イ類戦犯」という罪状を押し付けえたのである。

「東京裁判」で持ち出された三段階征服計画という構図は、このような事情から要請されていたきわめて後ろ暗いロジックであった。この構図によって、欧米列強側の侵略―植民地支配は不問に付されたままに、日本の満州支配だけを犯罪行為として指弾することが可能となったのである。

逆に言うならば、三段階征服論の構図がなければ、連合国側は日本による満州支配を正面切って指弾することはできないということになる。満州事変を犯罪として処断するには「三段階征服論」が不可欠であり、満州事変から太平洋戦争に至るまでの包括的な侵略・征服構想が存在したというストーリーを作り上げ、その流れの下に被告人たちを「共同謀議」の罪で裁くという構図である。

「三段階征服論」は不可欠の犯罪構図として「東京裁判」の主軸にすえられていた。不可欠の構図である。石原不起訴の決断は、石原を法廷に引きずり出してきた暁には、これがたちどころに崩れ去ってしまうことになるからである。すなわち石原不訴追問題の解明は、同時に、「東京裁判」における犯罪構図として声高に叫ばれていた「三段階征服論」も「共同謀議論」も、ともに虚妄の図式でしかなかったことを白日の下にさらすことになるのである。

## 8　判決方法に対する疑義

リチャード・マイニアは「東京裁判」の決定方法に対して疑問の目を向ける。最終的には、被告人たちの死刑を含む量刑問題として帰結するのであるが、それのみならず、「東京裁判」の歪められた性格は、公判遂行上で執り行われるさまざまの決定に際して、判事団の間でなされる合議決定の仕方の歪みに由来するのではないかとする見解を示している。卓見と呼ぶべきであろう。

すなわち、かの「東京裁判」の裁判所条例に判事団の有効出席数及び、各種決定をめぐる有効定数についての規定が記されている。開廷の有効定足数は、全判事一一名の過半数六名の出席をもって有効とされる。法廷における各種の決定、すなわち証人・証拠の採用可否や裁判の運営方法については、出席判事の過半数、ないし裁判長を含む半数をもって可とされる。

マイニアはこれについて、さすれば六名の判事の出席で裁判は有効となり、四名ないし裁判長を含む三名でもって証拠採用をはじめとする各種決定が有効とされるという仕組みとなっていると指弾する。

そしてマイニアは判事団の中に、常に歩調をともにする五名の判事がいることを指摘する。すなわち、米・英・カナダ・ニュージーランド・フィリピン五ヶ国出身の判事たちである。この五名の判事たちは、いわゆる「東京裁判」の多数派判事を形成することとなり、「東京裁判」の判決文なるものも彼らの手になっている。

裁判長のウェッブは、この多数派判事集団とはソリがあわず独自行動をとっていたが、それでも公判運営のためには彼らの協力は不可欠であり、そこからして五名の多数派判事集団とウェッブとが協力すれば、ほとんどの決定—被告人を死刑に追い込むことも含めて—が、思いのままになされる仕組みになっている。

「ニュルンベルク裁判」では、判事は米英仏ソの四ヶ国出身者で構成されていた。少数にすぎるかに見えるけれども、決定は、死刑判決も含めて四分の三の賛意を必要としている。これに対して、「東京裁判」は判事団こそ一一名を連ねるという、一見したところ公平で開かれた裁判の外観を呈しているけれども、そこでの決定は過半数方式が採られていることにより、証拠の採用も、裁判の運営も、そして死刑判決も安直に処理されていく。

過半数決定方式は裁判所条例に明記されているところであり、一一名の判事団という一見したところ開かれた法廷を演出しながら、同一歩調をとる多数派判事団をあらかじめ用意しておき、これでもって裁判運営に関する各種決定及び死刑判決を連合軍首脳部の方針と一致させる操作が行われていたということであろう。ダーティーのきわみと呼ぶべきだろうか。まさに「決定の独占」にほかならない。

パールは言うまでもなく、レーリンクのような良心的な判事は、そのような結託した裁判操作の醜悪さには到底、耐えられなかったということであろう。

## 9　連合国側の戦争犯罪

連合国側の戦争犯罪において取り上げられなくてならないのは、日米開戦の折のアメリカ側首脳部の戦争誘導の行動である。『スチムソン日記』に記された数々の発言は、日米開戦がアメリカ側の計画的誘導によるものであることを余すことなく証明している。寸分の余地のない完全な証明と断言しうる。よくこのような記述内容をもつ『スチムソン日記』を公開したものだと、その点ではアメリカの情報公開姿勢は高く評価されなければならないであろう。

すなわち、大統領ルーズベルト主宰の会議での議論、「われわれ（アメリカ側）の被害を最小限にとどめて、日本側に第一発をどのように撃たせるべきか、それが問題だ」。そしてハルの発言、「私はもうそれ（日米交渉）から手を引いた。あとは君（陸軍長官スチムソン）とノックス（海軍長官）の手に委ねられた」というハル・ノートを日本側に手渡した翌日にスチムソンに語った内容。

右の発言のうち「日本側に第一発をどのように撃たせるべきか」の箇所は、原文では「maneuver」の語が用いられており、その謀略性は歴然としている。これらの戦争誘導の行為は端的に謀略としての犯罪であり、「平和に対する罪」を免れることはできないだろう。

ついで、終戦にかかわる根本問題が横たわっている。こちらも寸分の余地のない完全証明が成立している。先ずは「人道に対する罪」としての原爆投下問題。そして「平和に対する罪」としてのヤルタの密約と日ソ中立条約侵犯問題。

原爆投下問題であれ、ヤルタの密約であれ、これらの暴虐を弁明、正当化しうる人間は果たしてありうるだろうか。日本側が正式に和平交渉に入ろうとしていることをトルーマンは知りながら原爆投下を指令していたという事実、そしてルーズベルト・チャーチルが、スターリンとマフィアさながらの取り引きをして「勝利者」となったという事実、それらの証拠資料を提示するならばアメリカの中学生によってすら、この終戦をめぐるダーティーな事情と、その是非善悪は容易に理解されていくことであろう。

なお、中国の蒋介石の行動にも、「平和に対する罪」に問われる局面が多々あることは既述のとおりである。あえて繰り返さない。

## 10　「東京裁判」が国際法廷発展史に資したが故に肯定されるという見解

「東京裁判」がいかに法律論的に問題が多く、裁判官構成に公正さを欠いていたにしても、それは今日に至る国際法廷の発展の歴史において根本的な役割を果たした。その観点から評価されるべきとする見解について。

一見、もっとものようであるが、つまるところ関係者の痛みを無視した御都合主義の正当化議論にほかならない。比喩的に言うならば、戦争中にさまざまな不法な人体実験をやっていたが、その実験データがその後の病理研究に資し、病気の発生メカニズムを解明し、医学の発展に寄与したのであるから、そのおぞましい人体実験は是認されるべきだと言っているに等しいことではないか。

このように言えば直ちに「東京裁判」を七三一部隊に並べるのは不謹慎だ、暴論だという罵りの声が聞こえてきそうである。しかし、はっきり言おう。「東京裁判」の暴虐性と悪質性、おぞましさは、七三一部隊のそれに勝るとも劣らない、と。否、その害毒性の広大さ、深刻さ、持続性、世界政治に及ぼした負の影響力は七三一部隊など問題にならない程に甚大であるということである。

七三一部隊の非人道的な人体実験に対して、刑事的、民事的な償いがなされなければならないのと同様に、もし「東京裁判」がその後の国際法廷の発展に資するところがあったにしても、「東京裁判」の犯罪性と違法性は決して阻却されることはなく、その犠牲者に対する国際的次元での名誉回復と償いの措置はなされなければならないということである。

次に、その言うところの「東京裁判」の判決が国際法理の発展に寄与したという点について。紛争の現地における戦争犯罪に対する「国家高官責任論」と「不作為責任論」という法理が、かの「A級戦犯（イ類戦犯）」＝死刑という問題において重大な欺瞞的役割を演じていた事実を想起しなければならない。これは被告人たちを死刑に追いやった狡猾なカラクリとして、長く記憶にとどめておかねばならない問題である。

無実の被告人たちに「A級戦犯」の汚名を着せて死刑に追いやったものこそ、実にこの「国家高官責任」と「不作為責任」という二つの法理であった。これらの法理こそ、暗黒政治裁判の核心にほかならず、これらを使えば、誰であっても特定人物を狙い撃ちして被告人に仕立て、そして死刑にでも終身刑にでも思うがままに追い込むことができる。それ故に、これらは暗黒法理とも殺人法理とも呼ぶほかはないではないか。

そのような危険、狡猾にして政治主義の権化のような暗黒法理が現在の国際法廷において、「東京裁判」を判例として適用されているというのは空恐ろしいことではないであろうか。欺瞞で塗り固められた「東京裁判」の暴虐と、「A級戦犯」＝死刑の恥ずべきカラクリが今日の世界において再生産されることがないことを祈るのみである。

「ニュルンベルク裁判」及び「東京裁判」がもたらした効果とは、畢竟、戦争に勝利した側は思いのまま自己に都合のよい法律を作り上げ、敗戦した相手側の人間を裁くことができるという悪しき慣例を確立したことにほかならないというレーリンクの警告[*1]をこの問題に関連して掲げておきたい。

今日の国際法を侮辱するつもりはないけれども、将来にわたる問題として、この暴虐のきわみのような「東京裁判」を「よき先例」として安直に採用されることのないよう関係者に深い配慮をお願いしたく思う。それは「東京裁判」の全過程において見られた数々の暴虐と詐術とを世界的規模で再生産することになるのみならず、右のレーリンクの警告と併せ考えるならば、国際法とは戦争の勝者の無軌道がもたらす暴力革命的営為によって発達しうるものという命題を、成立させてしまいかねないからである。

筆者はむしろ、今日の国際情勢の中に見られる軍事的威嚇をもってする国家エゴの強烈さと、核兵器の削減どころか逆に核の脅威が一段と増しつつある現況を目の当たりにするにつけても、これらの軍事的混迷を統御し、世界の平和的秩序を維持する役割を担うべき国際法の意義を重視し、その健全な発展を強く支持する立場にある。それであればこそ、「ニュルンベルク裁判」及び「東京裁判」を、安易に今日における国際法の発展に関連付ける考え方の危険性を、あえて指摘する次第である。

## 11　「東京裁判」史観

一般的に言って、裁判は係争的事案の是非・真偽を法律に従って裁断するものであるが、その法律的判断を下す前に、その前提として当該事案にかかわる事実認定の作業がある。これは原被双方が証拠を提示しつつ、自己の主張の正しさの立証に努めるのであるが、これら裁判の場で提示され、争われている事実認定の営為は、翻って見た時、当該事件をめぐる歴史研究に資するところ大なのである。その立証活動が精緻に行われている場合には、いっそうその有用性は高いと言いうる。

しかしそれは、あくまでも公平かつ公正に厳格な裁判が行われている場合に言いうることである。裁判官の中立性は不可欠の前提である。証拠の採用、証人の証言の採用などは最も厳密な検討が加えられなければならない。そして何よりも、すべての合理的な疑いを超えるほどに厳密な証明が不可欠とされる。これらの諸条件を充足して到達された事実認定は、そのままでも当該事件をめぐる歴史認識として受け入れられうる。

しかしながら、それはあくまでも如上の条件を充足する場合においては、という但し書き付きでのことである。「東京裁判」は如何？　答えは明白ではないだろうか。「東京裁判」はこのような厳密な裁判の姿とは、はるかにかけ離れたところにあるからである。裁判官は中立であるか。否！　裁判官の全員が検察官と同じく、連合国側の出身者で構成されている。証拠の認定と採用は厳格であるか。否！　裁判所条例に証拠の認定は「専門技術的である必要なし」と明記されている。立証は「すべての合理的な疑いを超えるほどに厳密な証明」がなされているか。否！　とにかく迅速に判決を下すことが第一である、と。

何よりも致命的なことには、裁判所条例そのものが証拠の認定と採用を、厳格な検討を経る必要なしと明言している点である。適当であって構わない、迅速に処理されることが肝要である、と。語るに落ちるとは、このことではないであろうか。死刑裁判を開催するという場における、この杜撰さには言葉を失ってしまう。このような裁判所条例を作成した者たち、そしてこのような裁判所条例に無批判に盲従して死刑判決を急ぐ者たちに対しては、一喝あるのみではないであろうか。「あなたたちは法曹人として恥ずかしくないのか！」と。

ここには真摯に裁判を執り行おうとする覚悟もなければ、責任もない。ただ適当に「証拠」のようなものを並べて死刑判決を導き出せれば充分という姿勢であろうか。このような腐りきった立証手続きから、真実の解明など期待すべくもないであろう。「腐った枝からは、腐った実しか生じない」という法諺の示すところである。

これが「東京裁判」である。このような裁判の名にも値しない、死刑判決を下すことのみが目的の薄暗い集会場で、厳格な検討も経ないままに取り揃えられた証拠と、証人としての適格性も定かでない人間の証言に基づいて、死刑判決の根拠とされた事実認定なるものが、およそ事実の名に値しないものであることは、火を見るよりも明らかなことではないであろうか。

筆者の言明は果たして不当であろうか、誤っているであろうか。ならば、このような偏頗にして歪み切った状態の中で結論付けられた事実認定が、どうして正しい真実の歴史像として受け入れられうるのか、その理由を明らかにしてもらいたいものである。

しかし、どのように詭弁を弄そうとも、頭数をそろえて数の力で押し通そうとしても、どだいそれは無理な話だ。全能の神をもってしても、そんな歪曲と抑圧のきわみの中でねつ造された歴史像なるものに、真実のお墨付きを与えることは到底不可能であろう。

「東京裁判」なるものは、アジア・太平洋戦争の歴史の真実を解明する場にはなりえていない。歴史の真実を究明できる態勢になっていないのである。一方の側の戦争犯罪を処断するが、他方の側の戦争犯罪は取り上げない。裁判の判定者はすべて一方の側の出身者で占められている。証拠の採否はこの偏頗な判定者の心づもりに任せる。こんな状態で、歴史の真実が解明されるはずがないではないか。

このような状態の下で結論付けられた歴史像なるものが、どうして正しい歴史像として受け入れられてきたのであろうか。理解に苦しむばかりである。占領期は問答無用の力ずくの支配であるから、その受け入れも致し方ない面があるけれども、占領終了ののちも、こんな歪められた歴史像に対して、何の批判を加えることもなく後生大事に、戦後七〇年も引きずってきた歴史認識とはいったい何なのか、深刻に考えさせられてしまう。

結論的に言うならば、アジア・太平洋戦争をめぐる歴史の真実、正しい歴史像がどのようなものであるか、それは今もって完全には解明しきれない、なお難しい問題であり続けるであろう。筆者が第一部を中心として提示した歴史像もまた、現在、われわれが確認できる確実な証拠資料に基づいて得られた到達点の一つでしかないかも知れない。

しかしながら少なくとも、これだけは断言できるだろう。アジア・太平洋戦争をめぐる真に正しい歴史像は、「東京裁判」において認定され結論付けられたもの以外のところにあるということである。「東京裁判」は本書で縷述したとおり、いかなる観点からしても裁判の名に値しないものであり、そのような欠格裁判の中で形成された事実認定、歴史認識に真実が存することはありえないからである。

# むすび　―よりよき未来を切り拓くために―

「軍事裁判」であれ、「勝者の裁き」であれ、「文明の裁き」であれ、いわゆる「東京裁判」なるものが開催され、ある種の「判決」を下したという事実は確かにある。その事実は事実として認めなくてはならないであろう。だが同時にそれは、われわれが通常意味しているところの、公平性と公正性を基本とする裁判ではなかったという事実もまた、確認しなければならないということである。

人はあるいは言うかも知れない。「東京裁判」などといっても、七〇年も前の昔の話だ。今更あれこれ論じたてても始まらない。それよりも未来に目を向けるべきだ、と。

「未来志向」という言葉が流行語のようにして、さまざまな局面において用いられている。耳障りの良い言葉であるからだろう。しかし、この言葉はそもそもいったい何を意味しているのだろうか。人々にとって、向かいゆく先は「未来」しかないのである。故に人々は未来を志向するほかに選択の余地はないのである。それにもかかわらず、ことさらに「未来志向」というのは何を意味しているのだろうか。筆者は、その言葉を口にする人に、その意味を問いかけたく思う。

それは畢竟、過去を封印したい、過去に目を向けないようにするという姿勢を、意識的ないし無意識的にとっていることにほかならないのではないか。昔なら、「過去は水に流して」と表現したものだが、「未来志向」はその現代型言語表現と言って差し支えないかと思う。要は、忌まわしい過去の話から逃避して、純粋無垢な未来の中にだけ生きたいという心的態度なのであろう。

だが、歴史に目をつぶって未来があると考えるのは迷妄でしかない。歴史に向き合い、真剣にそれと取り組むことにおいてのみ、ごまかしの未来ではなく、真実に裏付けられた力強い未来が切り開かれる。

過去に目をつぶり、歴史を遮蔽して未来に逃避すれば問題は解決するというのは皮相な見方と言わなくてはならない。そこに待ち受けているのは、事なかれ主義的な未来、周囲の顔色をうかがうことに終始するような未来、過去の出来事から逃げまどうだけの卑屈な未来、国際社会から侮蔑のまなざしでしか見られないような未来ではないだろうか。

過去を直視し、歴史と徹底的に向き合って問題をとらえようとする姿勢を貫く中においてのみ、思想的にも行動的にも強靭な未来、品格に満ち溢れた力強い未来、国際社会から信頼と敬意を受けるような未来を切り拓くことができるのではないであろうか。

筆者があえて本書を著し、公刊に踏み切ったのも、ひとえにそのような思いからのものであった。幸いにして読者諸賢の御理解を得ることができるのであれば、これにすぎる喜びはないであろう。

＊＊＊＊＊＊＊＊＊＊＊＊＊＊＊＊＊＊＊＊＊＊

末筆ながら本書の刊行を引き受けていただいた白桃書房と同社社長大矢栄一郎氏にも御礼を申したく思う。学術的書籍の出版が困難な時代にありながら、そして本書のような物議をかもしかねない内容のものの出版を快諾していただけたことは本書にとって幸いなことであった。記して深甚の謝意を表すものである。

二〇一八年一一月　「東京裁判」終結七〇年目の月に

著　者

# 第Ⅰ部 注

1 秦郁彦『盧溝橋事件の研究』(東京大学出版会、一九九六)。

## 第1章

1 満州事変については、日本国際政治学会太平洋戦争原因研究部編『太平洋戦争への道』第一巻「満州事変前夜」、第二巻「満州事変」(朝日新聞社、一九六三)、歴史学研究会編『太平洋戦争史』(東洋経済新報社、一九五三)、児島襄『日中戦争』第一巻(文藝春秋、一九八四)、伊香俊哉『満州事変から日中全面戦争へ』(吉川弘文館、二〇〇七)。大杉一雄『日中十五年戦争史』中公新書(中央公論社、一九九六)、原田熊雄『西園寺公と政局』第二巻、別巻(岩波書店、一九五〇、一九五六)、宮内庁『昭和天皇実録』第五巻(東京書籍、二〇一六)などを参照。

2 大岡優一郎『東京裁判 フランス人判事の無罪論』文春新書(文藝春秋、二〇一二年)一一〇頁。

3 須藤眞志『ハル・ノートを書いた男―日米開戦外交と「雪」作戦―』文春新書(文藝春秋、一九九九)。

4 張作霖爆殺事件については前掲『太平洋戦争への道』第一巻「満州事変前夜」、大江志乃夫『張作霖爆殺―昭和天皇の統帥―』中公新書(中央公論社、一九八九)、秦郁彦『昭和史の謎を追う』(上)文春文庫(文藝春秋、一九九九)など。

5 『昭和天皇独白録』(文藝春秋、一九九一)、伊藤之雄『昭和天皇伝』文春文庫(文藝春秋、二〇一四)。

6 十月事件については、原田前掲『西園寺公と政局』第二巻、九九頁、刈田徹『昭和初期 政治・外交史研究―十月事件と政局―』(人間の科学社、一九八九)二二一頁。

7 レナード・モズレー著、高田市太郎訳『天皇ヒロヒト』(毎日新聞社、一九六六)一一五頁。

8 『昭和天皇実録』第六巻、昭和八年一月一四日。

9 同前、同年二月一一日。
10 同前、同年二月一二日。
11 同前、同年五月一〇日・同月三一日、本庄繁『本庄日記』（原書房、一九八九）昭和八年四月一八日・五月一〇日。
12 渡部昇一解説・編『全文リットン報告書』（ビジネス社、二〇〇六）、ハインリッヒ・シュネー著、金森誠也訳『「満州国」見聞記―リットン調査団同行記―』講談社学術文庫（講談社、二〇〇二）。

## 第2章

1 盧溝橋事件については秦前掲『盧溝橋事件の研究』のほか、児島前掲『日中戦争』第三巻、伊香前掲『満州事変から日中全面戦争へ』など。演習中の銃撃が中国側からあったものとする点で、日本側研究者の認識は一致している。
2 『現代史資料(9)日中戦争（二）』（みすず書房、一九五五）一九頁。
3 北支事変に発展する経緯については、前掲『太平洋戦争への道』第四巻「日中戦争（下）」、児島前掲『日中戦争』第三巻、伊香前掲『満州事変から日中全面戦争へ』、原田前掲『西園寺公と政局』第六巻、別巻、『昭和天皇実録』第七巻などに拠る。
4 蒋介石の四個師団発令については、K・カール・カワカミ（河上）『シナ大陸の真相一九三一～一九三八』（展転社、二〇〇一）一四三頁。同書の英文原著は事変翌年の一九三八年にロンドンで出版されている）。当時、中国でジャーナリストして活動していた河上清は、国際社会に対する日本の弁明のために同書を英文で公刊している。論調はもちろん日本の行動の弁明で満ち溢れているが、事実関係に関する記述は信頼できるのではないかと考える。なお、当時の日本側の新聞報道によれば、中国側は蒋介石が七月一〇日になって、中央軍三個師団の北支への派遣を指令したとしている。
5 三個師団派遣を無用とする香月司令官からの具申については、前掲『太平洋戦争への道』第四巻「日中戦争（下）」一四頁、伊香前掲『満州事変から日中全面戦争へ』八六頁。

「東京裁判」において検察側は、当日の日本の軍部が作成した「日華敵対行為年代表」なるものを提出しており、それには、「七月十五日、日本政府北支出兵を決定。七月二十五日、敵対行為郎坊に於て始まる。七月二十八日、香月司令官は中華民国当局に対し自由行動を取る旨の日本陸軍の決定を通達す。」と記されていて、一見したところ日本側が三個師団を派遣したが故に、廊坊・公安門事件の衝突が発生し、それが日中戦争へと発展していったという流れで受け止められる。実際、検察側はこの年表を証拠資料として提出して、盧溝橋事件―日中戦争が日本軍の侵略行動の所産であることを主張している（朝日新聞法廷記者団編『東京裁判』上巻（東京裁判刊行会、一九六二）二四六頁）。しかしながら言うまでもなく、この年表には大きな誤りがある。日本政府は三月二十日に国内三個師団の派遣を決定したが、その後、現地司令官の香月清司たちから派遣無用の強い具申がなされたことから、その三個師団派遣を見合わせることとしていた。これは重要な事実であり、日本政府が盧溝橋事件にことよせて中国国内に対する侵略を実行したとする見方を明確に否定するものである。

それを考慮するならば、右の年表において、三月二十日の三個師団派遣の決定のみが記されていて、それが見合わせられたという事実が欠落していることは重視しなければならない。たまたま検察側立証にとって都合の良い大雑把な記述の資料が残されていたか、あるいは「三個師団派遣の見合わせ」の記述を意図的に脱落させた、ということになるであろう。

廊坊・広安門両事件を機とする日中本格戦争への突入は、日本側の侵略戦争ではありえないということである。

6・7　前掲『太平洋戦争への道』第四巻「日中戦争（下）」一五頁、児島前掲『日中戦争』第三巻、六二頁、伊香前掲『満州事変から日中全面戦争へ』八七頁、笠原十九司『日中戦争全史』上巻（高文研、二〇一七）二一六頁などに拠る。

カワカミ前掲『シナ大陸の真相 一九三一～一九三八』によるならば、廊坊駅で切断されていた北京―天津間の通信回線の修復をしていた日本軍が、夜までかかった修復作業をようやく終えて、遅い夕食をとっていたところを、いきなり中国軍から攻撃を受けたとされている。しかも偶発的発砲ではなく、日本軍兵士に対して包囲攻撃をしかけており、脱出の途を失った現地部隊は天津の司令本部に助けを求め、天津からは翌朝に戦闘機が現地に発遣され、それで攻囲する中国軍を撃破して日本軍を救出した由である（同書一四六頁）。その日本軍戦闘機が、そのまま報復として中国側陣地を攻撃したということであろう。

8 前掲『太平洋戦争への道』第四巻「日中戦争（下）」一六頁、児島前掲『日中戦争』第三巻、八〇頁。

9 外務省東亜局長であった石射猪太郎の回顧録『外交官の一生』（読売新聞社、一九五〇）。石射は外務省内で日中衝突の和平収拾に注力し、船津工作などの和平工作を推進していた。

10 児島前掲『日中戦争』第三巻、七四頁。

11 同前、八五頁。

12 前掲『太平洋戦争への道』第四巻「日中戦争（下）」三四頁。トラウトマン工作について論者の中には、トラウトマン工作が失敗したのは、日本側が条件のつり上げを要求したからだといって日本側の責任であるかのように叙述しているものを見受けるが、如何なものか。この一九三七年一一月初旬にトラウトマン和平案を中国側に提示した際に、日本の外相広田弘毅は、この和平案の受諾を遅らせて事態が悪化した場合には、講和条件が厳しくなることをあらかじめ宣告していた。しかるに蒋介石側は、荏苒日を送るのみに終始し、そして翌一二月一三日、首都南京の陥落を迎えた。この事態を踏まえて、広田はかねての宣告通り、賠償要求を付加したという次第である。

13 前掲朝日新聞法廷記者団『東京裁判』中巻、四〇九頁、戸谷由麻『東京裁判─第二次大戦後の法と正義の追求─』（みすず書房、二〇〇八）一九五頁。秦郁彦『南京事件─「虐殺」の構造』（中公新書、二〇〇七）

14 児島前掲『日中戦争』第三巻一五〇頁。

15 同前、四四三頁。

## 第3章

1 日本国際政治学会編前掲『太平洋戦争への道』第五巻「三国同盟・日ソ中立条約」一三六頁。

2 同前、一一二頁。

3 原田前掲『西園寺公と政局』第七巻、二九八頁、保坂正康『秩父宮と昭和天皇』(文藝春秋、一九八九)。

4 前掲『昭和天皇独白録』。

5 これは陸軍省軍務局長であった武藤章の画策した陰謀であったとされている(粟屋憲太郎編・岡田良之助翻訳『東京裁判資料・田中隆吉尋問調書』(大月書店、一九九四))一二三頁。

6 『昭和天皇実録』第八巻、昭和一五年九月一六日。

7 日本国際政治学会編前掲『太平洋戦争への道』第七巻「日米開戦」・第八巻「別巻資料編」、塩崎弘明著『日英米戦争の岐路』(山川出版社、一九八四)。

8 アメリカ側の動向については、日本国際政治学会編前掲『太平洋戦争への道』第七巻「日米開戦」、第八巻「別巻資料編」、『現代史資料(34)太平洋戦争(一)』(みすず書房、一九六八)、伊藤隆『十五年戦争』(『日本の歴史』三〇、小学館、一九七六)などを参照。

9 岩畔は陸軍中野学校を設立し、また特殊兵器の開発を専門とした登戸研究所の設立にもかかわるなど、諜報、謀略分野のエキスパートとして知られるが、この日米諒解案の策定に関しては、純粋に日米戦争の回避に向けての思いからのものであったようである。岩畔は渡米までして、井川・ドラウトたちによる諒解案の成案作りを支援していた。国務長官のハルも岩畔の努力を評価していた由であった。

もう一人拡大主義の権化のように言われる武藤章であるが、彼もまたこの諒解案の成立に期待し、井川たちの活動を援護していた。一貫した拡大派であった武藤であるが、日中戦争の泥沼から脱却する方途を模索していた時、この諒解案は問題解決の光明と映ったのであろう。

10 日本国際政治学会編前掲『太平洋戦争への道』第八巻「別巻資料編」。

11 前掲『昭和天皇独白録』。

12 参謀本部編『杉山メモ』(原書房、一九八九)上、一三一頁。

13 前掲『昭和天皇独白録』。

14 ジョセフ・グルー『滞日十年―日記・公文書・私文書に基く記録―』(毎日新聞社、一九四八)。

15 ハミルトン・フィッシュ『ルーズベルトの開戦責任―大統領が最も恐れた男の証言―』(草思社、二〇一四)。

16 木戸幸一『木戸幸一日記』(東京大学出版会、一九六六年)昭和一六年一〇月一七日。

17 佐藤賢了『軍務局長の賭け―佐藤賢了の証言』(芙蓉書房、一九八五)二六五頁。

18 『昭和天皇実録』第八巻、昭和一六年一一月五日。

19 日本国際政治学会編前掲『太平洋戦争への道』第七巻「日米開戦」三五〇・四三九頁、前掲『現代史資料(34)太平洋戦争(一)』一四九頁、佐藤前掲『軍務局長の賭け』二四八頁、斎藤充功『日米開戦五十年目の真実―御前会議はカク決定ス』(時事通信社、一九九一)一八五頁など。

さらに米国人歴史家の著述としてチャールズ・A・ビーアド著、開米潤訳『ルーズベルトの責任―日米戦争はなぜ始まったか―』(上・下)(藤原書店、二〇一一)がある。同書の英文原著は一九四八年に出版されているが、同書においてすでに暫定協定案とそれが潰されたいきさつ、そして『スチムソン日記』の問題の記述「われわれの被害を最小限にとどめて、日本に第一発を撃つようにいかに誘導すべきか」も紹介されている。このような早い時期から日米開戦の真相が明らかにされていたというのは驚くべきことである。それ故に、ビーアドはアメリカ社会では裏切り者扱いを受け、その晩年は不遇であった由である。ビーアドの慧眼をたたえるとともに、日米両社会の知的状態は七〇年にして、ようやく彼のレベルに到達しつつあるという感を深くする。

20 日本国際政治学会編前掲『太平洋戦争への道』第七巻「日米開戦」四四九頁。

21 須藤前掲『ハル・ノートを書いた男―日米開戦外交と「雪」作戦―』一二四頁。

22 同前、一六八頁。

23 'Henry Lewis Stimson Diary', November 25, 1941(国立国会図書館蔵マイクロフィルムVol. 36)。

24 前掲『現代史資料(34)太平洋戦争(一)』二二八頁。

25 同前、二三三頁。

26 'Henry Lewis Stimson Diary', November 25, 1941. この一一月二五日の会議は、ホワイトハウスで行われており、大統領ルーズベルトのほかに国務長官ハル、陸軍長官スチムソン、海軍長官ノックス、陸軍参謀総長マーシャル、海軍作戦部長（海軍参謀長）スタークスの六名からなる、対日戦争会議であった。そして、そこでの主要議題が、日本を開戦にいかに誘導するかということであれば、これは「東京裁判」で持ち出された「平和に対する罪（A級戦犯）」の「共同謀議」罪に見事に適合するということではないであろうか。米国政府の首脳が会同した会議における、当事者の日記という最高級の史料に残された、最重要な議事内容！ 第二次大戦の中で、これほどに秀逸な戦争犯罪の証拠はまたと無いといって間違いはない。『スチムソン日記』の重要性が遺憾なく発揮されている。

27 前掲『現代史資料(34) 太平洋戦争（一）』一七三頁。『スチムソン日記』一一月二五日にも、ハルの発言として、中国の蔣介石が暫定協定案に反対しているために困っている旨が記されている。ハルは「私はもうこれ以上、何も提案することができない」と述べていた。

中国重慶の蔣介石からワシントン宛てに発信された暫定協定案に反対する度重なる電文は、日本の諜報部門によって傍受されており、その電文内容は外務大臣の東郷に逐一報告されていた。今日、外務省外交史料館に残された傍受電文の記録史料には、東郷の読了を示す「大臣」印が捺されていたことなどが解明されている（簑原俊洋「日米暗号戦争と政策決定への影響—なぜ「情報」は活かせなかったのか」『外交フォーラム』第一六巻（通号一七四、二〇〇三）。これによって東郷は、日本側提案の乙案がアメリカ側に受諾されていたことを確信したのである。それ故に、実際に提示されたハル・ノートの内容を見せられた時、彼は天地が一変したような衝撃を受けることになった（東郷茂徳『時代の一面：大戦外交の手記 東郷茂徳遺稿』（改造社、一九五二）二五一頁）。

28 輸送船団の誤報については、児島襄『太平洋戦争』上（中公新書、一九六五）、林茂『日本の歴史25 太平洋戦争』（中央公論社 一九六七）など。

29 保阪正康『東条英機と天皇の時代』（ちくま文庫）三四八頁。

## 第4章

1　『木戸幸一日記』昭和一六年一〇月一三日には、昭和天皇の意向として、万一日米開戦となったならば、「戦争終結の場合の手段を初めより充分考究し置くの要あるべく、それにはローマ法皇庁との使臣の交換等、親善関係につき方策を樹つるの要あるべし」と記されている。

2　日本側には、そのような計画は無かったのであるが、アメリカ側は日本軍のカリフォルニア上陸作戦におびえていた。日系アメリカ人の強制収容所への移送はその結果であり、カリフォルニア在住の日系人が、米本土上陸作戦を敢行した日本軍に合流してその兵力となることを恐れて、戦略上重要な地帯から全面的に退去させたのであった。

「この時期、スティムソン自身の関心は、アメリカ本土周辺の防衛問題に向けられていた。パールハーバーでの損害が、一時的ではあるが、海軍の戦力を弱体化させたので、西海岸の防衛が陸軍の任務となったからである。一二月、陸軍省はその地域を防衛するため、前例のない規模の軍隊を配備した。五月、戦闘任務を与えられた日本艦隊が東方に向かって視界から消えた時、マーシャルは西部防衛について迅速かつ入念な調査を自ら行った。マーシャルが、名高いドーリットル空襲――敗戦が続く中で、心理的に注目すべき勝利をもたらした大統領の十八番の作戦〔一九四二年四月のアメリカ陸軍航空隊による日本本土への最初の空襲〕――が戦略ではなくプライドによる報復を誘発するのではないかというスティムソンの懸念を共有していたからである。

同時期において、いかなる緊急事態にも対応する責任を自覚し、陸軍省は、一〇万人以上の日系人に対して西海岸の戦略上重要な地域からの退去を命じた。この決定は、大方がアメリカ市民であった人々の権利を侵害する違憲措置であると酷評されたが、最終的には最高裁判所が大統領の戦時大権の妥当な行使であると認めたものである。批判者たちは、この退去措置に至る状況を無視していた。開戦後の最初の数ヶ月においては、日本軍による西海岸への襲撃は、単に可能性があるだけでなく充分あり得ることと予想され、侵略者が日系人から有力な協力を獲得しないという確証もなかった。何より、西海岸地域に存在した反日感情は、すべての日系人の命が危険に晒される段階にまで達しており、違法な暴動騒ぎが頻発しつつあった。そのようなわけで、大統領の承認を得た上で、スティムソンは、マックロイに指揮を執らせ、戦略上重要な沿岸地域から日本人と日系アメリカ人を全面退去させたのである。」（ヘンリー・L・スティムソン／マックジョージ・バンディ著、中沢志保・藤田怜史訳、『ヘンリー・スティムソン回顧録』上（国書刊行会、二〇一七）一〇七頁）。

3 ハンキー卿、長谷川才次訳『戦犯裁判の錯誤』（時事通信社、一九五二）五二頁。

4 同前五七頁。無条件降伏の惨禍については同書六三頁以下に詳しい論述がある。

5 藤田宏郎「フランクリン・D.ローズベルトの無条件降伏論」（『甲南法学』第四八巻第一号、二〇〇七）、国務長官ハルもまた無条件降伏論には反対を表明していた（『ハル回顧録』付録六）。

6 『昭和天皇実録』第九巻、昭和二〇年七月一二日。

7 J.サミュエル・ウォーカー著、林義勝 監訳『原爆投下とトルーマン』（彩流社、二〇〇八）七九頁。七月一三日付の外相東郷から駐ソ日本大使佐藤宛の、ソ連を仲介とする講和交渉の方針を伝えた外務省公電が、アメリカの通信傍受班によって傍受・解読され、大統領トルーマンに伝えられていたことが確認されている。

　大統領主席補佐官でアメリカ海軍提督だったウィリアム・リーヒの回想録には、天皇の地位保全さえ認めれば日本は降伏する用意があること、また日本がソ連への仲介を依頼していたことを意図的に無視したことを批判している。またリーヒはトルーマンに対し、無条件降伏に固執せず、被害を大きくするべきではないと意見していた（Leahy. William D. [一九五〇] *I Was There.* New York. McGraw-Hill）。

8 外務省編『日本外交年表並主要文書』下巻（一九六六年刊）。

　ヤルタ密約の原文は下記のとおり（'POLITICAL REORIENTATION OF JAPAN September 1945 to September 1948' U.S.Government Printing Office,Washington,D.C. 1949）。千島列島引き渡しの部分までを掲げる。

The leaders of the three Great Powers - the Soviet Union, the United States of America and Great Britain - have agreed that in two or three months after Germany has surrendered and the war in Europe has terminated the

Soviet Union shall enter into the war against Japan on the side of the Allies on condition that:

1. The status quo in Outer-Mongolia (The Mongolian People's Republic) shall be preserved:
2. The former rights of Russia violated by the treacherous attack of Japan in 1904 shall be restored, viz:
   (a) the southern part of Sakhalin as well as all the islands adjacent to it shall be returned to the Soviet Union,
   (b) the commercial port of Dairen shall be internationalized, the preeminent interests of the Soviet Union in this port being safeguarded and the lease of Port Arthur as a naval base of the USSR restored,
   (c) the Chinese-Eastern Railroad and the South-Manchurian Railroad which provides an outlet to Dairen shall be jointly operated by the establishment of a joint Soviet-Chinese Company it being understood that the preeminent interests of the Soviet Union shall be safeguarded and that China shall retain full sovereignty in Manchuria;
3. The Kuril islands shall be handed over to the Soviet Union.

9　アイゼンハワーは一九五三年二月二日の一般教書演説において、ヤルタ秘密協定の廃棄を宣言し、またアメリカ議会もまた同協定の無効を決議している（遠藤晴久『ヤルタ会議』東海タイプライター、一九六一）。

## 第Ⅱ部 注

1　「東京裁判」の包括的叙述としては、朝日新聞法廷記者団『東京裁判』上・中・下巻（東京裁判刊行会、一九六二、一九六三)、瀧川政次郎『東京裁判をさばく』(慧文社(新版)、二〇〇六)、児島襄『東京裁判』(上・下)、(中公新書/中公文庫、新版二〇〇七)、戸谷由麻『東京裁判　第二次大戦後の法と正義の追求』(みすず書房、二〇〇八、新版二〇一八、半藤一利・保阪正康・井上亮『「東京裁判」を読む』(日本経済新聞出版社、二〇〇九)、菅原裕『東京裁判の正体』(時事通信社、一九六一)、日暮吉延『東京裁判の国際関係―国際政治における権力と規範―』(木鐸社二〇〇二)、日暮吉延『東京裁判』(講談社現代新書、二〇〇八)、粟屋憲太郎『東京裁判への道』(講談社選書メチエ(上・下)、二〇〇六―二〇〇七)/講談社学術文庫、二〇一三、冨士信夫『私の見た東京裁判』(講談社学術文庫(上・下)、一九八八)などがあり、また裁判の速記録として極東国際軍事裁判所編『極東国際軍事裁判速記録』(雄松堂、一九六八)、国士舘大学法学部比較法制研究所(篠原敏雄ほか)監修、松元直歳編・監訳。山本昌弘・松元直歳要訳『極東国際軍事裁判審理要録　東京裁判英文公判記録要訳』(原書房「明治百年史叢書」、二〇一三~刊行中)がある。

「東京裁判」の推移に関する日時、人名、そのほか事実面での叙述は、これら諸書に拠っている。

2　日暮前掲『東京裁判』一八頁、牛村圭・日暮吉延『東京裁判を正しく読む』(文春新書　文藝春秋、二〇〇八)六八頁。

3　清瀬一郎『秘録東京裁判』(読売新聞社、一九六七/中公文庫(中央公論新社、一九八六、改版二〇〇二)、東京裁判研究会編『共同研究 パル判決書』(講談社学術文庫(上・下))、小林よしのり『いわゆるA級戦犯』(幻冬舎、二〇一三)、渡部昇一『パル判決書の真実―いまこそ東京裁判史観を断つ―』(PHP研究所、二〇〇八)。中島岳志『パール判事―東京裁判批判と絶対平和主義―』(白水社、二〇〇七)、太平洋戦争研究会編『東京裁判パル判決書の真実―なぜ日本無罪を主張したのか―』(PHP研究所、二〇〇六)、田中正明『パール判事の日本無罪論』(慧文社、一九九二)。

4　大久保昭編『国際条約集 二〇〇二年版』(有斐閣、二〇〇二)。

1 極東国際軍事裁判所編『極東国際軍事裁判速記録』全一〇巻（雄松堂、一九六八）。

2 朝日新聞法廷記者団『東京裁判』上巻（東京裁判刊行会、一九六二）【以下、『朝日記者・東京裁判』上巻のように略記。なお同書には「東京裁判」の進行に合わせて随時、刊行されていった全九冊（一九四六～一九四九年）からなる第一次版（刊行は東京ニュース社）。それをまとめた上・中・下の三巻からなる第二次版（一九六二、六三年）。さらにこれを大幅に圧縮して簡略化した上・中・下の三巻からなる第三次版（一九七七年）、さらにそれを文庫本（朝日文庫）したものと、多様なヴァージョンが出版されており、取り扱いに注意を要する。本書ではすべて、記述もよくまとまっており、収録資料も豊富な第二次版を用いている。】

3 前掲雄松堂版『極東国際軍事裁判速記録』第一巻【以下、『雄松堂版速記録』第一巻のように略記】。

4 粟屋憲太郎『東京裁判への道』（講談社学術文庫、二〇一三）八五頁。

5 『朝日記者・東京裁判』上巻、三六八頁。

6 日暮前掲『東京裁判』一六九頁。

7 同前、二五四頁。

8 『朝日記者・東京裁判』下巻、一七六頁。

9 同前、一六四頁。

10 東京裁判研究会編『共同研究 パル判決書』（講談社学術文庫）上・下。

11 『朝日記者・東京裁判』下巻、一九五頁、大岡優一郎『東京裁判 フランス人判事の無罪論』（文春新書、二〇一二）。

12 『朝日記者・東京裁判』下巻、二一九頁。

## 第2章

1 B・V・A・レーリンク＆A・カッセーゼ『レーリンク判事の東京裁判―歴史的証言と展望』（小菅信子訳、新曜社一九九六）一〇六頁。

2 戸谷由麻『東京裁判―第二次大戦後の法と正義の追求―』（みすず書房、新装版、二〇一八）二〇六頁。

3 この第一三条のイ項の英語表現は左記のとおり。

The Tribunal shall not be bound by technical rules of evidence. It shall adopt apply to the greatest possible extent expeditions and non-technical procedure, and shall any evidence which it deems to have probative value. All purported admissions or statements of the accused are admissible.（'The Tokyo War Crimes Trial' by R.J.Pritchard & S.M.Zaide, Garland Publishing Inc. 1981).

4 清瀬前掲『秘録東京裁判』（中公文庫）六〇頁。

5 英文では 'without limiting in any way the scope of the foregoing general rules'。

## 第3章

1 『朝日記者・東京裁判』上巻、一九六頁。

2 オランダ出身の判事レーリンクはこれについて語っている。「東京裁判」が始まる前は、世界の正義を明らかにする裁判であると思って臨んだが、次第に疑問を抱くようになり、英米らの多数派判事グループとは距離をおくことにした、と（前掲『レーリンク判事の東京裁判―歴史的証言と展望』一四〇頁以下）。

3 『雄松堂版速記録』第一巻、六頁、『朝日記者・東京裁判』上巻、一七二頁。

4 清瀬前掲『秘録東京裁判』四八頁。

5 『朝日記者・東京裁判』上巻、一八九頁以下。

6 ハンキー卿『戦犯裁判の錯誤』（長谷川才次訳、時事通信社、一九五二）九頁。

7 前掲『レーリンク判事の東京裁判―歴史的証言と展望―』一〇四頁。

8 リチャード・H．マイニア、安藤仁介訳『東京裁判―勝者の裁き―』（福村出版、一九七一）一一一頁。ともすれば見逃されがちなこの問題、すなわちこれも『東京裁判』の詐術の一つなのであるが、この点を明らかにしたのはマイニアの大きな功績である。

9 レーリンクの言によるならば、「東京裁判」の判決文も先の五ヶ国に中・ソの両国を加えた七ヶ国判事たちによって準備されていたとのことである。一一名で協議しての結果ではなく、七ヶ国の多数派判事による判決文があらかじめ用意されていて、残りの四名に対して提示して賛同を求めるという形をとっていた。

もちろん、残りの四人の判事は、それぞれ独自の判決文を執筆したが、法廷で読み上げられることはなかった。傍聴者、マスコミの関係者は、それ故に多数派判事の判決文を「東京裁判」の唯一の判決文と受け取っていたのであった。

さらにレーリンクは、この多数派判事の判決文なるものも、判事たちによって作成されたものではなくして、専門事務官たちの手になったものであることを、控えめに証言している（レーリンク前掲書、一〇三頁）。レーリンクは裁判官としての職業倫理感からであろう、内幕の暴露に対して慎重であるのだが、この最終判決文の作られ方については、証言を残しておく必要を感じていたのかも知れない。すなわち、多数派判事たちが作成したと言われている六百頁をこえる膨大な最終判決文の大半、特に事実認定にかかわる部分は、あらかじめ「起草委員会」という名のGHQ方面で作成されていたものであった（ベルナール個別判決書（『朝日記者・東京裁判』下、二一一頁））。この面からも「東京裁判」なるものの操作性が立証される。他方ではこのような政治的操作によって導き出された「判決」なるものから、逆にその根拠とされた「事実認定」が牢固なものとして支配力を及ぼすことになっている。これが歴史認識上の「東京裁判」史観と呼ばれるものである。この面からも「東京裁判」史観の虚構性が立証されることになる。

10 日暮前掲『東京裁判』一一二頁。

11 『雄松堂版速記録』第一巻、二一二頁。

12 『朝日記者・東京裁判』上巻、一七五頁。

13 マイニア前掲『東京裁判―勝者の裁き―』一一一頁。

14 同前、一一四頁。

15 北博昭『軍律法廷—戦時下の知られざる「裁判」—』（朝日新聞社、一九九七）。この戦時下における戦時国際法に基づいて開催される軍事法廷は、日本では「軍律法廷」と呼ばれていたが、アメリカでは「軍事委員会 Military Commission」と称せられており、「trial」や「court」などの「裁判」を意味する言葉は使われていなかった。検察官も裁判官もすべて占領軍側の人間によって構成される擬似的な裁判は、言葉の正しい意味での「裁判」ではありえなかったからであろう。「裁判」ではなく、所詮は敵軍捕虜を処刑するための検討会議でしかないから「軍事委員会」の名称が用いられていたということであろう。そしてこの「軍事委員会」の方式が「ニュルンベルク裁判」および「東京裁判」では導入されていたのである。しかも「軍事委員会《ミリタリー・コミッション》」の名称は避けて、軍法会議などの特殊裁判一般を意味する「tribunal」の語をもって糊塗されていたのである。

この点はジョン・ダワーも指摘している。「軍事法廷、あるいは軍事委員会の手法が採用されたのは、そうすることで、検察側にほかの状況では許されない手続き上の裁量が、とくに証拠の証拠能力有無の裁量が可能になるからである」とし、連合国は被告の主張を正当化することを妨害するために、証拠に関して制限を加えたと指摘し、「勝者によって緩められた証拠規則が、裁判に恣意性と不公正の入りこむ余地を与えた」ことは明らかであるとしている（ジョン・ダワー『敗北を抱きしめて』岩波書店、二〇〇四、二六二頁）。

16 前掲『レーリンク判事の東京裁判—歴史的証言と展望』九九頁。

その却下の理由は、訴追案件と関係ない事案の検討に時間を空費するのは、本裁判所の利益にならないから、というところに求めているようである。被告人が死刑から免れる可能性があるのに、時間の無駄という理由でいっさい取り上げないということである。本裁判所の利益と目的とは、一刻も早く、被告人たちが死刑判決に到達するようにもっていくところにある、と言わんばかりの話ではないか。そして当然のことながら、それは連合国側が犯した同種の戦争犯罪をすべて隠蔽するという態度表明にほかならない。

17 日暮前掲『東京裁判の国際関係—国際政治における権力と規範—』一三六頁以下。

## 第4章

1 日暮前掲『東京裁判』二五九頁以下。前掲『レーリンク判事の東京裁判―歴史的証言と展望』にもそれは記されている。ただしレーリンクは、「平和に対する罪」では死刑にしていないと強調するのみで、死刑判決のトリックについて論じているわけではない。

2 日暮前掲『東京裁判』二二九頁。

3 前掲『レーリンク判事の東京裁判―歴史的証言と展望』五三頁。

4 この問題については、戸谷由麻『東京裁判―第二次大戦後の法と正義の追求―』(みすず書房、二〇〇八)が詳しい。

5 一九六八年(昭和四三年)一一月、第二三回国際連合総会にて採択。

6 戸谷前掲『東京裁判―第二次大戦後の法と正義の追求―』二一一頁。

7 より詳しく言えば、東条の指令が捕虜の労役に戦闘的施設の建設をあてており、それがジュネーブ条約違反にあたるということをもって捕虜虐待と言い立てているということである。ここまでくれば、これはもう屁理屈としか表現のしようがない。そして実に驚くべきことに、この屁理屈だけが東条に死刑判決をもたらした唯一の法的根拠ということである。これが「A級戦犯＝死刑」論の本性なのである。パールやレーリンクは、東条らが捕虜の虐待を命じた証拠は存在しないと明言している。

　そもそも東条のこの種の、戦場における行動指針として兵士たちに示したのが、かの『戦陣訓』である。「生きて虜囚の辱しめを受けず」の一句で有名であり、兵士に敢闘の精神を求めるものであるが、同時に「身を持するに冷厳なれ。事に処するに公正なれ。行ひて俯仰天地に愧ぢざるべし。」「敵産、敵資の保護に留意するを要す。徴発、押収、物資の燼滅等は規定に従ひ、必ず指揮官の命に依るべし。」「仁恕の心能く無辜の住民を愛護すべし。」「酒色に心奪はれ、又は慾情に駆られて本心を失ひ、皇軍の威信を損じ、奉公の身を過るが如きことあるべからず。深く戒慎し、断じて武人の清節を汚さざらんことを期すべし」「陣中の徳義は戦力の因なり。(中略)雄々しく床しき皇軍の名を、異郷辺土にも永く伝へられたきものなり。」「正を践み義を貫きて皇国の威風を世界に宣揚すべし。国際の儀礼亦軽んずべからず。」等々、公正と清節・徳義の励行、敵資産の略奪の禁止、住民保護、婦女暴行の禁、国際的儀礼の遵守、等の方針が明記されている。この点からも、東条を「ロハ類戦犯（BC級戦犯）」で訴追することの不当性が立証される。

さらに本文にも記したとおり、日本軍のイギリス人兵士を中心とする捕虜の取り扱いが優良であって問題なしとする報告が、イギリスの赤十字社などによってなされていた。捕虜虐待の事実は否定できないが、それは戦局悪化の状況の下、食料等の極端な欠乏の中で不可避的に生じてきた問題ということであろう。それ故に、当初からの戦争目的に、米英蘭兵士捕虜の系統的虐待があったなどとは虚妄も極まれりの感を免れえない。しかもその虚構の構図が、いわゆる「A級戦犯」の人々を死刑に追いやった根拠とされているわけであり、この点からも「東京裁判」の失格が宣告されるであろう。

8 広田弘毅伝記刊行会編『広田弘毅』（広田弘毅伝記刊行会、一九六六）四二五頁以下。

9 「東京裁判、多数派判決」『朝日記者・東京裁判』下巻、一四六頁。

10 戸谷前掲『東京裁判―第二次大戦後の法と正義の追求―』二一一頁。

## 第5章

1 菅原裕『東京裁判の正体』（時事通信社、一九六一）六八頁。

日本側弁護人であった菅原は共同謀議コンスピラシーの法理を、コミンズ・カー検事の論告に基づいて次のように記している。「共同謀議は、二人以上の不法目的達成のための結合か、または不法あるいは合法目的を不法手段によって達成せんとする結合であって、それが謀議者のだれかによって実行された場合、犯罪は成立する。そしてすでに成立せる謀議に加入せる者も、原共同謀議者と同罪である。そして共同謀議が存する以上、これに参画せる者は、その時以後、明確に離脱し得ない限り、その者が知ると否とにかかわらず、共同謀議者の全行動、ならびに言辞に責任を有する。ただし、それらの言動は、その者が加わりたる計画の範囲内たること」。

2　東京裁判研究会編前掲『共同研究 パル判決書』下。パール判決は一般には「平和に対する罪」をめぐる事後法（批判）論として知られているが、同判決では共同謀議論に対する批判にも多くの紙幅を割いている。
3　前掲『レーリンク判事の東京裁判―歴史的証言と展望』九五頁。

**第6章**

1　東京裁判研究会編前掲『共同研究 パル判決書』上・下。日本の知識人の行う「東京裁判」批判論は、ほぼ一律にパール事後法論に依拠しているといって過言ではないであろう。もちろん、裁判手続きにおいて被告人側がきわめて不利な扱いを受けたり、検察側の立証手続きの杜撰さが容認されている点などを指摘する議論、そして「勝者による裁判」の不当論なども見られるが、批判議論の主筋が事後法批判論であることは不動といってよいであろう。

**第7章**

1　『昭和天皇実録』第六巻、昭和八年二月一一日。
2　同前、同年五月一〇日、同月二二日、同月二二日、同月三一日。
3　大岡前掲『東京裁判 フランス人判事の無罪論』一一〇頁。
4　近衛前掲『近衛公手記』八一頁、一一三頁。
5　石射前掲『外交官の一生』三〇四頁。
6　保坂前掲『昭和天皇と秩父宮』三四七頁。元老の西園寺公望もまた、昭和天皇と秩父宮との関係を危惧していた。日本の歴史には、天皇家において兄弟相克の悲劇が多々あることを、強い懸念をもって周囲に語っていた（原田前掲『西園寺公と政局』第六巻、二六五頁）。また百武侍従長も、昭和天皇と軍部との間の緊張があまりに高まっているので「政変」があるやもという危惧を吐露していた（『原田メモ』昭和一四年五月一〇日（同前別巻））。
7　岡部長章『ある侍従の回想記』（朝日ソノラマ、一九九〇）一〇〇頁。

8 オランダ人判事レーリンクもこの問題について次のように語っている。「周知のとおり、軍部にはヒロヒトの暗殺を画策するグループもありました。天皇にもっとも近い立場にあった皇弟の秩父宮を担ごうとしたのです。」（前掲『レーリンク判事の東京裁判―歴史的証言と展望』六八頁）。

9 前掲『昭和天皇独白録』。

10 『昭和天皇実録』第八巻、昭和一五年九月一六日。天皇は首相近衛に対して、対米開戦の危険、そして敗戦に至った時の覚悟をただすのが精一杯の抵抗であった。

11 前掲『ヘンリー・スティムソン回顧録』下、三三九頁、三四三頁。

12 グルー前掲『滞日十年―日記・公文書・私文書に基く記録―』。

13 前掲『木戸幸一日記』昭和二〇年八月二九日。

14 藤田尚徳『侍従長の回想』（講談社学術文庫）一七六頁。

15 『朝日記者・東京裁判』下巻、一七四頁、三四〇頁。なおこの点に関して、検事キーナンもまた同様の発言をしている。彼は後にアメリカの放送番組に出演した際、天皇を裁判にかけるべきであったかとの問いに対して、次のように答えた由である。「この問いに対する私の答えは簡単です。つまり、否です。裁判に提出された証拠を見れば、裕仁自身は戦争を望んでいなかったことが、きわめて明白でした」と（マイニア前掲『東京裁判―勝者の裁き―』一三六頁）。

## 第8章

1 横山臣平『秘録　石原莞爾伝』（芙蓉書房、一九七一）。

2 前掲『東京裁判資料・田中隆吉尋問調書』二四頁、一一〇頁。

将軍イシワラの名前は、海外にまで轟いていた。二万の兵をもって満州に展開する軍閥二十万の勢力を蹴散らし、わずか五ヶ月で広大な満州の全域を制圧してしまった石原の軍略家ぶりは海外の軍事関係者からも尊敬のまなざしをもって眺められ、イギリスやドイツから招かれて、満州事変の講演を行っていたほどであった。
3 粟屋憲太郎前掲『東京裁判への道』三九二頁。
4 横山前掲『秘録 石原莞爾伝』一三頁。この伝記の筆者は、陸士以来の石原の友人であったことから、その記述は信頼に足るものと考える。
5 同前、二四頁。
6 早瀬利之『石原莞爾 北支の戦い』(潮書房光人社、二〇一七)。
7 北河賢三・望月雅士・鬼嶋淳編『風見章日記・関係資料 一九三六―一九四七』(みすず書房、二〇〇八)。

## 第9章

1 『松岡洋右伝記刊行会編『松岡洋右』(一九七四・講談社)。
2 矢部貞治『近衛文麿』近衛文麿伝記編纂刊行会[編]、弘文堂、一九五二年。
3 前掲『近衛公手記』三二九頁。
4 『近衛日記』共同通信社開発局、一九六八年。
5 杉山元帥伝記刊行会 編『杉山元帥伝』(原書房明治百年叢書87、一九六九年)。
6 前掲『近衛公手記』八〇頁。
7 参謀本部編前掲『杉山メモ』上、三一〇頁。
8 東条英機刊行会編『東条英機』(芙蓉書房、一九七四)。
9 佐藤前掲『軍務局長の賭け―佐藤賢了の証言』二七二頁。
10 保阪正康『東条英機と天皇の時代』下(伝統と現代社、一九八〇)三四八頁。
11 上法快男編『軍務局長武藤章回想録』(芙蓉書房、一九八一年)。
12 前掲『東京裁判資料・田中隆吉尋問調書』一二五頁。

13 武藤はそもそもドラウト神父たちの提案した日米諒解案の取りまとめに際しても、これを側面支援していた。

14 ウィリアム・ルクテンバーグ『ローズヴェルト』（陸井三郎訳、紀伊國屋書店、一九六八）。

15 コーデル・ハル『ハル回顧録』（中央公論新社、二〇〇一）。

16 前掲『太平洋戦争への道』第七巻「日米開戦」四四九頁。

17 『トルーマン回顧録』1・2（堀江芳孝訳、恒文社、一九六六年／新装版、一九九二年）。

18 「従わなければ、全滅」の脅迫をもって降伏を迫ることは、ハーグ陸戦条規第二三条の禁止するところであり、残虐性、一般市民の大量殺戮とも併せて原爆使用は三重の意味で本来の戦争犯罪に該当している。極刑が課されて当然であろう。

19 保坂正康『蒋介石』文春新書（文藝春秋社、一九九九年）、『抗日戦争八年』三五頁、蒋緯国、早稲田出版。

20 バーナード・ハットン『スターリン―その秘められた生涯―』講談社学術文庫（講談社、一九八九年）。

**終章**

1 前掲『レーリンク判事の東京裁判―歴史的証言と展望』一〇七頁。

［記録・史料］

ジョセフ・グルー『滞日十年―日記・公文書・私文書に基く記録―』毎日新聞社、一九四八年。

朝日新聞法廷記者団『東京裁判（上・中・下巻）』東京裁判刊行会、一九六二年、六三年。

「『現代史資料』シリーズ」みすず書房、一九六四年。

第七巻「満州事変」、第八巻「日中戦争（一）」、第九巻「日中戦争（二）」、第一〇巻「日中戦争（三）」。

第三四巻「太平洋戦争（一）」　第三五巻「太平洋戦争（二）」、第三六巻「太平洋戦争（三）」。

木戸幸一『木戸幸一日記』二巻、東京大学出版会、一九六六年。

杉山元『杉山メモ（上下）』原書房、一九六七年。

本庄繁『本庄日記』原書房、一九六七年。

近衛文麿『近衛日記』共同通信社、一九六八年。

極東国際軍事裁判所編『極東国際軍事裁判速記録』雄松堂、一九六八年。

東京裁判研究会編『共同研究 パル判決書』講談社学術文庫（上・下）一九八四年。

粟屋憲太郎（編集）、岡田良之助（翻訳）『東京裁判資料・田中隆吉尋問調書』大月書店、一九九四年。

東京裁判資料刊行会『東京裁判却下未提出弁護側資料』国書刊行会、一九九五年。

抜粋版、小堀桂一郎編『東京裁判 日本の弁明「却下未提出弁護側資料」抜粋』講談社学術文庫、一九九五年。

軍事史学会編『大本営陸軍部戦争指導班 機密戦争日誌』錦正社、二〇〇八年。

『極東国際軍事裁判審理要録　東京裁判英文公判記録要訳』原書房「明治百年史叢書」、二〇一三年～刊行中 国士舘大学法学部比較法制研究所（篠原敏雄ほか）監修、松元直歳編・監訳。山本昌弘・松元直歳要訳。

近衛文麿『近衛公手記』(『最後の御前会議 戦後欧米見聞録 近衛文麿手記集成』)中公文庫(中央公論新社)、二〇一五年。

ラダビノード・パール[都築陽太郎訳]『東京裁判 全訳パール判決書』幻冬舎、二〇一六年。

[回顧録]

原田熊雄『西園寺公と政局(全八巻)』岩波書店、一九五〇-五六年。

石射猪太郎『外交官の一生』読売新聞社、一九五〇年。

Leahy, William D. [一九五〇] I Was There. New York, McGraw-Hill.

東郷茂徳『時代の一面:大戦外交の手記 東郷茂徳遺稿』改造社、一九五二年。

藤田尚徳『侍従長の回想』講談社、一九六一年。

ハリー・S・トルーマン[堀江芳孝訳]『トルーマン回顧録(一・二)』恒文社、一九六六年。

上法快男 編『軍務局長武藤章回想録』芙蓉書房出版、一九八一年。

『昭和天皇独白録・寺崎英成御用掛日記』文藝春秋、一九九一年。

コーデル・ハル『ハル回顧録』中央公論新社、二〇〇一年。

ヘンリー・L・スティムソン/マックジョージ・バンディ[中沢志保/藤田怜史訳]『ヘンリー・スティムソン回顧録(上・下)』国書刊行会、二〇一七年。

[伝記]
立命館大学編『西園寺公望伝』全六巻、岩波書店、一九九〇-九七年。
矢部貞治『近衛文麿』近衛文麿伝記編纂刊行会[編]、弘文堂、一九五二年。
山口重次『悲劇の将軍―石原莞爾―』世界社、一九五二年。
広田弘毅伝記刊行会編『広田弘毅』広田弘毅伝記刊行会、一九六六年。

杉山元帥伝記刊行会編『杉山元帥伝』原書房明治百年叢書87、一九六九年。

横山臣平『秘録 石原莞爾伝』芙蓉書房、一九七一年。

保阪正康『東条英機と天皇の時代（上・下）』伝統と現代社、一九七九‐八〇年。

松岡洋右伝記刊行会編『松岡洋右』講談社、一九七四年。

東条英機刊行会編『東条英機』芙蓉書房、一九七四年。

バーナード・ハットン『スターリン その秘められた生涯』講談社学術文庫、一九八九年。

保坂正康『蒋介石』文藝春秋社〈文春新書〉、一九九九年。

宮内庁『昭和天皇実録』全一八冊、索引一冊、東京書籍、二〇一五年～。

第五巻［昭和三年一月～同六年一二月］、第六巻［昭和七年一月～同一〇年一二月］、第七巻［昭和一一年一月～同一四年一二月］、第八巻［昭和一五年一月～同一七年一二月］、第九巻［昭和一八年一月～同二〇年一二月］、第十巻［昭和二一年一月～同二四年一二月］、第十一巻［昭和二五年一月～同］。

［叢書］
歴史学研究会『太平洋戦争史』全五巻。
一、満洲事変 二、日中戦争Ⅰ 三、日中戦争Ⅱ 四、太平洋戦争Ⅰ 五、太平洋戦争Ⅱ 青木書店 一九七一‐一九七二年。
日本国際政治学界『太平洋戦争への道』全八巻。

第一巻「満州事変前夜」、第二巻「満州事変」、第三巻「日中戦争（上）」、第四巻「日中戦争（下）」、第五巻「三国同盟―日ソ中立条約」、第六巻「南方進出」、第七巻「日米開戦」、第八巻「別巻資料編」、朝日新聞社、一九六三年。

〔単行本〕

## 第一部　歴史編

秦郁彦『日中戦争史』河出書房、一九六一年。

遠藤晴久『ヤルタ会議』東海タイプライター、一九六一年。

遠山茂樹、今井清一、藤原彰『昭和史』岩波書店、一九六二年。

島田俊彦『関東軍』中央公論社、一九六五年。

服部卓四郎『大東亜戦争全史』、原書房、一九六五年。

児島襄『太平洋戦争（上・下）』中公新書、一九六五－六六年。

家永三郎『太平洋戦争』岩波書店、一九六八年。

ジョン・トーランド［毎日新聞社訳］『大日本帝国の興亡』ハヤカワ文庫、一九八四年。

児島襄『日中戦争』全三巻、文藝春秋、一九八四年。

『失敗の本質』ダイヤモンド社、一九八四年。

三田村武夫『大東亜戦争とスターリンの謀略―戦争と共産主義―』自由社（新版）、一九八七年。

保坂正康『秩父宮と昭和天皇』文芸春秋、一九八九年。

クリストファー・ソーン『太平洋戦争とは何だったのか』草思社、一九八九年。

江藤淳『閉された言語空間―占領軍の検閲と戦後日本―』文藝春秋、一九八九年。

中村粲『大東亜戦争への道』展転社一九九〇年。

斎藤充功『日米開戦五十年目の真実』時事通信社、一九九一年。

秦郁彦『盧溝橋事件の研究』東京大学出版会、一九九六年。

大杉一雄『日中十五年戦争史』中公新書、一九九六年。

アーサー・ウォルドロン他『平和はいかに失われたか―大戦前の米中日関係もう一つの選択肢』原書房、一九九七年。

須藤眞志『ハル・ノートを書いた男―日米開戦外交と「雪」作戦』文春新書、文藝春秋、一九九九年。

前田徹、佐々木類、スコット・スチュアート『ルーズベルト秘録』産經新聞社、二〇〇〇年。

臼井勝美『新版 日中戦争』中公新書、二〇〇〇年。

K・カール・カワカミ［福井雄三訳］『シナ大陸の真相 一九三一―一九三八』展転社、二〇〇一年。

佐治芳彦『太平洋戦争の謎 魔性の歴史＝日米対決の真相に迫る』文芸社、二〇〇一年。

渡辺正俊『マレーシア人の太平洋戦争―この戦争は彼らにとって何であったか―』東京図書出版会、二〇〇三年。

斎藤充功『昭和史発掘―開戦通告はなぜ遅れたか―』新潮新書、二〇〇四年。

伊香俊哉『満州事変から日中全面戦争へ』、吉川弘文館、二〇〇七年。

吉田裕『アジア・太平洋戦争』岩波新書、二〇〇七年。

岩間敏『石油で読み解く「完敗の太平洋戦争」』朝日新書、二〇〇七年。

J・サミュエル・ウォーカー著［林義勝 監訳］『原爆投下とトルーマン』彩流社、二〇〇八年。

大杉一雄『日米開戦への道（上・下）』講談社学術文庫、二〇〇八年。

ジェームズ・B・ウッド『太平洋戦争は無謀な戦争だったのか』ワック、二〇〇九年。

渡辺惣樹『日米衝突の根源』草思社、二〇一一年。

長谷川毅『暗闘 スターリン、トルーマンと日本降伏（上・下）』中公文庫、二〇一一年。

チャールズ・A・ビーアド著、開米潤翻訳『ルーズベルトの責任―日米戦争はなぜ始まったか―』（上・下）藤原書店、二〇一一年。

吉本貞昭『世界が語る大東亜戦争と東京裁判』ハート出版、二〇一二年。

ハミルトン・フィッシュ『ルーズベルトの開戦責任―大統領が最も恐れた男の証言―』草思社、二〇一四年。

筒井清忠編『昭和史講義―最新研究で見る戦争への道―』ちくま新書、二〇一五年。

笠原十九司『日中戦争全史（上・下巻）』高文研、二〇一七年。

筒井清忠『戦前日本のポピュリズム―日米戦争への道』中公新書、二〇一八年。

江崎道朗『アメリカ側から見た東京裁判史観の虚妄』祥伝社、二〇一六年。

ケント・ギルバート、井上和彦『東京裁判をゼロからやり直す』小学館、二〇一八年。

櫻井よしこ他『新・東京裁判論』産経新聞出版、二〇一八年。

［第二部　裁判編］

瀧川政次郎『東京裁判を裁く（上・下）』東和社、一九五二年。

ハンキー卿［長谷川才次訳］『戦犯裁判の錯誤』時事通信社、一九五二年。

菅原裕『東京裁判の正体』時事通信社、一九六一年。

清瀬一郎『秘録東京裁判』読売新聞社、一九六七年／中公文庫、一九八六年。

R・H・マイニア、安藤仁介訳『東京裁判―勝者の裁き』福村出版、一九七一年。

冨士信夫『私の見た東京裁判（上・下）』講談社学術文庫、一九八八年。

アーノルド・C・ブラックマン『東京裁判―もう一つのニュルンベルク』時事通信社、一九九一年。

田中正明『パール判事の日本無罪論』慧文社、一九九二年。

B・V・A・レーリンク＆A・カッセーゼ『レーリンク判事の東京裁判―歴史的証言と展望』新曜社、一九九六年。

小堀桂一郎『再検証 東京裁判』PHP研究所、一九九六年。

北博昭『軍律法廷―戦時下の知られざる「裁判」―』朝日新聞社、一九九七年。

ジョン・ダワー『敗北を抱きしめて―第二次大戦後の日本人―（上・下）』岩波書店、二〇〇一年。

牛村圭『「文明の裁き」をこえて 対日戦犯裁判読解の試み』中央公論新社、中公叢書、二〇〇一年。

日暮吉延『東京裁判の国際関係―国際政治における権力と規範―』木鐸社、二〇〇二年。

牛村圭『再考「世紀の遺書」と東京裁判　対日戦犯裁判の精神史』PHP研究所、二〇〇四年。

牛村圭『勝者の裁きに向きあって―東京裁判をよみなおす』ちくま新書、二〇〇四年。

佐藤和男監修『世界がさばく東京裁判』明成社、二〇〇五年。

太平洋戦争研究会編『東京裁判「パル判決書」の真実―なぜ日本無罪を主張したのか』ＰＨＰ研究所、二〇〇六年。

粟屋憲太郎『東京裁判への道（上・下）』講談社選書メチエ、二〇〇六－〇七年。

中島岳志『パール判事―東京裁判批判と絶対平和主義』白水社、二〇〇七年。

渡部昇一『「東京裁判」を裁判する』致知出版社、二〇〇七年。

牛村圭・日暮吉延『東京裁判を正しく読む』文春新書、二〇〇八年。

武田珂代子『東京裁判における通訳』みすず書房、二〇〇八年。

戸谷由麻『東京裁判―第二次大戦後の法と正義の追求』みすず書房、二〇〇八年。

日暮吉延『東京裁判』講談社現代新書、講談社、二〇〇八年。

保阪正康『東京裁判の教訓』朝日新書、朝日新聞出版、二〇〇八年。

半藤一利・保阪正康・井上亮『「東京裁判」を読む』日本経済新聞出版社、二〇〇九年。

竹内修司『創られた「東京裁判」』新潮選書、新潮社、二〇〇九年。

大岡優一郎『東京裁判　フランス人判事の無罪論』文春新書、二〇一二年。

小林よしのり『いわゆるＡ級戦犯』幻冬舎、二〇一三年。

# アジア・太平洋戦争―略年表

前史

**一九二五年（大正一四年）**

一月―蒋介石の広東政府、北伐を開始。

**一九二七年（昭和二年）**

五月―北伐が山東省の日本利権に迫り、日本軍第一次山東出兵。

一〇月―毛沢東、江西省に革命根拠地樹立。

**一九二八年（昭和三年）**

四月―蒋介石の北伐再開、日本軍反発し第二次山東出兵。

五月―済南事件起こる。

六月―北伐完了。

六月四日―張作霖爆殺事件起こる。

七月―アメリカ合衆国政府、蒋介石の国民党政府を承認。

一〇月―蒋介石、国民政府主席に就任。

**一九二九年（昭和四年）**

一〇月―世界恐慌起こる。
一二月―南京の月刊誌『時事月報』で田中上奏文が発表される。

**一九三〇年（昭和五年）**

日本、金輸出解禁により金流出、輸出不振。

**一九三一年（昭和六年）**

九月一八日―満州事変勃発。
一二月―日本金輸出再禁止。

**一九三二年（昭和七年）**

一月二八日―第一次上海事変起こる。
二月～九月―リットン調査団、柳条湖事件を調査。
三月一日―満州国建国宣言。
五月一五日―五・一五事件発生。
九月一五日―日満議定書調印。
一〇月―リットン調査団、柳条湖事件調査の結果を国際連盟に報告。

**一九三三年（昭和八年）**

一月～三月―日本軍、熱河作戦。
二月二一日―国際連盟総会で柳条湖事件に関する決議。日本は不服として連盟脱退を表明。

三月四日—アメリカ、ルーズベルトがアメリカ大統領に就任、ニューディール政策を実施。
三月二四日—ドイツ、全権委任法を制定、ヒットラーが総統に就任。
五月三一日—日本、中華民国と塘沽協定を結ぶ。

**一九三四年（昭和九年）**
一〇月—毛沢東の長征始まる（三六年一〇月まで）。

**一九三五年（昭和一〇年）**
二月—天皇機関説問題。四月、美濃部達吉の著書発禁、九月、貴族院議員辞職を強いられる。
八月一日—中国共産党、八・一宣言（抗日救国宣言）で、国共合作を呼びかける。
一一月—冀東防共自治政府成立。

**一九三六年（昭和一一年）**
一月—日本、ロンドン軍縮会議を脱退。
二月—二・二六事件。
一一月—日独防共協定、締結される。
一二月—西安事件（張学良、蒋介石を拉致監禁）起こる。

**一九三七年（昭和一二年）**
七月七日—盧溝橋事件。
七月—日本軍、北京・天津地域を占領。

七月二九日―通州事件発生。
八月一三日―第二次上海事変起こる。
九月―第二次国共合作。
一二月一三日―日本軍、国民政府の首都南京を占領。南京事件。
国民政府、重慶に首都移転。

**一九三八年（昭和一三年）**

一月―日本、「爾後国民政府を対手とせず」の近衛声明発表。
四月一日―日本、国家総動員法公布。
一二月―汪兆銘、重慶を脱出。

**一九三九年（昭和一四年）**

五月―ノモンハン事件起こる。
九月―第二次世界大戦勃発（ドイツ軍がポーランド侵攻開始、これに対して英仏が宣戦）。

**一九四〇年（昭和一五年）**

三月―汪兆銘、南京国民政府樹立。
六月一四日―ドイツ軍、パリに入城。
六月―フランスのヴィシー政権がドイツに降伏。自由フランス政府は抵抗を続行。
九月―日本、北部仏印に進駐。

九月—日独伊三国軍事同盟締結。
一〇月—大政翼賛会、結成。

**一九四一年（昭和一六年）**

四月一三日—外相松岡、日ソ中立条約調印。
六月二二日—ドイツ軍、ソ連に侵攻開始（バルバロッサ作戦）。独ソ戦始まる。
七月二日—対ソ戦準備・南部仏印進駐を御前会議で決定。
七月—日本、南部仏印に進駐。
一一月二六日（米時間）—アメリカ、日本に、ハル・ノートを提示。
一二月八日—マレー作戦・フィリピン作戦・真珠湾攻撃実施。太平洋戦争勃発。
一二月一〇日—日本軍、グアム占領（グアムの戦い）。
一二月一一日—ドイツとイタリア、アメリカに宣戦布告。
一二月二三日—日本軍、ウェーク島占領（ウェーク島の戦い）。
一二月二五日—日本軍、香港占領（香港の戦い）。

**一九四二年（昭和一七年）**

一月二日—日本軍、マニラ占領（フィリピンの戦い）。
二月一五日—日本軍、シンガポール占領（シンガポールの戦い）。
三月八日—日本軍、ラングーン占領（ビルマの戦い）。

三月九日―日本軍、ジャワ島占領（蘭印作戦）。
五月七〜八日―珊瑚海海戦起こる。
六月五〜七日―ミッドウェー海戦。

**一九四三年（昭和一八年）**

二月一〜七日―日本軍ガダルカナル島から撤退。
二月―ソ連軍がスターリングラードでドイツ第六軍を降伏させる（スターリングラード攻防戦）。
四月一八日―山本五十六連合艦隊司令長官、ブーゲンビル島上空にて戦死（「海軍甲事件」）。
九月八日―イタリア王国、連合国に降伏。
九月二三日―ドイツに救出されたムッソリーニがイタリア社会共和国を建国。

**一九四四年（昭和一九年）**

六月六日―連合軍、フランスに上陸（ノルマンディー上陸作戦）。
八月―自由フランスと連合軍によるパリの解放。ヴィシーフランスが降伏。
一〇月―レイテ沖海戦。

**一九四五年（昭和二〇年）**

二月―クリミア半島のヤルタで会談。ヤルタの密約。
三月一〇日―東京大空襲。
三月二二日―硫黄島が陥落。

三月二六日―米軍、沖縄上陸。
四月一二日―アメリカ、ルーズベルト大統領、死去。
四月二八日―ムッソリーニがパルチザンに処刑される。イタリア社会共和国は崩壊。
五月二日―ベルリンが陥落。
五月八日―ナチス・ドイツ、無条件降伏。
七月―日本、ソ連に講和仲介を要請。
七月二五日―米国、日本への原子爆弾投下命令を下す。
七月二六日―ポツダム宣言が日本政府に示される。
八月六日―広島市への原子爆弾投下。
八月八日―ソ連、ヤルタ協定に基づき日ソ中立条約を破棄し、日本に宣戦布告。
八月九日―長崎市への原子爆弾投下。
八月一四日―日本、ポツダム宣言受諾を決定。
八月一五日―正午、昭和天皇による玉音放送（天皇による「大東亜戦争終結ノ詔書」朗読）。
九月二日―日本、降伏文書に調印、第二次世界大戦終結。

**著者紹介**

名越　弘（なごえ　ひろし）

国際政治戦略研究センター　シニア・フェロー



■ 再審請求《さいしんせいきゅう》「東京裁判《とうきょうさいばん》」

■ 発行日――2019年2月7日　初版発行　〈検印省略〉

■ 著　者――名《な》越《ごえ》 弘《ひろし》

■ 発行者――大矢栄一郎

■ 発行所――株式会社　白桃書房《はくとうしょぼう》

〒101-0021　東京都千代田区外神田5-1-15

☎03-3836-4781　ⓕ 03-3836-9370　振替00100-4-20192

http://www.hakutou.co.jp/

■ 印刷・製本――藤原印刷




ISBN978-4-561-51104-5 C1021